图书在版编目（CIP）数据

病态与悲情：弱势的世界文学巨人 / 杨开显著. —天津 ：百花文艺出版社，2012. 5
ISBN 978-7-5306-6116-1

I. ①病… II. ①杨… III. ①作家—生平事迹—世界 IV. ①K815.6

中国版本图书馆 CIP 数据核字(2012)第 099794 号

天 津 出 版 传 媒 集 团
百花文艺出版社出版发行
地址：天津市和平区西康路 35 号
邮编：300051
e – mail: bhpubl @ public.tpt.tj.cn
http: //www. bhpubl.com.cn
发行部电话：(022)23332651 邮购部电话：(022)23332478
全国新华书店经销
天津新华印刷三厂印刷
*
开本 787×1092 毫米 1/16 印张 17 插页 2 字数 261 千字
2012 年 8 月第 1 版 2012 年 8 月第 1 次印刷
定价：32.00 元

病态与悲情

BING TAI YU BEI QING

弱 势 的 世 界 文 学 巨 人

杨开显/著

天津出版传媒集团

目　录

导　读

呈现在读者面前的这本书，或许有点另类和异常，但它却是真实和可靠的。

从过去被局限了的传统文学视野来看，创造出哺育人类成长的精神食粮的世界文学巨人，当然是“高”、“大”、“全”的，他们也多是与优秀、美好、杰出以至伟大这些字眼联系在一起的。在人们心目中，能创造出光耀世界的文学瑰宝的世界文学巨人，难道自己会不光彩照人吗？

可是，当我们破除局限，拓宽视阈，把过去的传统文学视野转变为现代文学视野后，从全方位和多角度来观察世界文学巨人，则他们不仅有光彩、健全、高尚、强势和伟大的一面，还有阴暗、病态、低俗、弱势和渺小的一面。这既可能体现在一个文学巨人身上，也可能体现在多个文学巨人身上。

本书不重复那些阳光、幸运和强势的世界文学巨人的故事，因为读者对他们耳熟能详、眼熟能详。本书要告诉读者的是，还有另一些世界文学巨人，他们是处于弱势的、病态的和悲情的，他们的故事读来是悲痛的、心酸的、不幸的和令人同情的。这就与大自然一样，不仅有阳光雨露，还有阴霾风雪。这，才是真实的、全面的和可信的世界文学和世界文学史。

这些世界文学巨人的病态、悲情和不幸，是与他们所处时代的社会环境和自身性格及生理身体条件等有关的。他们的悲惨遭遇，或者催人泪下，令人悲叹，或者不忍卒读，令人掩卷长叹。

本书中的世界文学巨人，有的因情人之死、爱情之变或病态爱情，引发严重的精神分裂症或性格变态，在病情缠绵或郁郁寡欢中孤独悲哀地辞世。

有的因疯病的频频发作，或因国家机器的迫害打压，以及对强势变弱势、硬汉变病夫的不适应，走上了令人痛心的自杀之路。

还有的因性格缺陷、意志薄弱、风流放荡和不正常的畸恋而感染不洁之症或难治之症，在瘫痪、失语、疼痛和谵妄的折磨中痛苦地死亡。

只有两位大师是由不幸和悲情最终变为幸运和令人欣慰的。但本书叙述的重点仍然是他们的悲情和弱势时期：一位是因自身的原因获罪而被受审和被监护在精神病院；另一位是在国内遭受打压被逮捕受审和流放劳改。

这些世界文学巨人因内在或外在原因遭受到痛苦甚至悲剧，虽然是他们个人的不幸，但也是具有启迪意义和教化作用的，因而读者不妨把这本有点另类和异常的书当作一本有所裨益的启示录来读。

这些世界文学巨人，遭受那么多的贫穷、苦难、灾难、病痛、打压、迫害的肉体和精神的折磨，特别是一些大师还受到精神病的长期煎熬，但他们并没有放弃自己的理想和信念，他们把人权民主、自由博爱、平等公正、和平进步的种子撒播到大地上，用自己的辛勤耕耘，来收获金灿灿的果实，以贡献和服务于人民。这，或许是他们与一般人的不同之处，也是他们成为巨人或大师之所在。这一点，也是本书要向读者指出和强调的。

荷尔德林：
其苦恋的贵妇人之死引爆精神病

荷尔德林(1770—1843年),德国古典主义和浪漫主义诗人。出生于施瓦本的一座小城劳芬。父亲是当地修道院的总管。3岁丧父,母亲再嫁,但10岁时继父也去世。荷尔德林先后在两所教会学校学习,后又在著名的图宾根神学院学习,与黑格尔和谢林同学并结为好友。在校期间即开始诗歌创作,探讨哲学问题,并欢呼法国大革命的爆发。毕业后,先后在国内和瑞士、法国任家庭教师,其间与一银行家之妻行无果之恋。他从小心理不甚健康,银行家之妻的死把他不健康的心理和已有的精神疾患引发为精神病。他后被一对木匠夫妇收留,直到逝世。诗人在生前和19世纪未被重视,直到20世纪初以后才被重新发现,并享誉欧洲和世界。代表作有书信体长篇小说《许佩里翁,或希腊的隐士》和不少抒情诗如《生命的一半》等。主要作品有抒情诗《梅农为狄奥提玛而哀叹》、《致狄奥提玛》、《漫游者》、《和平的节日》、《给大地母亲》、《莱茵河》等和未完成的诗体悲剧《恩培多克勒之死》。

1802年7月的一天,荷尔德林的好友兰道尔把另一位好友辛克勒写给荷尔德林的信转交给了他。他似乎预感到有什么不祥,把信扔到桌子上,迟迟不去读它。

荷尔德林与兰道尔天南地北地聊着天,但又不时瞟了瞟桌上的信,神情显得有些不安。兰道尔终于告辞了,他立即拆开信,如饥似渴地读起辛克勒写给他的信来：

……我不得不告诉你一个可怕的消息，希望你能经受住这个消息的打击：你深情钟爱的高贵美丽夫人苏赛特，在6月22日逝世了，死于风疹病。她的几个孩子也患了风疹，但经过治疗好转了，而她却离开了我们。也许是冬天她的肺部遭到严重感染（她咳得非常厉害），免疫力急剧下降，致使医生回天乏术。我不知道怎样安慰你，你们俩爱得是那么高尚，那么纯洁，那么深沉，她的纯洁的美的形象，她的可爱的音容笑貌，将永远留在你的心中。她是你的天使，她死去的时候，犹如她活着的时候一样，高贵、美丽、典雅、安详……但是现在你最紧要的事情是：节哀。你忠诚的朋友辛克勒。

荷尔德林这时两眼发直，神色异常。他突然疯狂地把信撕得粉碎，扔到窗外，飞跑出屋，一溜烟就不知去向。一会儿，他又出现了，但面目变得可怕。他无声无息地跑进二楼他的房间。他的母亲约翰娜害怕地跟在他的身后。他用拳头击开窗户，窗玻璃碎落一地。他突然仰天长啸，声音是那么凄厉和恐怖，令约翰娜多年后回忆起来仍十分惊惧。

约翰娜看到，她的儿子哭泣着，撕开了上衣，激烈地捶打着自己的胸膛，又重重地跺着脚，然后拽着头发用力拔。突然，他提起一只凳子用力向墙上砸去，然后横扫房间里的镜子、面盆、书刊、衣服、鞋子、装饰品和搁物架等，又捡起它们纷纷掷到窗外。接着，他又拿起一把椅子猛力砸向穿衣镜，飞溅的碎镜片击中了他的右臂，顿时鲜血顺着手臂流下来。他又跳到床上，疯狂地蹂躏着洁白的被盖和床单。

荷尔德林的妹妹莉克闻声也跑上楼来，她与母亲被眼前的景象吓呆了，母女俩都不敢进入荷尔德林的房间。这时，给荷尔德林及家人看过病的医生普朗克被叫来了。他立即叫了两个身强力壮的小伙子，3人一起把荷尔德林制伏了。他们把他的双手紧紧地扭到身后，并死死地把他的身体固定起来，普朗克双手紧护着他的头部，不使其转动，然后叫莉克用药棉纱揩着他肮脏的脸和手臂上的血迹。荷尔德林大吼大叫，试图挣扎，这时人们又把他的嘴用毛巾捂住，使他既不能喊叫，也不能动弹。渐渐地，荷尔德林没有了力气，人们把他放到床上，又找来绳子把他从胸到脚绕了几圈，绑在床上。

普朗克医生喘了一口气，他已是满头大汗。约翰娜递给他一条毛巾，他随便在头上抹了几下，就在药箱里找出一管针药，那是一种强效镇静剂，然后把它注入荷尔德林体内。接着，他捡起荷尔德林扫到地上的一本书，那是原文版的荷马史诗《伊利亚特》，是荷尔德林平时最爱读的几本书之一。普朗克医生翻开书后，略微搜索了一下，就开始富有感情地朗读起来。荷尔德林在普朗克医生营造的荷马史诗的感应场中，又在药物的作用下，不一会儿就平静下来，绷紧的身体舒缓了，僵硬的面部温和了，咬紧的牙关松开了，紧握的拳头放开了。特别令人欣喜的是，荷尔德林还跟着普朗克医生饶有韵味地朗诵起这些大多数人听不懂的希腊语句来。

在人们的祈愿中，渐渐地，荷尔德林进入了梦乡。

荷尔德林从当天中午前一直睡到第二天傍晚。他醒来后显得心平气和。他告诉妹妹：他做了一个梦，去参加一个宴会，刚要用餐，宴席突然就消失了，可自己的馋劲还没消失呢！聪明的妹妹知道哥哥肚子饿了。她立即让母亲准备了一顿清淡可口的晚餐，外加一杯红酒。荷尔德林美美地用完晚餐后，由妹妹陪伴着在院子里散步，然后回到房间，又沉沉地睡去了。

接下来的一段时间，尽管荷尔德林又发作了几次疯病，但在医生和家人的治理和护理下，状况已有减轻。母亲或妹妹总是如影随形地跟着他，陪他散步，陪他聊天，陪他在树荫下乘凉，母亲还给他讲他孩提时的淘气事或趣事。而当母女俩发觉他两眼发直或有异常情况时就去叫普朗克医生，或者去叫附近拉丁小学的几位小学生，让他们轮流为荷尔德林朗读荷马史诗《奥德赛》或《伊利亚特》。荷尔德林在银铃般的童声朗读中，一会儿就趋于正常了。这颇为有效的朗诵疗法是普朗克发明的。他联系了荷尔德林童年时就读的这所拉丁小学中教过荷尔德林的两位教师，让他俩安排了几位小学生志愿者，这些可爱的孩子是荷尔德林愿意接纳并交流的人。

在医生、家人和孩子的医护和关爱下，荷尔德林终于恢复了正常。他开始从自我封闭中走出来，并与周围的人交流。他问母亲，这么多年你们都没有陪伴在我的身边，怎么这一段时间你们老陪伴着我？我又不是孩子。母亲说，因为你身体不舒服，所以我们多陪陪你。“噢，是不是我病了，我疯了？！”荷尔德林嚷起来。“不！你只是有一点不舒服，没有病，其他也没有什么，都很好。”母亲急忙打断他、安慰他，怕他继续说下去，又惹起麻烦。

荷尔德林沉默了，他很清醒，他知道自己是在看了辛克勒的信，获悉苏赛特的死讯后，控制不住，才激动起来的，激动起来后，就躁狂起来，躁狂起来后就不知道自己怎么啦。

为什么荷尔德林看了辛克勒的信，获悉了那个叫苏赛特的女人的死讯，就躁狂以致疯狂起来呢？苏赛特是怎样一个女人呢？荷尔德林与她又有怎样的关系呢？

在将近七年前的1795年秋，荷尔德林不得不辞去了在瓦尔特斯豪森的家庭教师的职位。他在前一年经人介绍来到一个叫卡尔布的少校军官家里做了家庭教师。卡尔布少校的儿子染有恶习，这个顽劣小孩做出的不雅动作常常令荷尔德林尴尬和难受。好在少校夫人夏洛特的好友基尔姆斯夫人是他莫大的安慰。她嫁给大她一倍多的一位官员，但不久丈夫就病逝了。她暂住夏洛特家时爱上了荷尔德林。她在1795年7月生下一个女儿，这个女儿据传是荷尔德林的骨血。

少校的儿子对荷尔德林越来越不尊敬，荷尔德林被气得头痛、失眠、心烦、气躁，以致一次小孩当着他的面做出下流动作时，他禁不住发生痉挛，昏厥得摔倒在地。他后来忍不住揍了孩子，因此他不可能在少校家里待下去了。尽管少校夫人对他有好感，而且关心他，帮助他，但他不得不离开这个家庭。

1795年的最后一天的下午，荷尔德林经辛克勒的医生朋友推荐，应约来到银行家贡塔德在法兰克福的府邸——豪华典雅的“白鹿苑”。当他被引到女主人苏赛特面前时，他立即被眼前这个光彩照人的美人吸引住了。望着她高贵、美丽而又和蔼可亲的面容，荷尔德林感到心在怦怦地往外跳，血在静静地往上涌。夫人高耸的发髻泛着金色的光，娴静端庄的白皙面庞露出亲切的微笑，深潭般的蓝眼睛充满着柔和与智慧，白嫩的手臂好似垂柳般柔弱无骨，身材凸凹有致，富有韵律感。她身着一袭米色的曳地长裙，长裙四周镶着淡紫色的边。整个人显得苗条而不瘦，丰满而不胖。特别是她略微侧过身时，更是楚楚动人，明眸善睐，那真是一具古希腊的艺术大师雕塑出来的一尊女神像。

苏赛特这时27岁，生有5个孩子。大儿子生下不久就夭折了，为此她痛苦不已，大病一场，性格也变得忧郁孤僻。好在其后的4个孩子均养活了，并且个个健康。她性格重新变得开朗，身体也恢复了健康，用她自己的话说：一切好像又回到了无忧无虑的少女时代。

荷尔德林开始了自己的工作。他主要是给贡塔德和苏赛特的两个儿子亨利和耶特授课。两个女儿则由先来到这儿的女家庭教师玛丽授课。玛丽也年轻漂亮，而且相当迷人，她是一位瑞士女郎，为人温柔、谨慎，但有时也透露出她的难以掩饰的性感和魅力。贡塔德家里的男人、女人和与之交往的朋友们几乎没有不喜欢或不尊重她的。荷尔德林一见到她，也立即喜欢上了她，但似乎并未对她情有独钟，因为他的心已被女主人苏赛特吸引过去了。

荷尔德林每天上午授课。他上课时，苏赛特常常来旁听，有时介绍孩子的情况，让他有针对性地讲课。她温和的微笑和轻柔的话语润泽着荷尔德林的心，使他感觉十分熨帖和惬意。

下午，则主要是由荷尔德林自己安排。他有时带着孩子一起玩耍，散步，讲故事，猜谜语，也教孩子画画或剪纸等。有时他躲进夫人为他准备的舒适的房间里，写他之前已开始了的书信体长篇小说《许佩里翁，或希腊的隐士》；当然，他也不时写他钟爱的诗。

有时晚饭后，他接受苏赛特的邀请，来到钢琴房与她和玛丽度过愉快而优雅的晚上。苏赛特和玛丽的钢琴都弹得很好，以前两人常常在一起弹奏德国的古典名曲。而今有了荷尔德林的加入，两位女士都很开心；而在共同的弹奏中荷尔德林有了更多的机会接近苏赛特，他心中暗自高兴。夫人还问荷尔德林还能演奏什么乐器，荷尔德林回答说还可以演奏长笛，可惜把它丢在家里了。荷尔德林为此给弟弟写信，请他尽快把长笛带到法兰克福来或寄来。

以前是苏赛特请荷尔德林一起开音乐演奏会。长笛寄来后，就常常是荷尔德林主动要求开音乐演奏会了，这样他就有更多的时间看到美丽的苏赛特并美美地待在她的身边，而且还有同样美丽的玛丽作陪。演奏会开完后，他不得不离开苏赛特，回到自己的房间。这时，他感到心里空落落的，惆怅乘势袭来，对苏赛特的思恋油然而生。第二天上午上完课后，他立即拉住亨利的手，让他告诉妈妈，下午或晚上是不是来一个钢琴长笛二重奏？当然，不能总是以开演奏会作借口来与苏赛特待在一起；他有时也让孩子转告母亲：请她能不能抽出时间来与他商谈新课程的安排和教法以及其他一些有关孩子教育的事情。他还以玛丽作掩护，请她提出三人一起开演奏会的事，而且有时还把几个孩子拉来做听众，掩饰他对孩子母亲的情有独钟。

荷尔德林对女主人的暗恋不能瞒过聪明的玛丽，同时她也觉察到苏赛特对荷尔德林也似乎芳心暗动，尽管这也掩饰在女主人对音乐和诗歌的爱好中。为此，玛丽心中不无醋意，她也暗恋着荷尔德林。她竭力想把荷尔德林吸引到自己这边来，而且她比女主人更有青春的活力，更有未婚的优势。但几经努力后，她发觉她不能俘获荷尔德林的心。这位高雅的女家庭教师虽未达到目的，但并不忌恨荷尔德林和苏赛特，她后来还扮演起两人的中间人的角色。演奏会就这样继续了下来。不过时间稍久，演奏会也会常常停一下，苏赛特就会与荷尔德林聊天，问他家乡的情况，问他母亲和兄弟姊妹的情况，等等。有时，在演奏会间歇中，三人一起来到花园，一边散步，一边谈着音乐、诗歌和家常。

一次，夫人得知荷尔德林是席勒的诗友，席勒又推荐他做了最初的家庭教师，还介绍他与歌德相识，她就对眼前这个性格内向、神情忧郁的才华横溢的青年更感兴趣了。她问了他不少关于席勒和歌德的问题，歌德和席勒在她心目中无异于两尊神。他们就这样谈论着歌德和席勒及其两人的为人和作品，弄得荷尔德林有点穷于应付。他与席勒多次交往，而且也有诗文来往，因此他对席勒尚能说个一二。但他与歌德仅有两次交往，第一次他对歌德还有眼不识泰山，见到歌德而不认识，歌德对他的诗的评价似乎也不高，因此他无法对夫人详尽地谈到歌德，他为此而十分窘迫和遗憾。

荷尔德林在白鹿苑平静而愉快地履行着他的家庭教师的职责。他来到白鹿苑3个月后的一天，突然用人通报说一个叫谢林的先生来访。他一下就激动起来：谢林是他在图宾根神学院的同学，低他两年级。他将谢林介绍给苏赛特和玛丽。谢林向荷尔德林转告了黑格尔对他的问候，并说他们三人找一个时间聚一下。谢林向女主人解释道，黑格尔是荷尔德林同年级的同学，他们三人既是同学又同居一间寝室，彼此结为至交。荷尔德林与谢林叙了一会儿旧后，就热烈地讨论和争论起哲学问题来。热烈的声音甚至吸引了苏赛特，她走来问有什么需要她帮助的。谢林笑着道：他与荷尔德林，还有黑格尔，经常为哲学问题争论，越争论，他们的友谊越深厚。荷尔德林说：谢林将是一个伟大的哲学家。谢林打断他的话说：德国最伟大的哲学家不久当属于黑格尔无疑。苏赛特看着两个青年热烈地争论和轻松地笑谈，也被感染了。

她向他俩请教严肃的哲学问题，不时也插话参与他们的哲学讨论。

1796年夏，贡塔德一家到城外的乡间别墅度假。在乡间，荷尔德林与苏赛特和玛丽有了更多的散步的机会。一次晚饭后，玛丽没有参与散步，只有荷尔德林与苏赛特并排地慢慢走着。苏赛特侧过头来，朝着荷尔德林微笑着，手臂似有意无意地碰着荷尔德林的手臂，说："你可以为我朗诵一下你的《许佩里翁，或希腊的隐士》中的片段吗？"她开始用随便而亲近的"你"而不是用严肃而尊敬的"您"来称呼他。荷尔德林的手臂被她酥软的手臂摩擦得痒痒的，开始心里似乎有点紧张，但很快镇静下来，他回答道："当然可以。"于是，荷尔德林轻声地背诵着他手稿中的一个情节，苏赛特则凝视着他，嘴微微张开着，好像要把他朗诵的每一句话吞下去似的。他一朗诵完，苏赛特就立刻握住他的手，并突忽地吻了一下他的脸颊，下意识地说道："谢谢，亲爱的！"弄得荷尔德林颇为尴尬，但很快他就感到心中像蜜一样化开。

回到房间后，荷尔德林摸了一下被夫人吻过的脸颊，暗自思忖：夫人喜欢我了，其实我早就爱上她了。他把与夫人的这个秘密写信告诉了自己的好友诺依弗："从我见到她那一刻起，我想，我的思想，我的感情，可以在她身上留驻千百年。她是那么妩媚和高贵，那么文静而活跃，外在的美和内在的美都和谐地幸福地集于她的一身。"这一夜，荷尔德林失眠了。

不久，拿破仑军队侵入德国，而且很快就要打到法兰克福。贡塔德不得不让他的家人撤离法兰克福前往汉堡投靠亲戚，他自己则留下来照看他的生意和资产。荷尔德林被安排到苏赛特和亨利乘坐的马车上。路上，苏赛特对荷尔德林时而含情脉脉，时而投来热辣辣的眼光。当亨利睡着后，苏赛特立即抓住他的手，轻轻地摩挲着，又紧握着，而荷尔德林则没有对她做出相应的动作，是紧张，还是恐惧抑制了他这样做吗？

他们在旅程超过三分之一的卡塞尔停了下来，投宿在一家客栈。苏赛特远离了丈夫，似乎更无拘无束，她大胆地热望着荷尔德林，有时触摸着他的手，有时向他释放爱意；而荷尔德林则仍然显得拘束，十分规矩。一次，两人在经过一座雕塑时，苏赛特拉住荷尔德林的手，让他停下来欣赏。原来是月亮和狩猎女神狄安娜的裸体像。她请他好好地看着裸体像，说看那细腻的皮肤，看那丰挺的胸部，觉得美吗？荷尔德林尴尬地点着头。晚上，苏赛特又请荷尔德林到她的房间去。他一进屋，她就拉着他的手让他坐在一把椅子上，她则把自己的椅子搬到他的椅子的对面，两人几乎脚碰着脚，头碰着头。她拿出前来造访的朋友海因泽的著作《阿尔丁哈罗》请荷尔德林朗诵。荷尔德林在大学学习时，曾偷偷地读过这本书，因此颇为熟悉这本书。他很快翻到关于狄安娜的那一段，就轻轻地为苏赛特朗读起来，表示是对苏赛特白天关于狄安娜对他的提问的回答。

这时海因泽和玛丽进来了。苏赛特立即恢复了贵妇人的形象，雍容、华贵、优雅而略带矜持，当然一切又得遵循上流社会的礼仪规范。一连几天，苏赛特与海因泽和玛丽在一起，他们似乎在筹办什么活动。一些聚会和活动，苏赛特也没有邀请荷尔德林参加，她经常与海因泽在一起，冷落了荷尔德林，给人的印象是她一家与长她一辈的海因泽关系很好，既熟悉，又亲近，而与荷尔德林只是主人与家庭教师的那种合乎礼仪的遵循惯例的关系。

荷尔德林心中颇为不悦，也颇为不满，他甚至想还是让苏赛特淡出自己的心灵吧，不让自己去想她。可是，不，苏赛特的音容笑貌和清姿倩影却老是浮现在他的脑海中，搅得他心神不宁，甚至连《许佩里翁，或希腊的隐士》也写不下去。正当他怔怔地想着苏赛特时，苏赛特似乎从天而降地出现在他面前。荷尔德林喜不自胜，想要与她亲近，但人却僵在那儿。苏赛特示意他不用起身，她请他晚上到她的房间，继续他们两人的朗诵活动。

晚上，荷尔德林来到苏赛特的房间。她身着一件低胸束腰的白色长裙，迷人的面容、诱人的胸部和性感的身段使他有点心猿意马，但又让他感到紧张不安。他们俩又面对面地坐下来开始了朗诵。当荷尔德林朗诵完一段情节后，苏赛特从他手里拿过书来，说："我也来为你朗诵吧。"她立即翻到要朗诵的段落，看来她事先已做了准备。她望了望荷尔德林，然后眯缝着眼睛，进入了她要进入的那种朗诵状态：

> 请看那迷人的苗条身段在薄如蝉翼的长裙里线条是多么性感，以致人们心痒难抑，恨不得立即把她的裙子剥离下来，那一对白嫩丰满的乳房就会像温暖而丰润的春日一样喷薄而出。那白中透红的双颊如清晨初开的鲜艳花朵，神情中闪现着爱的光辉。那棕色的长发随着微风轻轻飘舞，秋波盈盈的眼神合着音乐的节拍在甜蜜地闪烁。匀称修长的双腿活力四射地舞动着，时而激越，时而舒缓。她那柔软纤细的手臂宛如

葡萄枝蔓缠绕着他，他感到甜美的陶醉和无比的幸福。那是一种国王和上帝也难以享受到的无比幸福！

她朗诵到这里，把书一下子合上，放到桌子上。她靠近荷尔德林，热切地望着他。她盯了他一会儿，看见他在微微颤抖，于是主动地抓起他的手，把他的手放到自己的脸上。一会儿，她放下他的手，把自己的脸贴到他的脸上，并上下轻轻地摩挲着。他抖动了一下，似乎被吓住了，想往后退，但她用双手绕住他的头部，并按向自己胸脯，压在自己的双乳之间，她吻起他的头发来。然后，她又轻轻推开他的头，又拿起他的双手，放到自己一对丰满的乳房上，让其在乳房上搓揉，并问他：喜欢吗？她未等他回答，又让两人面对面地坐下来，用火辣辣的眼光探询着他，然后迎着他慢慢地闭上眼睛，用红红的嘴唇热切地等着他的亲吻。可荷尔德林这时抖动得更厉害，呼吸也更急促，他的欲望虽然开始燃烧，但周身像被冰封雪冻似的不能动弹，他的欲望没有突破冰雪封冻而释放出来，他终于没有迈出这关键的一步。

回到自己房间后，荷尔德林总感到苏赛特那对他不满的目光和怨艾的脸色在一直追随着他。他狠狠地捶打着自己的胸部，反复咒骂自己胆小、窝囊。他不知道这是为什么，难道他心里和生理有疾患吗？他躺在床上，辗转反侧，苦苦思索。他是一个正常的人啊！他在前一两年，甚至少儿时期，都能与女孩谈情说爱，尽管他还是比较羞怯。他脑海中出现了昔日一幕幕与女孩和女人谈恋爱的情景。

那是1783年他13岁的时候，在放学回家的路上，他认识的内廷参事的女儿苏塞请他到她家后面的花园玩耍。当他俩坐在花园的一处灌木丛下时，这个与荷尔德林一样大的早熟女孩就抚摸起他的手、臂和脸来，然后又拥抱他。他还没回过神来，她就一声“亲爱的”，吻起了他的一边脸颊。荷尔德林还没来得及惊惧，她又吻了他的另一边脸颊。

那天夜里，他梦见了苏塞，他把她的衣服脱掉并吻她。他感到羞愧难当。从此后，他远远地看见她，就绕开她行走，尽量不与她见面，直到他外出读书。

1786年秋，他就读的教会学校管家的女儿露易丝爱上了他，他也爱这个17岁的美丽女孩。这是荷尔德林的初恋。他从给她写信到写情诗，称她为“我的夜莺”，“我的甜心”等等。露易丝也给他写情书，情书中写道：“我整个的心都属于你！”两人常常在田间小路散步，有时到林中拥抱接吻。

后来，荷尔德林进入图宾根神学院学习。他为了见到露易丝，竟从图宾根连续步行了近二十个小时回到毛尔布隆。但是，神学院的纪律、紧张的学习和较远的距离让他们不那么容易见面了，荷尔德林对露易丝的思恋之情也淡了下来。加之荷尔德林之前获悉了他的一个同学也爱上了露易丝，尽管这位同学不久放弃了这种爱，可荷尔德林心中充满了嫉妒，他与露易丝的爱情自然就受到伤害。最终，荷尔德林拿不稳自己到底是不是真的全身心地爱着露易丝。在这种模棱的状态下，他写信结束了两人的爱情。

到了1790年夏，一次他在校园里散步时被一张“天使般的脸蛋”吸引住了。他打听到那是教务长的女儿，叫艾丽泽。他在想象中与她见面，与她交谈，与她游玩，并为她写情诗。但当他正式见到她时，他反而显得矜持。

也许是荷尔德林考虑到艾丽泽的父亲是学校教务长，所以他与艾丽泽的交往才这样不愠不火，直到在一次节庆活动上两人跳舞后才突然升温。舞会结束后，艾丽泽请荷尔德林跟着她出了大厅，来到一处阴暗的无人地带。突然，她扑过来，紧紧地抱住他，吻起他的额头、双颊和嘴唇，并喃喃地说道：“你这个书呆子，为什么要我主动而不是你呢？”

后来，他碰到她时，怕她又搞突然袭击，于是先主动小心翼翼地把她揽入怀中。可是她仍说他是“书呆子”，她反倒在他怀里乱撞，又更紧地抱住他，亲吻他，弄得他又有点紧张起来。

可是，与此同时，荷尔德林在与另一个姑娘交往时则一扫过去的腼腆、拘束。姑娘叫维廉明妮，出身外省的一个牧师家庭。她把自己创作的诗歌寄给荷尔德林的同学和朋友施托伊丁，于是也认识了荷尔德林。她大胆的穿着和时尚的打扮，特别是穿着领口很低的裙子参加聚会时，人们便兴奋地议论起她的性感来。多次交往后，她对荷尔德林芳心暗动，不时以谈诗写诗为借口，单独约他见面。荷尔德林只有对这个姑娘才主动、大胆。当姑娘靠在他身上时，他抚摸她的脸，并亲吻她；姑娘躺下来，把他的手拉到自己的胸脯上，他则揉捏着她的富有弹性的乳房，然后抚遍她的全身。可不知为什么，他对此既不怎么紧张，也不怎么内疚。不久，席勒介绍他到瓦尔特斯豪森的卡尔布少校家任家庭教师后，他收到维廉明妮的一首情诗，他没有回复她，他没有多少牵挂地离开了她。

但是,他在瓦尔特斯豪森时却常常给艾丽泽写信,因为他离开图宾根与她告别时是向她允诺了的。可是,离别后的不易见面,渐渐淡化了他们的感情。几年后,艾丽泽结婚了,他停止了给她写信。

躺在床上的荷尔德林把以前与女人的爱情像过电影般过完后,又想到自己在瓦尔特斯豪森时,还经历了与卡尔布少校的妻子的朋友基尔姆斯夫人的恋情,而且比此前的恋情更为深入。但是,经过这么多次的谈情说爱的锻炼,为什么接触到苏赛特,就手足无措、心慌意乱和紧张不安呢?难道是她太完美而不可亵慢?难道她是女神而凡人不可接触?

荷尔德林决心迈过这道心理障碍,好好享受与苏赛特的爱情。正好,他写完的《许佩里翁,或希腊的隐士》这时出版了,他在他描写的女主角狄奥提玛(她是苏赛特的艺术化身)和她与许佩里翁的爱情部分作上记号,就将书送给苏赛特,并叫她读这些部分。晚上,荷尔德林溜进了苏赛特的房间。夫人很激动,看得出来,她已读过了荷尔德林让她读的部分。她一下抱住荷尔德林,爱抚他,亲吻他,并耳语道:“亲爱的,天才的朋友!我为你骄傲。我们会有机会的,你要相信我,我会有为你而存在、而生活、而幸福的一天的!”说着,她更紧地贴着他。而荷尔德林也激动地抚摸着她,亲吻着她,并轻轻呼唤着“我的狄奥提玛!”不一会儿,两人情高欲涨,双双倒在床上。

但很快,苏赛特又把荷尔德林推开,理了理凌乱的头发,扣上松开的衣裙。她拉着他坐到椅子上,说:“亲爱的,有第三者在场时,请别用‘你’称呼我,也别用亲密的或热烈的眼光看着我,更不能牵我的手,我们双方要做得庄重和冷淡一点。”荷尔德林“嗯”、“嗯”地点着头。然后,她把他送到门口,“你回去睡觉吧!”她说道。“再见,我的狄奥提玛!”荷尔德林向她道了晚安,就猫一样溜回去了。

初秋,法国军队撤离了法兰克福。苏赛特接到丈夫的通知,全家从卡塞尔赶回法兰克福。这样一来,苏赛特与荷尔德林见面的机会就大大减少了。两人都知道人言可畏,苏赛特请荷尔德林在有人在场的情况下不要找她,不要流露出对她哪怕是一丁点儿的好感,把对她的爱埋藏在心里。苏赛特在有第三者在场的时候,脸上不会显露出对荷尔德林的爱的任何痕迹。她组织聚会,只有当家庭医生泽莫林、玛丽和她的男朋友以及其他常客到来时,荷尔德林才会受到邀请。荷尔德林感觉被冷落了，他开始咀嚼着他与苏赛特的这种苦涩的爱情。他为此而苦闷，而失眠，而头痛，而忧郁。他请泽莫林医生给他开了包括镇静剂在内的药。只有贡塔德一连几天不在家，夫人觉得安全有保障时，才通知荷尔德林到她的房间，或到远离孩子和仆人的一处凉亭。

玛丽是他们两人爱情的见证者和保护者。她有时把仆人和孩子们打发出去购物和玩耍，让荷尔德林和苏赛特见面。一有这样的机会，荷尔德林就向苏赛特奔去。他虽然紧张不安，但一见到苏赛特，就把她拥入怀中，吻她的手，吻她的肩，吻她的颈，吻她的脸，吻她的唇，叙述对她的相思之苦。两人山盟海誓，发誓以后要生活在一起；两人甚至想一起私奔，不过又因害怕而放弃。苏赛特也为不能经常与荷尔德林见面而痛苦，她抽泣着说：我们已彼此拥有了对方，但千万要谨慎。她一感觉风吹草动，立即就把荷尔德林推开，装着若无其事地偶然碰见一样，但常常是虚惊一场。

荷尔德林在这种压抑且似乎藏有暗机的环境下，心境变得糟糕起来。他甚至梦见天花板跨下来，向他压来，把他压得快窒息而死；他还梦见他与苏赛特私奔，而贡塔德带领一帮人在后面紧紧地追杀。他醒来时，心脏怦怦地剧跳，神经突突地跳痛。他把自己的情况告诉了黑格尔，黑格尔劝他要谨慎，并敦促他看医生。黑格尔已感觉到荷尔德林的神经不健康，他为自己的这位同学担忧起来。他悄悄地与泽莫林医生商量，请他多关注自己的这位同学。

1797年的新年前夜，贡塔德和仆人们喝醉了，孩子们玩累了，也睡了。突然，苏赛特溜进荷尔德林的房间（荷尔德林之前以神经痛为由，谢绝了贡塔德邀请他与他们一起饮酒作乐），轻轻地扑向和衣躺着的荷尔德林，她躺到他的身边，拥抱他；而当他要吻她并解她的衣服时，她却拒绝了，说："请别激起我的情欲，我只能与你待一小会儿。"荷尔德林只好作罢，但他突然意有所指地给她讲起他最近看的一本书："也是一个家庭教师。女主人爱上了他。他为了抑制自己对女主人的性爱，竟然引刀自宫。"他停下来，看看身边的女主人有什么反应，可她仍平静地躺着。他接着说："后来一位姑娘爱上了他，他受到精神和残缺肉体的折磨，终于向姑娘说出真相：'我是一个废人，无法与你做爱。'姑娘听了后毫不在乎，她说：'你总可以醒着与我在一起吧！'苏赛特，你和我的爱情也是这样的吗？"

苏赛特没有回答他，却从他身旁坐了起来。她请他为她朗诵。荷尔德林问她听懂了刚才他讲的故事吗？苏赛特没理会他，一个劲地请他朗诵，说不听到他的朗诵，她是不会离开的。荷尔德林只得为她朗诵起一首诗来。

不知道从什么时候起，荷尔德林与夫人的恋情被发觉并传开了。新年后，荷尔德林从已经嫁人并离开了白鹿苑的玛丽的来信中得知了这一点。他一下紧张起来，神经又疼痛起来。泽莫林医生给他开了药，说道：你如果离开法兰克福，在另一些人的圈子中生活，可能会缓解你的病痛。荷尔德林立即敏感地意识到这可能也是男主人贡塔德的意思，难道他也知道了夫人与自己的关系？荷尔德林整夜无法入睡，神经疼痛得更加厉害，人也憔悴了。

果然，荷尔德林感觉到自己的行动被监视了。他机会难得地与夫人在凉亭碰了面，却冷不丁地出现一个花工在附近剪枝或锄草；偶尔与夫人在会客室谈了一两句话，门外又突然出现女仆的身影。夫人变得更加小心谨慎了。但是一天晚饭后，她好像是向丈夫发泄不满似的，当着众人的面，大声叫荷尔德林到她的房间去，请他为她朗诵诗歌。荷尔德林一开始朗诵，大半遮掩的门外就传来脚步声，继而有人窃窃私语。可这时夫人毫不畏缩，她靠近荷尔德林，荷尔德林趁势拥抱她，并吻她，用手抚摸她的身体。他们一会儿朗诵，一会儿爱抚。一个时辰后，两人才依依不舍地告别。

第二天，先后有男仆和女管家来调换荷尔德林喜爱的书桌，说是主人的弟弟让他们来搬的。他轰走了他们。但是贡塔德出面了，他下令用一张粗重的桌子换掉了荷尔德林用惯了的颇为精致的书桌。荷尔德林顿时感到受辱，神经又突突地跳痛起来。亨利发觉习惯了的书桌不见了，就叫来母亲。苏赛特摸着新换来的粗重桌子也爱莫能助，轻轻地叹了口气，掏出手绢擦起粗重的桌面来。

感觉受到歧视的荷尔德林勉强地为亨利上着课。这一天他觉得唇干舌燥，于是请亨利到厨房为他拿一杯开水来。他左等右等，不见亨利来。他后来看见亨利在院子里玩耍，顿时他心中充满不快，他叫亨利上课，亨利不理他。他跑出房间去找苏赛特，当他闯入夫人的房间时，发觉贡塔德正端坐在夫人的旁边，像是守株待兔似的冷冷地看着他。他禁不住打了一个寒战。

男主人以荷尔德林像对待仆人一样使唤他的儿子作借口，把荷尔德林赶走了。其实这是他耳闻妻子与荷尔德林有染而今又目睹荷尔德林来找他的妻子后的一个总爆发，只是这理由不便说出口而已。

荷尔德林感到受了奇耻大辱。他匆匆收拾了行李，没有与任何人告别，就满含泪水地投奔在洪堡的辛克勒。

荷尔德林在洪堡坐卧不安，日夜思恋着苏赛特。这时，黑格尔通过辛克勒给他送来了亨利的信，信中亨利说他到黑格尔那里去找过他。他对此感到欣慰。他决定回到法兰克福，住到黑格尔那里，以便打听苏赛特的消息，并在白鹿苑附近眺望心上人的倩影。苏赛特终于来信了：

> ……我把你写给亨利的信看了一遍又一遍，禁不住悲从心来。你回法兰克福了，但我却不能见到你，这太残酷了！我盼望星期天的到来，可我却受到因你而起的惩罚，因为当你那天晚上经过白鹿苑时，我打开窗户，渴望在朦胧的路灯的光影中看到熟悉和亲切的你。可哪里有你的踪影呢？亲爱的，你何时又能出现在我的面前呢？我们何时又能再见面呢？紧紧地拥抱你，亲吻你。你的苏赛特。

荷尔德林的心情舒畅一些了。现在他活着的意义就是要再见到苏赛特，要为爱情而上刀山下火海。苏赛特在信中告诉他，她每个月的第一个星期四的晚上要到剧院看戏，丈夫从不陪同。荷尔德林热血沸腾，他为此与辛克勒商量着，要准备去见苏赛特。

星期四晚上，快开演时他才进入剧院，悄悄地坐在座位上，生怕被人看出来。他放眼望去，他的心上人在稍远处的位置上，身着白色的连衣裙，端庄、美丽，但一副若有所思的样子。啊，她在搜寻他，"啪！"他心中一声响，是她的目光与他的目光像电光一样交接了，闪出一道绚丽的火光。他这样感到。两人的目光又交接了几次，荷尔德林开始躲避了，因为他感觉到似乎有人发觉他俩在做心灵的偷情。好不容易等到戏结束，他迫不及待地走到苏赛特附近，可她显得与己无关似的，她突然用手捋了捋自己的头发，手在头发边轻摇了两下。噢，这是一个信号，可能是别让他走近她，她考虑一下再说。他只得遗憾地止住脚步，热切但又有点躲闪地望着她，目送着她走出剧院。

果然，第二天，他收到她的信。她让他下午1点半到她的房间去，那时至下午2点半绝大多数人都在休息或不在。他从后门悄悄地进入了白鹿苑，又偷偷地溜进夫人虚掩着门的房间，心止不住怦怦地狂跳。夫人正焦急地等着他，她张开双臂把他拥入怀中，他正要抚摸她时，她突然推开他，竖起耳朵倾听起来。很快她松了一口气，靠近他，向他耳语着好像是想他之类的话，因为他也紧张不安，这使他没完全听清楚她说的话。紧接着，夫人示意他亲热，他热烈而坚定地对她吻了又吻。时间飞快地过去了。临别时，他听清楚了她说的话："请耐心等着，我会拥有你的！"

每个月的第一个星期四晚上，他们就这样约会；同时，在她发话时，他就偷偷溜进她的房间，与她进行紧张不安和令人担心的温存。在幽会以后，两人就用文字倾诉着对对方的思恋之情。荷尔德林的《许佩里翁，或希腊的隐士》的第二版出版了，他立即题了献词，在下一次幽会时送给她。题词写道："在这个世界上，除了献给最亲爱的你，还能献给谁呢?！"

可是，在白鹿苑内见面越来越不安全，苏赛特只得减少见面次数。后来她感到要减少危险性，就由她走出白鹿苑，在苑外的隐蔽处幽会。可是，她出苑的目标太显眼，有时在路上碰见家人、管家、工人和仆人等，不便应付，而且狐疑的眼光有时一直追随她很久。而荷尔德林呢，在惊恐不安的折磨下，又发作了神经痛，而且神经质地自言自语，不停地咕哝；他还常常一杯接一杯地饮用浓咖啡，弄得一屋的咖啡污渍，整间房屋凌乱不堪。有时晚上他突然出走了，来到白鹿苑的篱笆外，长时间地徘徊不已，苦苦地等待着苏赛特在远处的窗口出现。他甚至这样徘徊到凌晨，才回到住处。

就这样，两人从1798年9月以来1年零8个月的一次次幽会，从渴望和甜蜜变成了任务和苦涩，当然爱情仍在，真情仍在。可是，担惊受怕似乎在慢慢淡化两人见面时的浓烈激情，惊恐不安又似乎在渐渐消融两人对美好爱情的憧憬。而且对荷尔德林来说，他有更深的忧虑，那就是生存。他的积蓄早已花完，全靠母亲寄钱度日，他为此感到羞耻。他开始考虑再找一份工作，或回一趟家乡，或到斯图加特的好友兰道尔那儿去。

他决定在离开法兰克福前给苏赛特写一封信，约定两人再见一次面。1800年5月的一天，荷尔德林急匆匆地走近白鹿苑。他看见绿树掩映中的那个熟悉的房顶，他停下来观察四周动静，他看见树枝和树叶间隐现的窗户打开着，苏赛特在那儿向他这边眺望。他来到篱笆附近，他隐隐约约听见较远处孩子们的嬉戏声。一会儿，一袭白色连衣裙的苏赛特袅袅婷婷地出现在篱笆门口，两人立即来到隐蔽处。他们不说话，也没有任何声响，就热烈地拥抱并亲吻起来。爱抚过后，苏赛特问道："你要离开吗？我往哪儿写信呢？""你暂时不要写信。"荷尔德林应道。"你别离开我，好吗？"她又说道。"可我要工作啊！"荷尔德林小声地回答。"通过辛克勒传信，行吧？"她急切地问。"也许可以……"他还未答完，一个工人从苑内向他们这边走来。他立即摸出为她写在纸上的一首诗，递给她。她也迅速交给他一封信，边吻他边说道："再见了，亲爱的！""请记住我！"她又补充道。然后两人很快分开，她回到篱笆里面去了，而他则往回跑开了。

荷尔德林在路上迫不及待地拆开她写给他的信，一遍又一遍地读起来：

> 你来了，我是多么激动和快乐！你走了，我是多么郁闷和忧伤！偌大的白鹿苑，是如此沉闷和窒息。我常常从睡梦中惊醒，是梦到再也见不到你所致，我心中充满了苦涩和恐惧。答应我吧，请来看我，否则我会从黄昏到黎明一直站在窗前把你盼望。你暂时离开吧，但你一定要回来看我，我就在痛楚的等待中把对你的甜蜜思恋藏在心中。让我们在苦涩的相恋中感觉希望，感觉幸福，感觉崇高……

这是荷尔德林与苏赛特的最后一次见面。辛克勒为了转移荷尔德林的注意力，把他介绍给洪堡的侯爵一家。侯爵的女儿奥古斯特公主因读了荷尔德林的《许佩里翁，或希腊的隐士》一书而暗恋上他。尽管他后来患上了精神病，但奥古斯特公主仍不能把他忘怀。可是，荷尔德林对此并没有太深的感受，他心中只装有苏赛特。辛克勒只得继续转移他的注意力，辛克勒让侯爵任命他为代表，与自己一起到另一城市出席会议。可是，荷尔德林对苏赛特的思恋并未减弱，他茶饭不思，寝不安眠，人渐消瘦，才30岁就有衰老的迹象。他头痛、神经痛，甚至出现幻听、幻视。医生为他开了包括镇静剂在内的几种药物。辛克勒让他好好调养一下，而后同意他先回一趟家，然后到斯图加特的兰道尔那儿去，换个环境，也许对身心有好处。

但是荷尔德林自己觉得不能寄生于兰道尔，他必须工作。于是，他先后到豪普特维尔的一个巨商家和汉堡驻法国波尔多的领事家做家庭教师。可是荷尔德林的病态日益显现，他头痛，失眠，神经病，自言自语，幻觉频繁，有时莫名其妙地恐惧，而且半夜或凌晨在房间不停地走动，时而发出呜呜的哭泣声，甚至由于似梦非梦地想到苏赛特而举止不合绅士规范。他不得不离职了。

他还是要到兰道尔那儿去。由于旅途的劳顿和精神异常，他的肮脏，他的诡异，他的流浪汉形象把兰道尔吓了一大跳。过去在图宾根拥抱过他的内廷参事马蒂松见到他时，也为这位昔日英俊的大学生变成了一个“脸色苍白、眼神游移、衣衫破烂、头发和胡子又乱又长的叫花子般的人”而惊异不已。后来，当荷尔德林以褴褛和病态的形象回到诺尔廷根时，绝大多数人都没有认出他来。母亲约翰娜和妹妹莉克把他强行拉回家，把他身上的破烂衣服扯下来，强制他洗了澡，吃了东西，并请来普朗克医生为他看病。

经过近两个月的调养，荷尔德林好转了。当他正常地生活，与人们正常地交往并进行创作时，收到了由兰道尔转来的辛克勒的信。就这样，报告了苏赛特的死讯的这封信把荷尔德林的精神异常引爆为精神分裂症。

荷尔德林爆发精神病后，朋友们都很关心他，有的还为他祈祷。辛克勒和兰道尔接他去调养，为他负担生活费。黑格尔和谢林为他的病情着急，帮他寻医问药。伯伦多夫出版社和法兰克福出版社的老板均同情他的不幸，要把他翻译的希腊悲剧诗人索福克勒斯的作品尽快出版。他最先做家庭教师的那家女主人夏洛特获悉他生病后，向他致以“最亲切的问候和祝福”。侯爵接受了由辛克勒转来的他作为礼物的诗稿，并要亲切接见他、款待他，后还送了一套罗马诗人维吉尔的书给他。侯爵的女儿奥古斯特送给他一架钢琴，以期用音乐来治疗他的病。辛克勒更是为他谋了一个宫廷图书管理员的虚职，让他享有200古尔登的薪金，其实这是侯爵发给他的津贴，他们把这些钱以工资的名义发给了荷尔德林。

可是不久，辛克勒因闹共和组织地下活动而东窗事发遭逮捕。荷尔德林被牵连其中，好在他的病态使他逃过此劫。虽然辛克勒不久即被释放，但荷尔德林原本平静下来的心受到一连串的惊吓，因而他的疯病再次发作。当辛克勒又来看望他时，他的疯病已持续好多天了。他最初用异样的眼光呆看着辛克勒，继而坐到钢琴旁，大喊大叫地猛击琴键，然后站起来捶打胸脯，不停地咆哮，最后吼叫累了，就倒在屋角呜呜地哭起来。

辛克勒对在医院之外治疗荷尔德林的疯病再也不抱多大希望了。他与荷尔德林的家人及医生联系后，听从周围朋友的意见，由他和朋友们把荷尔德林送进图宾根的诊疗所。人们捆绑起荷尔德林的手脚，他抗击、打骂、抓扯、撕咬，他挣脱脚上的绳索，跑出不远，被抓回来，重新结实地捆绑，然后被放到马车上。他喊痛，哭叫着，挣扎着，翻滚着，吼叫的声音凄厉而令人毛骨悚然。辛克勒目不忍睹，他用双手蒙住眼睛，痛苦地弓着身子大哭起来。而后，他又不得不挺直身子，恢复常态，凄惨地目送运载着被捆绑的好友的马车消失在愁云惨雾笼罩的小路尽头。这是1806年9月秋风萧瑟的一天。可不知道是什么原因，从这一天起，辛克勒再也没有去看望自己这位备受疯病折磨的挚友。

医生们对荷尔德林进行了大半年的精心治疗，但效果不明显，最后不得不无可奈何地放弃了对他的治疗。在此期间，一位为诊所做木工活的师傅齐莫尔结识了荷尔德林。他是一个文学爱好者，刚刚读了荷尔德林的一些诗和《许佩里翁，或希腊的隐士》一书。当他听医生说到住进诊所的病人就是他刚读过的书的作者时，心中一下就涌出一种敬意。这位瘦小的矮个子木匠慢慢地接近并关心起这位时而痴呆、时而躁狂的病人来。一段时间后，诊所的负责人看出了齐莫尔对荷尔德林的爱心，就建议他把病人接回家去照顾和调养，齐莫尔无私地接受了这个建议，而此时他年近36岁，女儿4岁，儿子不足一岁（6年后，他的小女儿罗特又出生了），正是他与妻子负重爬坡的艰难时期。

到1838年68岁的齐莫尔病逝时，他与妻子、孩子照顾频频发作的荷尔德林已整整32年。3年后，他的大女儿出嫁时，希望把荷尔德林带到婆家去照顾，但她的妹妹罗特不同意。从此后，罗特就与母亲一起承担起照顾和护理她俩视若家人的荷尔德林，直至1843年73岁的荷尔德林逝世。

海涅：
从失恋、“畸婚”到生不如死的床褥墓穴

海涅（1797—1856年），德国民主主义代表诗人。出生于莱茵河畔的杜塞尔多夫。父亲是不富裕的犹太商人，母亲是医生之女，爱好文学。曾在法兰克福和汉堡学习经商，后又在叔父资助下经营纺织品商店，均遭失败。1819年入波恩大学学法律，后又去哥廷根大学和柏林大学学习。1825年获法学博士学位。在求职失败并经历几年漫游生涯后，从1831年起定居巴黎，结识了法国和旅法的世界知名作家、艺术家，并与圣西门主义者接触和保持联系。在进行文学创作的同时，也担任记者，为法国报纸撰稿。1834年10月结识小店员玛蒂尔德，7年后结婚。1848年因病导致瘫痪，开始了8年“床褥墓穴”的痛苦生活。1856年6月结识了女作家玛尔嘉特，开始了8个月柏拉图式的爱情，直至逝世。代表作有诗集《诗歌集》、《新诗集》和长诗《德国——一个冬天的童话》等。主要作品有诗集《罗曼采罗》、《1853至1854年的诗集》，散文游记《哈尔茨山游记》，论著《论浪漫派》、《论德国宗教和哲学的历史》等。

窗外，阳光明媚，春意盎然，一处处绿鲜红艳，一阵阵微风拂来，令人神清气爽，心旷神怡。海涅病体初愈，但和煦的春风、温暖的阳光使他感到体内有一股活力在奔涌，他精神为之一振，禁不住想再去参观一下卢浮宫，徜徉在精美绝伦的艺术瑰宝中，感受艺术的魅力并激发创作的灵感，以撰写一篇正在构思的文艺评论。

海涅兴致勃勃地走进卢浮宫，他来到底楼的雕塑厅，对自希腊罗马以来的艺术精品一一欣赏。也许是大厅里人多气闷，他觉得心里有点不舒服，继

而又感到身体有点疲乏。这时，他走到爱神断臂维纳斯的面前，驻足良久，虔诚而愉悦地对她拜谒起来。待他正要离开这尊女神像时，突然感到提不起双脚，两腿再也不听使唤，他心里猛地一紧张，眼前发黑，整个人就瘫痪在维纳斯像脚下。

这是1848年暮春的一天，海涅正值50岁的中年。可这却是他最后一次走出家门。从此后，他瘫痪了8年之久，开始了不是死人而胜似死人的痛苦的"床褥墓穴"的生活，直至逝世为止。

雄心勃勃的海涅，遭受如此巨大的打击，其绝望痛苦的心情，是难以想象的。他仰天呼号："我已经完全瘫痪，只能躺在床上，不能站起来。在世界万物奔腾激荡的形势下，我却动弹不得，真是生不如死。本来我正全身心投入到一部巨著的创作中，可上帝把我钉死在床上，我不能有任何的作为，也不能回应朋友的期待。这是怎样的巨创深痛啊！"

确实，比起常人的瘫痪来，海涅的瘫痪更令人绝望。曾几何时，这位英俊潇洒、风流倜傥的大才子在德、法两国文坛是何等的纵横恣肆、恃才傲物，而今却一下子落到瘫痪的地步并被死死钉在床上无法动弹！

海涅究竟是怎么啦？怎么竟发生了瘫痪呢？

看来，这还要从他年轻时代的恋爱谈起。

海涅的父亲是一位不富裕的犹太商人，母亲是一位医生的女儿，爱好文学。但父母还是希望海涅成为一位成功的商人。因此，海涅在读大学（后取得博士学位）以前，被送到法兰克福和汉堡的商店做学徒，不久又到叔父所罗门在这两处开办的银行工作，后又得到叔父的资助经营纺织品商店，但均以失败告终。

他虽然经商失败，却收获了爱情。18岁时他爱上了儿时的邻家女、与他同岁的红发白肤的姑娘约瑟芬。她虽然是一个刽子手的女儿，但却生得容端貌庄，而且能背诵许多优美的民歌。她为海涅吟唱的民歌影响了海涅日后的诗歌创作。海涅当时对她是十分喜爱的，例如他在《梦影曲》之六中，对她这样写道：

我美丽的生命，我青春的血液，
我都心甘情愿地交给你，

交给你这天使一样的姑娘——
可是请不要指望天堂。

但是，姑娘在海涅的心中并没有久驻，取而代之的是他的百万富翁的叔父的女儿，即他15岁的堂妹阿玛丽。阿玛丽容貌可人，身材苗条，眼睛如海水般蔚蓝，嘴唇像玫瑰样鲜红。海涅渐渐坠入情网，以至难以自拔。堂妹对才子堂兄似乎也有情意，甚至还剪下一绺鬈发赠给他，海涅将这一绺鬈发藏于挂在胸前的金属十字架里。海涅感到幸福无比，他为堂妹写下不少情诗，甚至说愿为她献出生命：

快乐无涯的少女，
你多么美丽纯真，
我只愿为你一人
奉献出我的生命。

你那甜蜜的眼睛，
闪烁着好比月亮；
你那红润的面庞，
透出蔷薇的红光。

从你小小的嘴里，
闪耀出颗颗珍珠；
而最美丽的宝石，
就藏在你的胸部。

快乐无涯的少女，
想最初你的倩影，
心中如小鹿撞撞，
那应该就是爱情！

可是,当他进一步付出感情并希望得到她的回报时,他发觉她并没有认真对待他奉献的爱。他专为她创作的歌曲,她漫不经心地弹奏着,常常奏得难以入耳。海涅感到这是对他付出的心血的亵渎。不久,海涅发觉她与一些纨绔子弟来往,并进而打得火热,她在他们中间显得轻佻、妖冶,甚至还流露出对海涅赠送的诗歌的讥笑。她并没有爱上穷小子海涅。海涅陷入了深深的痛苦之中:

灵魂迟早归于冥府,
肉体或许任人宰屠;
　　唯有那美丽的少女,
　　才令我难舍又难离。

阿玛丽确实另有所爱,但她所爱的人并不爱她。于是后来她在气恼之下,嫁给了尼希堡的一个庄园主。可惜的是,她只活了37岁就早逝了。

几年后,海涅在一次旅游中遇到了他的小堂妹,即阿玛丽的妹妹戴莱丝。戴莱丝当年太小,尚未引起他过多的关注。而今,她出落成亭亭玉立的大姑娘,一下子就让他一见钟情,他感到小堂妹就是她姐姐的替身,是他昔日的恋人。他重又燃起爱情之火,向她献上了不少爱情诗,其中最有名的一首是被音乐家谱成250种乐曲的《还乡曲》之五十:

你好像一朵鲜花,
那样温情、美丽、纯洁;
我凝视着你,我的心中
不由得涌起一阵悲切。

我觉得,我仿佛应该
用手按住你的头顶,
祷告天主永远保佑你
这样纯洁、美丽、温情。

可是，戴莱丝像她姐姐一样拒绝了堂哥的爱情，海涅的感情再次遭到狠狠的一击。不过，这以后他对爱情已看得不那么神圣了，他的情诗也不时夹杂了一种自嘲、讥讽的调子。后来，他因诗业而誉满欧洲时，戴莱丝来访，向他表示倾慕。这一次轮到海涅不领情了，他写了一首讥讽她的诗《老蔷薇》，狠狠地报复了她一下。

阿玛丽和戴莱丝的绝情击碎了海涅美好的青春梦想，并在他的人生道路上烙下了深深的印记，以致他禁不住这两次打击而变得颓丧、沉沦和放纵，任凭感情的波浪到处泛滥。

不久，海涅又在步入职场时遭到一连串的失败。他虽然获得哥廷根大学的法学博士学位，但申请柏林大学和慕尼黑大学的教职均被拒绝，想留在汉堡当律师或到参议院当法律顾问也先后告吹。后来，他终于在慕尼黑的《政治年鉴》杂志谋到一个编辑职务，但几个月后他就离开了。他开始四处漂泊而无所事事。求职的失败打击了他的自信心，他辗转于汉堡、柏林、慕尼黑等地，又来到北海的赫耳果兰和诺德尼两岛散心，但均不能消除他心中的郁闷和气恼。

恋爱和求职的双重失败使他更加颓唐和烦恼，他开始寻求酒精的麻醉，继而又以寻花问柳来增强自己的自信心和补偿失败的爱情。其实，海涅在失恋后不久就来到汉堡的圣保利，那里妓院林立，可以说是德国最早的后来被名为红灯区的地方之一。海涅初来乍到这类地方，看见这些张着猩红的大嘴、闪着狐媚的绿眼、露出勾魂的笑容的街头女郎，心里不免有些紧张。待这些花枝招展的性工作者把他簇拥着拽进去几次后，他才逐渐放松下来，以致后来乐此不疲，乐不思蜀。从此，他就把圣保利的马路天使作为阿玛丽和戴莱丝两姊妹的替代品，以充填爱情的缺失，并作为自己肉体和精神的抚慰。海涅就这样像上了瘾似的频频光顾一家家妓院，享用着一个个的性感天使。及至出国旅游，来到英国伦敦等地和意大利佛罗伦萨等地，他也照样溜进烟花巷不误。弟弟马克西米利安发觉了哥哥有狎妓嗜好后，遂善意劝告，但哥哥并不听从；后来他严厉地警告哥哥，并指出其危害性，但收效甚微。

海涅对弟弟的话充耳不闻，他竟然有他的理由，他说："只要我的心充满爱情，我身边的人脑袋里装满愚蠢的念头，我就不会缺少写作素材。而只要有女人，我的心就会一直充满爱情。如果一个女人让我的心冷却，就会有别的女人让它发烫。”这就是说，他写诗作文是离不开女人的，创作灵感是要靠女人来激发的。这确实使人感到无奈：由于他与女人成功或失败的爱情以及与女人的滥情，我们才读到他大量充满玫瑰、夜莺、月夜、倩影的优美爱情诗，其中一些诗篇被作曲名家数次、数十次甚至两百多次地谱成乐曲传唱在世界各地，这在世界各国诗人中是首屈一指的；当然，我们也读到他不少像《群芳杂咏》之类的猎艳诗，这些游乐于风月场的诗篇，看似轻松潇洒，实则沉重悲哀，因为它们变味于爱的自嘲和情的嘲讽，而失去了少年岁月那珍贵的爱的痴情和情的真挚。这是不得不令人遗憾的。但是，不论怎么说，对亲人的好心劝告以至警告不理不睬的人，总是要尝到苦头的。

1830年夏，海涅在北海的赫耳果兰岛养病期间，巴黎爆发了七月革命，他受到鼓舞，兴奋不已，并写下“我是剑，我是火焰”这样的战斗诗句。他要躲开笼罩在德意志上空的愚蠢和昏庸，到法国去汲取他视若宗教的圣西门主义，接受巴黎的阳光和雨露。1831年5月，海涅自动流亡到巴黎，并定居至逝世。在这个充满魅力的浪漫之都，海涅感到如鱼得水。他很快就融入法国社会，参加圣西门主义者的聚会，与圣西门的弟子昂方坦等交往，醉心于圣西门的学说；同时与雨果、巴尔扎克、大仲马、戈蒂耶、缪塞、乔治·桑、梅里美、贝朗瑞、维尼、舒伯特、李斯特、肖邦、瓦格纳、门德尔松、罗西尼等文学和音乐大师结为好友。十余年后，海涅又陆续结识了拉萨尔、马克思和恩格斯这些共产主义运动的领军人物，并成为好友。

海涅继续着在德国的习惯：出入于上流社会的文艺沙龙。在柏林时，他就在才女拉埃尔的沙龙和女作家伊丽莎白特的沙龙受到赏识和宠爱。当他的《诗歌集》出版（还不算后来出版的《新诗集》）后，受到一致的好评，并被一些人誉为德国的拜伦。而今在巴黎，他凭他令青年男女如痴如醉的爱情诗，赢得了巴黎各文艺沙龙的尊重，并被邀为贵宾。他被法国文艺精英们视为德国文学的代表人物，是架起沟通德法文化桥梁的大师。这正如巴尔扎克所说的：“海涅在巴黎代表德国的心灵和诗歌，而在德国代表着充满见地、富有活力的法国。”

海涅也继续着在德国的另一习惯：出没于下层社会的风月场所。他不仅光顾一些固定的香艳店吧，也搜寻一些游动的马路天使。这些马路天使大多是工场打工妹、店铺服务员等，她们在傍晚时分，身着瓦灰色的衫裙，出没在包括著名的香榭丽舍大街和蒙马特尔大街在内的街头巷尾，以自己的美色，招徕过往行人，进行“业余创收”。

1834年秋，海涅经过巴黎郊区司法大楼附近的一家鞋店时，像打望巴黎街头的无数女郎一样，注意到了鞋店里的一位姑娘：她的肤色白中透红，胸部十分丰满，头发栗中带金，身材不失婀娜，她用她微笑的小酒窝对顾客进行迎送，有时也与他们闲聊几句。海涅看上了这位姑娘后，就经常光顾这家鞋店。鞋店是姑娘的姑妈开的，姑娘在此打工。她名叫米拉，是一个大户人家的少爷与一位村姑的私生女。她在农村干了多年的农活，生活很苦。据说是她与母亲婚后的家庭不和，致使她来到巴黎她的姑妈处打工。海涅在与霍尔滕桑、约兰藤、玛丽恩、卡塔琳、克拉里桑和安葛利克范恩等不少流莺浪燕悲欢聚散后，觉得这个18岁的打工妹仍有乡下姑娘的纯洁清新之气，他感到她给他浑浊的交往中注入了一股甘甜的清泉。他决定要采摘这朵开自山野且还缀有露珠的花朵，而不管她是否在街头巷尾招徕过顾客，进行过“业余创收”。

决定既已作出，就要付诸行动了。海涅开始还装模作样地看看鞋子，试试鞋样，也买下两三双鞋子，很快他就与米拉搭讪起来，并找一些逗乐的事说给米拉听。不多久，他又把他的爱情诗朗诵给她听，给她送玫瑰花，还附上精致的情书。可惜米拉看不懂情书，只是把花收下。后来，他又邀她跳舞，有时她的姑妈也作陪。米拉对海涅也有好感。海涅这时正如法国作家戈蒂耶描述的那样是一个帅哥：他像一位日耳曼的阿波罗，一头金发覆盖在高高的大理石般的洁白额头上，两颊圆润，不像当时一般浪漫派诗人那样苍白而灰暗。而且，海涅出手大方：他虽曾是穷小子，但当下作为著名诗人，他每年平均约有3000法郎的收入，叔父所罗门在他移居巴黎后每年还资助他4000法郎。后来，所罗门到巴黎见过米拉后，把海涅的年金提高到4800法郎。海涅逝世后，这笔年金米拉还可领取一半。这些还不包括所罗门对海涅的临时支付。此外，海涅还得到德籍犹太银行家、大富豪罗斯柴尔德的资助，罗斯柴尔德出钱购买法国北部铁路股票送给海涅，同时还让海涅替他办理股票差额交易，获取佣金。再有就是海涅还接受过法国路易·菲利普王朝的资助。

交往多次后，两人性格和脾气的不良一面暴露出来。海涅为此还离开过米拉一段时间，将自己的苦恼向他素有交情的一位流亡到法国的意大利伯爵夫人倾诉。在他心情平静并重又思念米拉后,他回到巴黎,付给米拉的姑妈一笔钱,将米拉带回了家。

海涅为米拉取了一个含义为聪明美丽的名字——玛蒂尔德。两人开始正式同居,在将近七年后的1841年8月,才举行了婚礼。

海涅与玛蒂尔德的结合人们认为是极为不般配的:海涅出身高贵,具有最高学历,是大才子大名人,誉满全欧洲;玛蒂尔德出身低贱,近乎文盲,是小村姑打工妹,无知无教养。整个上流社会都嘲笑这个结合,不少人认为是一场畸恋、畸婚,简直是恶评如潮。连反对资产阶级,为穷苦劳动大众的解放而奋斗的无产阶级领袖马克思也厌恶玛蒂尔德,他称她为"母猪";海涅逝世后,他说海涅是被她"折磨死"的,还告诉恩格斯"海涅尸骨尚未下葬,皮条客就上门接走了玛蒂尔德"。至于亲戚和其他朋友,也没有一个喜欢这个没有教养没有文化的"下贱女人"。

确实,玛蒂尔德脾气不好。她任性,喜怒无常,常常为一些小事而急躁而冒火,碰上心烦的事,更是大吵大闹,有时还倒地打滚或捶胸顿足地哭叫,甚至闹腾到浑身发抖,连玻璃杯也咬碎。海涅遇到玛蒂尔德歇斯底里发作时,时而讥讽两下,时而一笑置之,有时也毫不理睬。玛蒂尔德在闹得自知无趣后,有时又破涕为笑,从地上爬起来,跳入海涅的怀抱,两人言归于好。玛蒂尔德与女仆也常常发生争吵,她看不顺眼她做的事或自己遇到不顺心的事时,就朝女仆冒火、发泄。不过,她并不往心里去,发泄后,她邀上女友波利娜一起逛街,上商店购物。这不,傍上海涅后,玛蒂尔德变成了高消费者,买高档衣物,吃高档酒菜,从不问价,大手大脚,挥霍浪费。如此奢侈,再加上懒惰,在青春刚要消逝的35岁,还应该勉强称得上少妇时,体重就蹿到一百七八十斤,身材由丰满变肥硕,成了一肥婆。

面对外界对两人结合的非议和对玛蒂尔德的贬损,海涅的面子挂不住了,他不得不低调处理两人的关系。最初几年,他学歌德接待客人不让夫人出面的做法,也在自己接待客人时不让玛蒂尔德露面。当然,玛蒂尔德脾气不好,他也很少在家接待客人。另外,他为了提升她的品位,就送她到学校学习各种文化,也让她学社交礼仪和家政,后又请人教她德语。但她哪里学得进去,她骨子里没有文化人的因子,也没有贵妇人的因子。海涅只得自我解嘲:"她智力低下,但心肠美好。"

而海涅自己呢，也是有不少缺点的。且不说他一个大才子、大名人，却嗜好那些流莺浪燕，又被指责与做过马路天使的女人产生畸恋、畸婚。仅就脾气性格论，也是与玛蒂尔德有得一拼的。海涅从小就易于亢奋和激动，而且任性，好斗，有时不免霸道。读初级小学时，可能是他对女教师处罚同学的不满，把她的鼻烟盒倒空后填满沙子。读中学时，母亲为他请了音乐和舞蹈教师，他无礼地对待示范小提琴的音乐教师，又把教他舞步的舞蹈教师推倒在垃圾堆里。读大学时，他因与同学发生矛盾而冲动地向对方提出用手枪决斗，为此他被哥廷根大学停学半年；转学柏林大学后，又因决斗而不得不离开了柏林。在波恩，他要同学和堂哥取走房间的钟，以免钟声使他心烦意乱。在柏林，他订房间时，要附近不得高声喧哗，不能有敲打的声音等。而且，他嫉妒心也强，有时脾气也暴躁。玛蒂尔德颇为性感，一位朋友的弟弟多看了她滚圆的臀部几眼，他当着朋友的面厉声地谩骂并侮辱了朋友的弟弟；一位大学生盯着玛蒂尔德丰满高耸的胸部看，他一怒之下掴了大学生一耳光。同时，对玛蒂尔德忤逆他的意志的言行，他往往暴跳如雷。玛蒂尔德与某舞伴跳舞频繁或被抱紧了一点，他就对那男人破口大骂；玛蒂尔德喜爱她的鹦鹉而不管他时，他就对玛蒂尔德和鹦鹉大吼大叫，后来甚至毒死了鹦鹉。更有甚者，他对玛蒂尔德还拳脚伺候，平均每个月都要打她几次。此外，他仍不改寻花问柳的毛病，甚至招来街头女郎同他与玛蒂尔德三人同乐，有一次还被奥地利作家格里伯尔策撞见。

不过，这种霸道的作风随着疾病的到来和加重，就大大地收敛以至转为温和了。如前所述，海涅与玛蒂尔德在同居将近七年后的1841年8月结婚。照理说，七年前的玛蒂尔德比七年后的玛蒂尔德更鲜嫩更水灵，但他却等到七年后鲜嫩和水灵都有所消减时才正式娶了她，这是何故呢？恐怕这与他的病有关。

海涅在定居巴黎的第二年，一次他在香榭丽舍大街散步回来，突然感到眼部和手指发痛。他想可能是从年轻时就落下的神经衰弱和头痛症的短暂发作。可是不久，这种疼痛再次发作，而且脊椎也疼痛起来并扩散到全身，同时眼睛疼痛也加剧了，眼皮变得沉重，睁眼也开始费力。此外，他的嘴唇已没有多少知觉，胃肠功能也大为减弱，容易患感冒和粘膜炎，双腿像棉花般无力。好在不久后这些症状有所减轻，有的好像又消失了。与玛蒂尔德同居后，这些病象时有时无，时重时轻。待到四十余岁时，他感到病情加重了。医生告诉他：这可能是瘫痪的先兆。他感到危机来了。如果瘫痪了，指望谁呢？他自然想到与他相伴几年的玛蒂尔德，而他人均靠不住。因此，在瘫痪前还是把婚结了吧，法律上的夫妻在维系两人的关系上总要比同居的性伴力度要大一些。

婚后不久，海涅感到眼皮更加沉重，特别是左眼皮下垂得厉害，睁眼已感到困难。而右眼看东西越来越模糊，视力下降严重，看书写字也相当困难。到四十七八岁时，眼睑失去功能，特别是左眼皮耷拉下来，闭合得完全睁不开眼，常常连泪水也不容易流出来，若要看东西，需用手指把眼皮往上拨开才行。同时，他的肠胃炎越来越重，常常不知不觉就拉了一裤子，弄得臭气熏天。他躺在床上也常常气喘吁吁，感觉累得不行。又过了一两年，他的手臂也不听使唤，无力拿东西。接着，他口舌开始麻木，几乎不能吃东西，再也无法享受美味佳肴，只能吃一些细软的食物或者半流质食物，最后甚至只能吃全流质食物。

海涅瘫痪的症状越来越明显。尽管有时症状有所减轻，但当再次发作时，则症状又一次加重。随着症状的一次次加重，海涅终于在1848年暮春的一天倒在了卢浮宫的维纳斯塑像脚下而再也无法站起来。

瘫痪给了海涅极其沉重的打击。他悲痛欲绝，生不如死，因为这不仅仅是肉体的深痛和巨创，还有精神上的折磨和煎熬。但海涅不愧为革命的战士，他很快克服了肉体的灾难和精神的痛苦，重新振作起来。他向朋友宣告："我虽身患重症，但绝不放弃工作。"他把自己的瘫痪和病况用诗歌抒情地表达出来：

> 我只是煤渣，
> 只不过是麻烦、垃圾、腐烂的火种，
> 失去了出生时的形体，
> 腐朽而终归于尘土。

瘫痪后第二年，任海涅秘书的希勒勃兰特描述了海涅当时的病情和不言放弃的精神："海涅听力下降，眼皮耷拉，他非得用细如枯枝的手指拨开眼皮才能勉强看见东西。他下身瘫痪，又不时痉挛。保姆打扫床铺时，就把瘦小如同孩子的他抱到沙发上。他受不了半点声响，又痛得无法入睡。为了获得三四个小时的睡眠，必须每天服用不同的吗啡。他有时痛得根本不能入睡，于是就创作诗歌。经过多少个这样的不眠之夜，我按他的口授记录下来的诗集《罗曼采罗》就这样诞生了。”同样的，一个个痛苦的不眠之夜还收获了《1853—1854年诗集》、《自白》和《卢台齐亚》等诗集及一些零散的诗歌和散文。在这些作品中，海涅有时虽然流露出悲观以至万念俱灰的情绪，但基调却是对德国的现状的不满和对命运的抗争，而且嬉笑怒骂、冷嘲热讽不减创作长诗《德国——一个冬天的童话》时的1844年。海涅晚年的这些成就揭示了他生命的意义：“我的肉体经受磨难，但内心静如明镜，时而也有日出和日落的美好时光。”

海涅的瘫痪在法国和德国乃至欧洲引起震动。大仲马、戈蒂耶、乔治·桑、贝朗瑞、奈瓦尔、塔扬迪埃、黑贝尔、劳伯等法国和德国的作家纷纷登门探望；青年时代的好友及其子女，如伊丽莎白特之女等也来看他；看望他的人中有一位叫迪弗的女士，海涅曾在森林里给她讲过美丽的童话故事，她当时还是个小女孩。一位法国女友抱着她不满一岁的女婴来看他，他是女婴的教父。法国女友把女婴放入高卧在6床褥垫上的海涅的臂弯里，女婴半蹬着双腿，睁着水灵灵的大眼睛盯着他。法国女友以此方式来关爱他，来祝福他。还有不少妇女来信，建议他请人针刺病变的脊椎，以治好瘫痪。也有囚徒给他写信，说“诗歌犹如阳光照进监狱，使囚徒坚强并感到获得自由”。德国科隆男子歌咏协会派出最佳歌手看望他，该协会多次演唱过海涅的诗歌。后来海涅逝世时，他们在他身边演唱了海涅的《新春曲》之六《一阵可爱的钟声，轻轻地掠过我的心房》。看望和朝拜海涅的，更多的是德国、法国和欧洲其他国家的旅游者和粉丝，其中女性（包括杰出的女性）多于男性。

海涅出于孝心，没有把自己的病况和随时可能死亡的事实告诉母亲（他的父亲已死）。弟弟妹妹来看望他时他也特别嘱咐他们不要告诉母亲。但是，几年过去后，他身边已变得冷落。亲人们在德国，不可能常来看望和照顾；朋友们也一个个音讯杳然，乔治·桑已不再来，拉萨尔断了关系，马克思也没有了信息。只有他的妻子玛蒂尔德守在身边，不离不弃。看来，还是结婚好啊，没有一纸婚姻证书，玛蒂尔德会不会远走高飞呢？别说久病无孝子，就是面对自己这样的瘫痪病人一两个星期或一两个月，也是会生厌的。虽然玛蒂尔德不是南丁格尔，但在海涅瘫痪“床褥墓穴”中，她守候床边，端水送药，喂饭喂菜，擦身换衣，还要时时为他翻身，以免生褥疮等，8年没有间断。此外，她外出活动与人们交往，或从社会上获取大小道消息，她都带回家讲给他听，让他感受生活的趣味；她也为他读书读报（海涅送她读书还是起了这么一点作用的），使他了解社会新闻和事件，让他感到并没有与社会绝缘。尽管玛蒂尔德不完全是出于天使的慈爱之心，有时也并不任劳任怨，也并不无微不至，在护理海涅或料理家务时，有时也未顾及到海涅的痛苦感受而与保姆发生争吵，但总的来说，她对海涅的照顾和关爱是尽到了一个妻子的责任的。对此，海涅公开告诉他的朋友们：“如果不是玛蒂尔德，我早就对我悲惨的生活做了了断了。”他心存感激，为了不让妻子操劳过度，他让她住到离自己最远的房间，以免半夜被他的不适惊醒。他开始为她安排他不在人世后的生活，他把法国北部铁路股票交给她（她后来却送给他人），又数次在遗嘱中确定她的年金，还写信给富有的堂弟卡尔和出版商坎贝等人，请在他死后帮助她，别让她受苦，等等。他还通过法律手续重申对她的谢忱和爱意，并为她献上《周年追思》等诗：

也许在这样的日子，
天气晴朗、暖和，
玛蒂尔德带着波利娜，
到蒙马特尔散步。

她带来千日红编的花圈，
安放在我的坟头上；
她叹息道：可怜的人啊！
她泪眼婆娑，无比悲伤。

可惜我住得太高，
不能给我的爱人，
端凳搬椅，

唉！她累得脚步不稳。

可是，海涅的病情还是一天天加重。恩格斯前些年看到他时就对他骨瘦如柴而目不忍睹，说“如此杰出的人物一步步走向死亡，真是绝世悲剧”。而这些年海涅更是形如骷髅，惨不忍睹。他虽然才五十多岁，但已是十足的枯朽老人。他面如白蜡，左眼完全闭合，右眼只剩一条细缝，不现一丝神色，满脸灰白胡子，一头斑白蓬乱的长发，嘴角肌肉萎缩，并因疼痛而扭歪，完全是一副鸠形鹄面的样子。他说话十分艰难，也无力咀嚼和下咽。麻痹像一圈铁丝绑在他胸腔上，万般难受。胸腹常常疼痛，大小便失禁。痉挛使他缩成一团，状如小孩。而且更要命的是时时袭来的穿骨透髓的剧痛。为减轻疼痛，医生给他开了大量的吗啡，但他咽喉肌肉因瘫痪而丧失功能，只得在他喉结上方切一个小口，让吗啡溶液滴入食管而进入体内。他受不了噪音，也受不了光热，因此一张大篷布为他遮阳降噪，屋内一片阴暗。来探望他的德国作家兼记者沙菲尔离开后写道：“我离开海涅病榻时的心情，比离开伯尔纳之墓的心情更为阴沉。”

海涅的病经多位医生诊断，都未能确诊。瘫痪后的第二年，旅居巴黎的匈牙利名医大卫·葛拉碧认为他得的是脊髓痨。但是，医生们对该病大多讳莫如深，也许是出于对这位世界名人的尊重吧。脊髓痨是因侵犯脊髓后索和后根而引起神经细胞变性坏死，它是神经系统梅毒的一种临床类型。海涅既往的冶游史导致他患上了梅毒，而且照克里奇利的说法是“患有神经系统梅毒最杰出的5个人”之一。在这里，请不要对海涅嗤之以鼻，把他由“伟大”贬为“渺小”。在青霉素未发明之前，梅毒是极难治愈的。那个时代，欧美国家的各种人物，三教九流，上至皇帝、领袖，下至走卒、贩夫，患梅毒和其他性病的人很多。只不过名人患了此病，会有人研究，受人关注，从而被披露出来。以美国德博拉·海登著的《天才、狂人的梅毒之谜》（上海人民出版社2005年11月）为例，患有梅毒的世界最著名的作家、艺术家、科学家、革命导师、政治领袖、总统和国王等，多得令人咂舌。

因此，海涅只是普通人一个，既不伟大，也不渺小，而且由于他的风流放荡，患上了脊髓痨这不治之症，受到8年“床褥墓穴”的严厉惩罚。可是，在海涅备受病痛和瘫痪的煎熬7年之久后，在他阴暗的生命的尽头，却出现了一抹玫瑰的亮色——一只“苍蝇”飞进了他的家。

1856年6月20日，海涅家里来了一位不速之客。来人是一位女客，三十岁左右，眼睛蔚蓝而清澈，鼻子扁平而适中，嘴唇小巧而精致，头发鬈曲呈棕色。她说她叫玛尔嘉特，刚从维也纳来，受维也纳一位崇拜海涅的外交官之托，将他为海涅诗歌谱的几首曲子带来。海涅眼睛为之一亮，他突然感到自己一下神清气爽，身心轻松舒适了不少。显然，海涅对这位女人是一见钟情了。

而玛尔嘉特见到面前这位形容枯槁、骨瘦如柴、病入膏肓的大师，感到反差如此之大，心中悲凉不已。但她迅速调整了心态，尊敬地与海涅交谈起来。

玛尔嘉特走后，海涅怅然若失，一时不知所为。稍后，他禁不住给玛尔嘉特写了一封信：“你和我的见面是那么短暂，这使我感到十分遗憾。你留下的美好印象激起我再次见到你的欲望。我等待你的再现，就像等待仙女的降临。只有上帝知道你的来临使我多么欣喜和快乐！”玛尔嘉特的出现，在海涅瘫痪后心如止水的感情生活中又掀起了波澜。

玛尔嘉特呢，她确实从少女时代就喜爱海涅和海涅的诗。她是一个小业主的女儿，母亲因病去世后，还是婴儿的她被送给旅居巴黎的德国人克利尼茨夫妇抚养。玛尔嘉特出嫁后，丈夫挥霍掉她的陪嫁，为了摆脱她，把她骗入一精神病院。她同丈夫离了婚，与患病的养母（养父已逝世）同住，靠教钢琴和德语为生。多年后，她成了一名作家，出版了长篇小说《音乐家达尼埃尔·弗拉迪的故事》等三四部作品。

而今，面对眼前的海涅，恐怕她已没有了爱，但应该还有情。就这样，她与海涅频繁地交往起来。海涅根据她的回信上盖的像苍蝇一样的图章字样，就称呼她为莫歇，即“苍蝇”。“苍蝇”来临，那动听的声音，唤醒了他沉睡多年的爱情；“苍蝇”在身边，与他娓娓而谈，激起了他对生命的渴望。他爱上了“苍蝇”，尽管是柏拉图式的：

我的双眼已经闭上，
我的心灵却把你的脸蛋端详。

海涅抑制不住对“苍蝇”的爱情，为“苍蝇”写下了一封又一封的情书。在情书中，他对她爱慕地说道：“我真的是非常爱你，我亲爱的‘苍蝇’。只要一想到你的娇小妩媚，一想到你的雍容高雅，我的病痛一下就消失了。”他就这样为苍蝇写了二十四五封情书。在情书中，他称“苍蝇”为“令人怜爱的麝香猫”、“最亲爱的猫”和“最甜蜜的猫”等，还赞美她的小腿、手足等。情书的字里行间重又洋溢着为人们所熟悉的海涅的激情，同时充满了对“苍蝇”的爱，诉说了对“苍蝇”的情。“苍蝇”呢，接受他语言的爱抚和文字的亲吻，也给他写回信。确实，对海涅这样严重瘫痪和病痛的人，“苍蝇”除了与他进行语言和文字交流外，不可能做到灵肉结合的爱情。有时，海涅情绪难控，也只是请“苍蝇”把手放入他的手心，或者苍蝇俯下身，让他吻一下她的额头。因此，“苍蝇”说：“因为我与海涅在思想上是那么接近，所以他才十分喜欢我。”海涅也为此写下没有性爱的情诗：

不能拥抱接吻，
只有情话绵绵，
没有烤鸡烤肉，
只有精神相恋。

这些情诗是海涅挣扎着非常吃力地提笔写在纸上的，而不是口述让人记录下来的，这证实了海涅对“苍蝇”的爱有多深。不久，“苍蝇”接替了海涅秘书的位置，因为他告病请假。这样，“苍蝇”对海涅便多了一份责任。她坐在他身旁，为他朗读必不可少的信件和书报，有时也给他朗诵大仲马等人的小说或神学著作，还给他朗读与他的疾病有关的医药书刊。同时，她也向他请教，并练习着把他的诗翻译成法文。海涅有时看到她写诗不尽如人意，就拨开完全下垂的眼皮，示范地写给她看。就这样，“苍蝇”成了海涅的眼睛、喉舌、笔和精神的支撑、感情的依靠，他离不开她了。海涅每天都盼望着“苍蝇”能早早地来，他对她是“一日不见如三秋兮”，他对此甚至写出如下“残忍”的情诗：

让那烧红的钳子夹住我，

再把我的脸皮血淋淋扒开，
对我残酷地鞭打又鞭打，
但千万别让我等待又等待！

“苍蝇”来了，他心灵就得到极大的满足，肉体就得到极大的放松。他确实太爱她了。

一次，“苍蝇”病了，她几天未来。当她病好来到海涅家时，海涅和她是那么激动。她摘下帽子，让海涅端详个够。海涅抚摸着她的帽子，又把帽子吻了又吻。“苍蝇”蹲在海涅床头，海涅把手轻轻地放在她的额头上，她拿起海涅枯枝般的手，吻了起来。一会儿，眼泪盈满了两人的眼眶。

不过，海涅爱“苍蝇”也并不完全出于自私，他常常祝福她，为她祈祷。他也嘱咐她，天气不好就别来了，自己病情恶化也别来了。他为她着想，为她考虑。他是真正地爱她。在他生命的最后一个新年，他给她寄去一盒巧克力，像青年小伙子向少女表达初恋的情怀那样。确实，她是他“忧伤的晚秋的最后一朵鲜花”。

“苍蝇”就这样尽其所能地为海涅工作，与他进行心灵的交流，与他进行精神的恋爱。她尽力为海涅减轻痛苦，驱走他心理上的阴影，她请海涅讲他大学时代的书生意气，讲他诗歌创作的辉煌岁月。往日青春的美好和创作的成就感在海涅心中升起、扩散，并占据了整个心灵。于是，苦难和痛苦被驱走了，海涅的心灵净化了，欣悦了，崇高了。“苍蝇”就这样一次次把海涅从生不如死的绝望中带领出来，并引向希望和光明。这是海涅最真情、最纯洁、最高尚和最辉煌的爱情，是爱情中的华彩乐章。

1856年2月17日，海涅在可怕的“床褥墓穴”中与瘫痪恶魔痛苦地抗争了8年之后，终于还是逝世了，享年59岁。

海涅逝世后，海涅最爱的“苍蝇”不能为他守灵，也不能为他送葬，因为玛蒂尔德的女友波利娜阻挡了她，她为此十分悲痛。多年后，她出版了《在海涅最后的日子》一书，引起轰动，后又出版了自传，为法国文坛所瞩目。

而玛蒂尔德呢，在海涅逝世后一直未再婚，苦苦地以海涅夫人的名义独守28年，死后她与海涅合葬在一起。海涅与她，或者她与海涅，还是有爱情的，他们的爱情不是畸恋，他们的婚姻也不是畸婚。

奈瓦尔：
从疯病的频频发作到突然的自缢身亡

奈瓦尔（1808—1855年），法国浪漫主义诗人、小说家和剧作家，法国象征主义和超现实主义的先驱。生于巴黎。其父为拿破仑远征军队的军医。两岁时丧母。奈瓦尔从小即被寄养在舅公家，直至6岁父亲从前线回来。入巴黎的查理大帝学校读书，与后来成为唯美主义作家、诗人的戈蒂耶同学。奈瓦尔18岁开始发表诗作，并翻译歌德的《浮士德》，一时鹊起文坛。曾因参加学生示威游行而被短暂拘捕。先后出游意大利、比利时、英国、奥地利、荷兰、德国、埃及、黎巴嫩和土耳其等国。1834年爱上女演员燕妮·柯隆，未果。1841年出现精神错乱，1849年精神病再次发作。此后，疯病反复发作。1855年1月，因精神病等原因，吊死于一小巷中。代表作有十四行诗组《幻象集》，小说《奥蕾莉娅》、《西尔薇娅》和小说集《火的女儿》。主要作品有诗集《小颂歌集》，小说《潘多拉》，剧本《皮基罗》、《黑山人》、《哈勒姆的画商》，游记《东方之旅》、《罗蕾莱》等。

1855年1月26日的清晨，巴黎被覆盖在一片皑皑白雪中，银装素裹的巴黎分外妖娆、迷人。街头巷尾阒然无声，行人稀少。“有人吊死了！”“有人吊死了！”突然一阵惊恐的吼叫声刺破了寂静、寒冷的巴黎晨空。人们纷纷奔向发出惊恐声的地方。在离中心菜市场不远的一条窄窄的叫老提灯街的一处简陋旅店前，人们围成半圆，看着窗户前的铁栅栏上直僵僵地吊下的一个人，他身着黑色的上衣和灰绿色的长裤，是一个不到五十岁的中年人。“快把他放下来！”“快找医生！”“快报警！”于是，人们手忙脚乱地把上吊者套在脖子上的绳索解开，并把他放下来。警察来了。医生也来了。医生立即对上吊者进行抢救，后又施行放血术，血流了一地，但是他的心脏还是没有恢复跳动。一会儿，来了一位叫萨尔杜的剧作家，他一下就认出了死者。

那么死者是谁呢？他是怎样的一个人呢？他为什么会上吊呢？

死者就是法国著名作家、诗人奈瓦尔。奈瓦尔在给我们留下梦幻与现实交织的、谵妄与清醒参半的幽婉动人的诗篇的同时，自己也经受着痛苦、迷茫、疯癫与不幸的折磨和煎熬。

小时候，奈瓦尔是一个可怜的孩子，他只享受了7个月的母爱。这以后，母亲就跟随做拿破仑大军军医的父亲，奔赴前线各地。奈瓦尔被寄养在巴黎郊区瓦卢瓦的舅公家中，直至他6岁后父亲负伤跛着一条腿从前线归来。可这时他的母亲已病死异国他乡三年多，母亲被父亲安葬在奥德河畔的波兰领土上。一个缺少母爱的孩子，开始了他忧郁、孤僻和敏感的童年，并在瓦卢瓦那似乎令人伤感的景色和充满古代传说及传奇色彩的梦幻世界中成长起来。

1820年，奈瓦尔进入了巴黎著名的查理大帝学校读书。他是一个成绩不怎么好的学生，甚至还留过级。他的文科成绩大多是及格的水平，个别甚至还是差的水平；而像数学、物理这两门理科，则更是没学，因而就没有成绩。但这并没有影响到他在文学上的天赋。奈瓦尔13岁就开始创作诗歌。到了十七八岁，他就出版了自己的两部作品——《拿破仑与战斗的法兰西》和《民族哀歌和政治讽刺诗》。但更引起人们惊讶的是，他这时翻译了博大精深而又艰涩难懂的《浮士德》第一部。《浮士德》第一部的出版，使他在文坛扬名。从此，他成了知名的青年诗人和翻译家。同学们争相与他套近乎，其中后来成为唯美主义代表作家、诗人的同学戈蒂耶与他成了终生好友。而且不久后，他的文名更是远播德国。《浮士德》的作者——那位德国文坛的巨人歌德，在与自己的秘书艾克曼的谈话中，赞扬了奈瓦尔的译本。他说，“尽管这个译本绝大部分采用的是散文，但翻译是十分成功的。我都不想再去读德文版的《浮士德》了。”他还说，“在这个法文译本中，一切重又变得新颖、鲜明和神思翩翩。”遗憾的是，奈瓦尔是20年后才知道歌德对他的翻译的评价的。如果他当时知道了歌德对他的评价，他会是怎样的激动和高兴啊！确实，一个中学毕业的毛头小伙子翻译的第一部作品，就受到了誉满全球的文豪的肯定和赞扬，那该是一种怎样的荣誉和成就！

奈瓦尔就这样登上了法国文坛。他与他的同学、好友戈蒂耶加入了浪漫主义文学青年社团“青年法兰西”，并成为这个社团的核心成员。这些放荡不羁的文学青年常常在酒吧、画廊和戏院聚会。他们热情洋溢，高谈阔论，想在文学上做出一番惊天动地的事情来；但同时他们也爱好饮酒、狂欢和骷髅舞。奈瓦尔受到他们的感染，也做出了一些荒唐的事来。一次，他把他父亲解剖室中的一具骷髅带到朋友中来。他说，这个骷髅是一个在俄国战死的军人。说着，他用螺丝刀和螺丝把一块皮子放到骷髅的内腔中，做成一个杯状物。“拿酒来！”他喊着。人们把葡萄酒递给他，他则把酒倒入骷髅内腔这个杯状物中。在大家的惊呼声中，他一饮而尽。然后，每个人轮流喝着这骷髅酒。尽管有几个人恶心得想呕吐，但仍得按同伴们的要求喝下去。大家彼此敬酒，为健康和文学干杯。他们就这样在热烈、荒诞的气氛中呼喊着，歌唱着，手舞足蹈着，直到夜深人静，一醉方休。

奈瓦尔沿着文学的道路继续走下去，全然不考虑他父亲要他当医生的愿望，尽管他也曾在医学院注过册，还在霍乱流行期间协助他父亲护理过病人。他这时与他的一个朋友筹措款项，组织稿件，创办一份自己的刊物《戏剧世界》。有人说他创办这份刊物是为了发表自己对一个女演员的赞扬文章。这话说得也许太过武断，但似乎也并非空穴来风，在众多的因素中是不是也包含了这一并未明说的原因呢？

这个女演员叫燕妮，是奈瓦尔在巴黎万象剧院看她的演出时认识的。奈瓦尔这时已经26岁了。他为了排遣外祖父逝世后的痛苦和成年以来时时袭来的孤独感，就先到法国南部再到意大利旅游。一路上，旖旎的风光使他触景生情；美丽的女郎又令他青春躁动。他感到，确实该有女朋友了。这不，他从意大利一回到巴黎，就遇到了漂亮的燕妮。

燕妮是在当歌唱演员的父母的熏陶下成长起来的。她比奈瓦尔小半岁，19岁即在万象剧院登台演戏，甜美的嗓子和出色的演技颇受观众欢迎，演艺事业开始走红。她生性活泼多情，很快就与人产生恋情，生下一个儿子，但不久就与人分手了。她转到另外的剧院，并放弃戏剧表演，转而演歌舞剧。她还巡回演出于法国的几个城市，后来又到比利时演出。燕妮对待感情并不十分严肃，几次结婚离婚，还有一些情人。但是，奈瓦尔对燕妮却是一见钟情，他觉得她正符合他平时与戈蒂耶讨论并在自己的《幻想》中描述的那种理想的女性——“黑眼睛的金发美女”。

而燕妮心目中的奈瓦尔呢?燕妮已听演艺界人士谈论起奈瓦尔。她惊异他中学毕业前后就翻译了歌德的《浮士德》,还写诗写剧本,后又翻译出版了《德国诗歌选集》,发表了不少诗歌和剧本,出版了诗集《小颂歌集》等。当她最初见到奈瓦尔时,感到他的模样不如他的文名那样吸引人:身高1.69米,高额头,栗色的头发,淡灰色的眼睛,鼻子在椭圆的脸上显得略大,嘴唇被胡子半遮半掩,眉毛和较浓密的胡子也呈栗色。但他给她的印象仍有一点美髯公的味道,因此她决定与这位青年诗人交往。

奈瓦尔深深地陷入了对燕妮的思恋,他热烈地爱上了她。奈瓦尔与大仲马合写了一出三幕剧《皮基罗》。他决定向喜歌剧院推荐燕妮来演这出戏的女主角,原来的女主角扮演者被燕妮换了下来。人们纷纷猜测这是奈瓦尔对燕妮的爱情献礼。连他的一个朋友卢邦斯在给一位美术家的信中都虚实参半地提到奈瓦尔的这个爱情故事。他说,“奈瓦尔……取得了重大的成功,这3个星期他都在跟燕妮云欢雨爱。”奈瓦尔的另一个朋友乌赛受文艺圈一些传闻的影响,也针对奈瓦尔的爱情写了一首题为《美丽的多情女郎》的诗:

> 奈瓦尔突然降临到我们身旁,
> 欢快的猫蹦跳到他的膝盖上。
> 噢,你从哪来? 却面带严肃?
> 那喜歌剧院的一双媚眼明亮,
> 是否在他处闪耀? 示巴女王,
> 两个冬季来就在你怀中碰撞,
> 是不是像幻影一样要逃离你?
> 可奈瓦尔说:女人滋味难尝!

巴尔扎克几年后有关奈瓦尔与燕妮的关系的回忆文字也不无臆测的意味:“一位诗人,疯狂地爱上了一位女演员,他在激情萌发时,买了一张巴黎最漂亮的床,却丝毫不知那个女演员为他的激情所带来的后果。”这时的奈瓦尔已在两年前发作了一次疯病,所以巴尔扎克说到奈瓦尔是“疯狂地爱上”。

奈瓦尔虽然对燕妮情有独钟，但令人奇怪的是，奈瓦尔并没有像有的人说的那样在自己创办的《戏剧世界》杂志上发表更多的吹捧燕妮的文章。《戏剧世界》上对燕妮演出的好评，并没有超过对其他演员的好评。

但是燕妮并不珍惜与奈瓦尔的爱情，她还爱上了喜剧院的长笛手，不久就与奈瓦尔分手，嫁给了那个长笛手。奈瓦尔为此痛苦不已，只好把对燕妮的爱深埋在心。好在不久后，两人又恢复了关系。

40年代初，燕妮赴比利时，与布鲁塞尔一家剧院签约并演出。奈瓦尔不久找到一次出差的机会，也来到布鲁塞尔。他除了去办理有关图书的盗版事宜外，就约燕妮见面。恰巧这时奈瓦尔的剧作《皮基罗》在布鲁塞尔首演，燕妮出演女主角，奈瓦尔兴致勃勃地赶来捧场。几天后，他又出席有燕妮演出的音乐会，为燕妮的演唱叫好。两人没有顾虑地来往，在国外无拘无束的环境中幽会。奈瓦尔这时的心情十分愉快，他在写给友人的信中，也止不住自己喜悦的心情。他说：“我利用出差的机会，见到了你认识的那位妩媚迷人的美人儿。”

回国后，奈瓦尔在一些报纸上发表了对燕妮的赞美文章。不少人读了奈瓦尔的文章后，对燕妮产生了美好的印象，以致在燕妮逝世12年后，文艺界还有人说：“奈瓦尔的文章使人们对一个过早香销玉殒的女演员的回忆变得鲜活起来。”

在巴黎，奈瓦尔与燕妮的见面没有在布鲁塞尔那么容易，燕妮用情不专，她与奈瓦尔的关系又冷了下来。奈瓦尔对她的相思之苦搅得自己心神不安，对她的深深思恋郁结于心，爱在心里又无法释放，憋得他有些异常。后来，他精神开始错乱，他被送进精神病院。在医院，他默默地写诗，并将诗歌献给燕妮。可是这个献诗的对象不久就没有了。燕妮在布鲁塞尔履行演出合同一段时间后，感觉身体不舒服，只得辞演回到巴黎，不久，在1842年6月就突然逝世了。

其实，奈瓦尔在燕妮最初与他分手并嫁给一位长笛手后，就打算另寻女友。他在出差布鲁塞尔时，他的朋友雅南让他带一封信给比利时的女钢琴家玛丽，介绍他们两人认识。就这样，奈瓦尔认识了玛丽。其实，以前在维也纳时，玛丽就有两三次参加过法国驻奥地利大使馆举办的晚会，两人当时见过面，不过不熟悉。这次在布鲁塞尔见面，两人都觉得亲切。玛丽还把她的兄弟莫克——博物馆馆长和杰出的小说家——介绍给了奈瓦尔，并邀请奈瓦尔到她家作客。奈瓦尔看着眼前这个年轻漂亮、丰满迷人的金发少妇，禁不住有点意乱神迷，受宠若惊。

玛丽出生在巴黎。父亲是比利时人，母亲是法国人。玛丽20岁时与一钢琴制作家结婚，4年后离婚。两人育有两个孩子。玛丽风流多情，丈夫发现她红杏出墙后，与她离婚。她美丽、性感、聪明、能干，吸引了不少名人、富人，其中像缪塞、李斯特等诗人、音乐家都拜倒在她的石榴裙下。她的水性杨花令那些感到被捉弄了的男人不满。传说有几个男人联合起来收拾她：他们把她的金发、眉毛和体毛剃光，使她无法出门，这使得她规矩了很长一段时间。她毛发长起来后，确实也比以前有所收敛。奈瓦尔对此知之不多，而且他也可能不在意这些。之后，奈瓦尔开始关注和爱恋起玛丽来。不过，对于风情万种的成熟玛丽来说，奈瓦尔还是一个不无忸怩的青涩小子，尽管奈瓦尔比玛丽大3岁。

有人担心奈瓦尔在与玛丽的交往中，恐怕会成为她的玩物。但奈瓦尔对玛丽到底还是动了情。而玛丽对奈瓦尔其实是友好的。她称奈瓦尔为“可爱的诗人”，她被奈瓦尔美好的心灵感动了。她告诉她的朋友，当她忧愁或苦恼时，奈瓦尔常常以他美好的善心来安慰她，因此她也一样要善待他。这时，奈瓦尔翻译的歌德的更为艰深难懂的《浮士德》第二部出版了，他的名声更为响亮。他也被玛丽视为才子而在她的心中占了一席之地。玛丽虽然用情不专，但这时她也有点情系奈瓦尔，她开始不时向他诉说心声，并请他帮她办理一些只能让好友知道的事情。

奈瓦尔回国后，玛丽还给他写信，信中不无真情善意。玛丽继续在欧洲数个城市演出。突然有一天，奈瓦尔接到玛丽的信，说她正在巴黎，她是到巴黎来举办音乐会的。奈瓦尔欣喜若狂，立即赶到玛丽下榻的旅馆与她见面，后又与戈蒂耶到音乐会为她捧场。玛丽的演出获得成功，奈瓦尔也加入了对她赞美的队伍。他和戈蒂耶还请一家报纸的负责人组织稿件，对玛丽的音乐会进行褒奖性评价，同时请报纸阻止著名音乐家柏辽兹对玛丽的负面评价，因为柏辽兹是玛丽以前的情人，他对玛丽有些耿耿于怀。后玛丽因母亲病危而匆匆离开巴黎，未与奈瓦尔面辞。不过，她后来在给戈蒂耶的信中为她没有来得及与奈瓦尔、戈蒂耶进行温柔的聚会而表示遗憾，同时还请向“亲爱的奈瓦尔转达我的千丝万缕的柔情”。此后，她给戈蒂耶的信中，仍不时提到她对诗人奈瓦尔的美好回忆；有时还在信的结尾处附上“你若见到他，请转告他，我非常爱他”这样的句子。

奈瓦尔愈加痴迷于多情的玛丽了。他抓住她开音乐会的机会就去看她。在40年代中期至50年代初，玛丽又在伦敦、巴黎和布鲁塞尔等地演出时，奈瓦尔都赶去听她的音乐会，做她的忠实听众，并与她约会。只是由于奈瓦尔后来精神病发作得越来越频繁并变得越来越严重，两人的关系就逐渐中断了。

从30年代中期和末期最初结识燕妮和玛丽后，奈瓦尔在精神上就对她们有“强烈的感受”，在心理上有“强烈的刺激”。他对这两个女人痴迷的心结无法解开。1841年2月，他在研究盗版问题时，有一种强烈而持续不断的挂念向他袭来，并引起他体内的“一种激昂”。他由以前的少言寡语一下子变得饶舌起来，并进而滔滔不绝地说起来；同时他眼前开始出现幻觉。后来，戈蒂耶等几个朋友劝他安静下来，但他却更加躁动不安，并有些语无伦次了。他甩开朋友们抚慰他的手，说道：“我看到一颗红色的星星从天边升起，四周围罩着一个蓝色的光环，美丽极了，那是幸运之星。我要向它奔去。”朋友们看着他这样谵言妄语，对他无可奈何。他后来突然跑出房间，开始莫名其妙地唱起歌来，同时又脱掉衣服，把它向空中扔去。他说他被一群军人包围了，但他是一个超人，力大无穷，只要一出手，就可以轻而易举地把他们打翻在地。但他不愿意出手，于是就让这群军人把他带走。实际上，是几个朋友簇拥着他，把他往回推拉。

回到屋里后，他和衣躺下，却说自己赤身裸体躺在床上，等着衣服在火上烤干。接着，他念念有词，似在朗诵：“苍天在我的眼前轰然洞开，就像绘画中充满天神圣徒的苍穹，古老的神祇显现在我面前。在他们那光辉灿烂的天上，我看到闪现着天神的七重天。”他就这样折腾了好半天，直到疲倦了，才沉沉睡去。

第二天，朋友们把奈瓦尔送到精神病院。经过一个月治疗，奈瓦尔的病有所好转。但是不久，他的病又反复了。而且更糟糕的是，他的病在朋友中间流传开了，有的甚至在报纸上披露了。他不时地给朋友们写字条，写信，有的是解释自己的病，有的是指责朋友不友好，有的是请朋友来看他。一个叫维伊的朋友在看望了奈瓦尔后写到他的异常和谵妄：

奈瓦尔对我说，他发了高烧，精神恍惚，几个朋友把他送到这里来，不几天他就平静了。一会儿，他叫我把我的手伸给他，他说他会看手相。他看了我的手后，说："你同我一样，是从天上下凡来到人间的。"他还进一步让我脱掉鞋袜，要看我的脚，说那样更准确些。我知道他正在病中，不便拂逆他，就脱掉鞋袜，把脚伸给他看。他滑稽可笑而又十分认真地看了我的脚，喃喃地说道："我说嘛，你确实是从天上下凡到人间的。"说着，他也把他的鞋袜脱掉。"你看我的脚，多好。我是拿破仑的侄子，是他兄弟的儿子，他在但泽接去了我的母亲。而你呢，你是耶西的后代，从你的手和脚可以看出来，你具有他的特征。"我不好扫他的兴，就假意恭维他，说他看得很准，让他暂时沉浸在幻觉中吧。

我与他告别了。走到栅栏门旁，看门的女人不给我开门，我一再请她开门，她却说，"我弄不清楚你们两个哪个是疯子，我放走了你，如果你是疯子，我就失职了。"我气得不行，大声给她解释，但她不理睬。这时，奈瓦尔哈哈大笑，并手舞足蹈起来。我声辩、抗议、威胁都没有用，只得静下来等医生。一二十分钟后，医生来了，女看门人才为我开了门。我出了门，回过头来看了看医生，他也略带狐疑地看着我，那眼光好像我的精神状态也是有问题的一样。

奈瓦尔病好一些后出院了。他的主治医生布朗什的主导思想是不应一味地把精神病人关在医院，与社会隔绝，也要让他们有机会融入社会，恢复家庭生活。可是，奈瓦尔的病不可能根治，不久又复发了。

那是1841年仲春的一天，离奈瓦尔第一次发病有两个月左右。奈瓦尔与他的画家朋友舍纳瓦尔在一个酒吧用了晚餐后，一直待到半夜。两人离开酒吧，准备回家。这时奈瓦尔突然兴奋起来，话也多起来了。在走到一条老街时，他对舍纳瓦尔说，不要经过《新闻报》的创办人吉拉尔丹的家门，那是一个绿色的人，他说他向来讨厌绿色。他们在一条街的拐角处停下来，奈瓦尔对着舍纳瓦尔说：过10分钟我就疯了，然后就死去。他不走了，说他正站在地球的中心，正在宝石上迈步。他又说他有意念的功力，想干什么就能做到什么，他现在就可以用他的目光刹住驶过身旁的无论什么马车。舍纳瓦尔劝奈瓦尔继续走，早一点回家。但他不走。舍纳瓦尔就威胁他，装着要离开他的样子。可突然奈瓦尔跑开了，很快就不见了踪影。舍纳瓦尔十分着急，但上哪儿去找他呢？

后来，奈瓦尔自己把那天晚上的情况告诉了另外一个朋友乌尔利亚克，乌尔利亚克是他住在长老街区时的伙伴。他说，他跑过了几条街，突然想唱歌，于是哼起了一首军歌。不一会儿，引来几个过路人，把他拉到一个岗哨亭。这时已是凌晨三点多钟。他几乎赤身裸体，浑身是泥，衣服被扔得一地。岗哨亭的士兵帮他穿上衣服。他向士兵要了一支笔一张纸，给戈蒂耶写了字条。后来，戈蒂耶乘马车匆匆赶来，立即把他送到自己家。大家给他洗了澡，换了干净衣服，然后让他在床上躺下。可他仍处在兴奋的谵妄中。戈蒂耶守候在他身边，发觉他已发高烧了。戈蒂耶立即通知奈瓦尔的父亲，然后再次把奈瓦尔送进了医院。

奈瓦尔再一次疯病发作住院后，奈瓦尔住在长老街区的伙伴乌尔利亚克、卢邦斯和阿尔克等人要去看望奈瓦尔。那天，阿尔克约上乌尔利亚克（卢邦斯因事未来）来到精神病院，但他们被挡驾了，没有看到奈瓦尔。医生说，奈瓦尔病情严重，十分躁狂，因而只得把他关单间。后来，在朋友们中间流传着他已经死了的消息。乌尔利亚克不信，前往医院探看。这一次，他看到奈瓦尔正在医院的花园里散步，他明显消瘦了，目光略显呆滞，模样令人同情，说话时声音沙哑。乌尔利亚克拥抱了他，轻轻地拍了拍他的后背，与他谈话。于是，他向乌尔利亚克讲起他的事情来，而且不停地饶舌下来，没有半点疲倦的样子。令人有点吃惊的是，他讲起话来颇为头头是道，与正常人没有多少区别。

大半个月后，医生又允许奈瓦尔出院活动了。奈瓦尔的身影又回到文朋诗友中。他一会儿在乌尔利亚克家，一会儿在卢邦斯家，而且还登门拜访了文坛主帅雨果。他与朋友们在一起吃饭，有时又与他们喝咖啡，当然更多的时候是与他们谈天说地。

一次，在奈瓦尔与朋友们兴致勃勃的吹牛中，乌尔利亚克对他提到文学创作。奈瓦尔立即接过话来："啊，文学！"眼中闪烁着异样的光。他向乌尔利亚克要了一张纸，拿起笔在上面写起来，并说道："文学啊，就是这样的！"人们看着他写，一张纸被画得龙飞凤舞，不知所云。朋友们面面相觑，不敢说话，有的苦涩地摇摇头，有的躲到一边轻声地叹息。

几天后，奈瓦尔又住进了医院。他除了药物治疗外，还被关了起来，与其他人隔绝，而且也不允许别人探视和看望他。布朗什医生对他也束手无策了。他的手常常被捆起来，他的脚也戴了脚镣，甚至还穿上了束缚身体的紧身衣，这是布朗什医生最不愿意使用的老办法。可怜的奈瓦尔，不幸的奈瓦尔！

好在经过布朗什等医生的精心治疗，奈瓦尔的病在秋天大大地好转了。不久，奈瓦尔又可以像正常人一样生活和工作了。他开始恢复他的文学活动，甚至写起诗来。但他的病并未彻底治愈，因此布朗什医生要求他慢慢地恢复工作，最好投入大自然的怀抱，先好好地游山玩水，陶冶一下性情。于是，布朗什医生请奈瓦尔的朋友雅南、吉拉尔丹的妻子等人帮忙，请他们为奈瓦尔申请一笔用于救济贫穷作家的经费，以供奈瓦尔作疗养式的旅游之用。吉拉尔丹夫人和雅南写了一份申请，他们找到教育大臣维尔曼的秘书，由他报告给维尔曼，维尔曼在文学和科学奖励基金中批了300法郎给奈瓦尔。

一个月后，即1841年11月，奈瓦尔给他的朋友卢邦斯写了一封信，信中解释和评价了自己的疯病："疯狂……是我平时思想的某种形式的变形，是没有睡着的噩梦，是怪诞或美妙的幻觉。它们是那么富有魅力，因而让我一而再、再而三地沉浸在这疯狂之中。我的身体并未因此而遭受时时的痛苦，而人们让我接受治疗时我才会感到痛苦。"

他也是这样给他暗恋过的伊妲——大仲马的妻子——写信的。他在信中这样说到他的疯病："我做了一个十分好玩的梦，我十分怀恋它。"这不由得使人想起那位颇为另类的乔治·桑的经典话语："当人们以某种方式变疯时，治愈它真是一种不幸。一个诗意的头脑的激奋，比起一种冷静的判断来，兴许应该更加受到欢迎。"

尽管奈瓦尔这样评价到他的疯病，但实际上是带有阿Q意味的。疯病无疑摧残了他的身体，折磨了他的心灵，他是感到痛苦和悲哀的，这可以从一些细节看出来。例如他在发病期间写在纸上的《查理六世的梦》这首诗中，就有"天主好像正在向我痛苦的灵魂喊道：离开糊糊涂涂的人，离开肮肮脏脏的世界"这样的句子。离开人，离开世界，是什么意思呢？他在句子的旁边画了一只虫子和一把刀子，显然这就意味着自杀。

不过，令人不解的是，1842年6月，燕妮在巴黎突然病逝并没有对奈瓦尔造成多大的影响，也没有对他的神经造成多大的刺激，因而他的精神病没有再次发作。相反的，他把过去对燕妮的热恋、失恋和相思作为小说题材，创作了他最重要的作品《奥蕾莉娅》。后来他动手写作时，精神病才又发作，病情反反复复，因而小说时写时断，直到他自杀前，《奥蕾莉娅》才大致勉强完成。小说第一部在他死前25天发表在《巴黎》杂志上，第二部在他死后一个月发表在同一刊物上。

奈瓦尔精神病的反复发作，也许与他童年的孤僻和性格的怪诞以及他对燕妮等女人的相思不无关系。但反过来，性格和行为的更加怪诞也无不与精神病的反复发作有关。

一次，奈瓦尔去看望戈蒂耶。他来到戈蒂耶屋旁的花园，看到他正在灭杀树上的密密麻麻多不胜数的蜗牛。他一下脸上露出恐惧的神色，并惊惧地叫道："哎哟！我的上帝，你在干吗呀？"戈蒂耶轻松地回答他正在灭虫子。他却继续惊叫道："我的朋友，你都干了些什么哟？你难道不知道你正在屠杀吗？你屠杀的正是一个个的神啊！"紧接着，奈瓦尔就向戈蒂耶作了一番长篇大论的演讲，直到让戈蒂耶也承认"蜗牛是他心中的神"为止。但戈蒂耶又说这些神让他难受，影响了他的生活，请奈瓦尔为他出一个主意：既不亵渎这些神明，又不影响他的生活。于是奈瓦尔说："这样吧！"说着，就让戈蒂耶随着他一起把蜗牛一只只地捉起来，放入盒子中，待蜗牛装满一盒，就倾倒到邻居的花园中。1847年差不多一个夏天，每天晚上，两人就这样把自家花园里的神明打发到别人家的花园里。

还有一次，奈瓦尔因多次在著名的《两世界》杂志发表作品而与杂志老板布罗兹熟悉，就径直来见布罗兹。天晚了，布罗兹请他共进晚餐。可是，他留下一篇《梦与生命》的稿件就走了。不一会儿，人们听见厨房和院子里响起流水声。大家出来一看，水龙头被他莫名其妙地拧开，屋子里到处都是水。而他这时已进入花园的水池中，脱掉了衣服，赤裸着身体在洗澡。

奈瓦尔出版了他翻译的歌德《浮士德》第二部后，名气更大了。人们认为他是德国文学的权威。他乘此东风，又翻译起海涅的《诗歌集》来，并与海涅结为好友。同时，他又发表和出版了多部作品，如《旅行书简》、《东方之旅》和不少诗歌及戏剧。但是，他后来与梅里和佩洛斯合作的戏剧《哈勒姆的画商》却使他受到一次打击。该剧演出连连亏本，只得停演。当奈瓦尔读到歌剧院老板叙述此剧停演的信时，失望和痛苦的心情一下就流露到脸上，他眼中泪光闪动，面颊的肌肉微微颤动，突然一阵不祥的大笑爆发出来，人们感到麻烦又来了。

果然，奈瓦尔的模样和言行又出现了异常。而在此之前，他因皮肤上出现一块凸起的红斑伴有发烧而住在忠心的朋友斯塔德勒家中，接受细心的照料，后又得到另一朋友纳达尔的帮助。现在，红斑似乎扩大了，发烧更厉害了。更令人不安心的是，他又开始出现疯癫现象。奈瓦尔立即被送到迪布瓦医院。他患了丹毒症和高烧。经过近四周的治疗，奈瓦尔又可以出院活动如常了。

斯塔德勒向教育部为奈瓦尔申请了一笔医疗费，另又得到一小笔为巩固疗效而超期住院的治疗费。同时，布罗兹也向政府为奈瓦尔申请了一笔剧作家医疗补助金。可是，一年后，作家协会主席韦伊为他向教育部申请600法郎的补助，却遭到他的拒绝，拒绝的理由是：他暂时不能出院，无法写出关于东方之行的几个国家的文章。其实，当时并未要求他立即出行东方，他完全可以延期出行。

奈瓦尔靠这些朋友的帮助渡过了一个个的难关。其中，斯塔德勒和贝尔是他生命中最后几年具有兄弟情谊的忠心朋友。斯塔德勒比奈瓦尔小7岁，在国家档案馆工作。他擅长作曲，后来当了市长。贝尔比奈瓦尔小16岁，他留给世人的是一本关于奈瓦尔的书《钱拉·德·奈瓦尔》。

但是，不管朋友们怎样帮助他、关心他，他仍无法逃脱病魔对他的频频造访。1853年8月，他疯病又发作，再次住进了医院。不过，这一次他接受的是布朗什医生的儿子小布朗什对他的治疗，因为布朗什医生于1852年11月逝世了。小布朗什与他的父亲一样医术精湛，医德高尚，父子俩都享有崇高的社会声誉。两人对奈瓦尔都进行了精心的治疗和力所能及的关怀。但是，精神病是一种极难根治的顽固疾病，因此奈瓦尔只能陷入这种时好时坏、反复发作的不幸病症中。

奈瓦尔在病情好一点的时候，小布朗什医生允许他的朋友探望他。于是，斯塔德勒、贝尔等人来看望他，戈蒂耶、韦伊、梅里、乌赛等老朋友也陆续探视他。有时，他请来看他的朋友与他一起进餐，并愉快地交谈。他虽然认为自己的病不重，但朋友们在离去时无不为他担心，为他叹息。雅南在与奈瓦尔见面后，忍不住在妻子面前哀叹道：

> 可怜而可笑的奈瓦尔啊！他疯了，他彻底地疯了……在这一疯狂之上，还要加上贫困，他一副破衣褴衫的样子。我一看到我们时代最有才华的诗人竟落到这般可怜的地步，被剥夺了所有的希望……就不禁暗暗地祈求天主，求天主为我们保存下这个造物吧！

奈瓦尔在病情不好的时候，就有点令人目不忍睹了。这时他目光呆滞，面带怪异，不时朝着墙角发出呜呜的哭声，或面向花园发出嘿嘿的笑声；有时他自言自语地说着一些莫名其妙的话，他一会儿说他是泥瓦匠的儿子，一会儿说他是狼的崽子，一会儿又说他是下凡的天神；有时他又脱掉衣服，用衣服来回地抹着一块并不脏的地面；有时他又捡起一块泥团，跑到墙前不停地画呀画，画出一些谁也分辨不出的乱糟糟的图案。

奈瓦尔尽管病得不轻，但他却在这前后创作了小说《火的女儿》和诗集《幻想集》等；而且他最优秀的《阿尔忒弥斯》等几首诗歌也是这其间的成果。这就不能不让人想起奈瓦尔对自己疯病的称许：“严重的疾病会净化我们的精神和肉体，我甚至已变得那么的纯净……”

奈瓦尔这一次住院长达9个月，直到1854年5月才出院。但这次出院是奈瓦尔想出国旅游而纠缠小布朗什医生苦苦央求的结果。他说出国游山玩水，沐浴和煦的阳光，呼吸清新的空气，特别是森林、山野、溪泉和大海的负氧离子对病更具有不可替代的疗效。其实，他有一个没有明说的原因——那就是继续写作。他就这样让小布朗什医生让了步。但他的病只能说是基本痊愈，并未彻底治好。小布朗什医生对他仍然是担心的。

果然，奈瓦尔还在国内途经莱茵河畔的斯特拉斯堡时就开始有点异常——过分亢奋和激动。他不停地喝啤酒，滔滔不绝地对周围的人说话。夜晚，他又兴奋得睡不着觉，无意识地出来夜游。凌晨，人们还在酣睡之中，他却引吭高歌，把一些游客吵醒。旅馆的服务员出来干涉他，他却不知道自己干了什么。

好在奈瓦尔的异常没有急剧加重，他的言行在大多数情况下是正常的，在少数情况下才感觉有点异常。他游历了德国十几个城市，会见了德国的一些作家、报刊编辑和出版商，商谈他的作品的翻译和保护问题。但是，他游历德国的重要目的——继续他以前的创作——却没有达到。在6月和7月中，他很少给报刊提供稿件。不过，在出国期间，他给自己的父亲、小布朗什大夫和朋友们写了许多信，他在一些信中对自己的异常表现和言行不当表示后悔和道歉，并说愿意赎罪和改正。在这些信中，越到后来，文字就越乱，所说的事情就越颠三倒四，特别是在快回到巴黎时所写的几封信中，充斥着一片谵语妄言，显然他的精神又开始不正常了。回到巴黎，他逐渐变得躁狂，他在街头大声骂人，有时狂暴得像一头雄狮，甚至有一次在商场无缘无故地打了一个人的耳光，还莫名其妙地揍了别人几拳。

8月，奈瓦尔不得不又住进了小布朗什大夫的医院。这一次，医生对他进行了更严格的治疗，不许他与外人接触，不许写文章，连信也不能写，在他躁狂时就把他的手脚捆起来。医生对他用了一些镇静剂和其他药物后，他安静下来，但显得痴呆和木讷，人有点变形，肤色苍白，面庞浮肿，眼皮低垂，目光凝滞，而且头发凌乱，衣服脏旧。

这样经过近10天后，奈瓦尔利用医护人员的疏忽，逃离了医院，躲到一个作家朋友比斯凯的家里。他向比斯凯讲述了他这一次在医院受到的“虐待”，还把手和脚被捆后的印迹展示给比斯凯看。其实，奈瓦尔夸大了医院对他的强制性治疗的负面作用，而这些都是对付躁狂性精神病人的必要措施。医院对他的治疗是精心的、谨慎的，也是有效的。这不，他回到医院进行治疗一段时间后，很快就好转了，而且他要求写作，也得到了小布朗什医生的允许，他就是这样继续写作《奥蕾莉娅》的。

但是，尽管如此，奈瓦尔感到被隔离的不快和失去自由的苦恼，还是想逃离医院。他写信给戈德弗瓦律师，请他同作家协会一起对他进行干预；同时比斯凯也把奈瓦尔讲述的情况报告了作家协会。于是，作家协会及奈瓦尔的朋友雅南函告小布朗什医生，请允许奈瓦尔出院。小布朗什医生只得同意，因为他担心戈德弗瓦律师会以非法监禁奈瓦尔而起诉他。可是，作家协会和雅南等人这些外行的干预，实在是间接地把奈瓦尔送上了不归之路。

奈瓦尔是在他的堂婶雅娜向小布朗什医生表示要接收他之后，才由小布朗什医生交给雅娜的。

1854年10月，奈瓦尔出院后，虽在堂婶家待了若干天，但大多数时候行踪不定，人们很难找到他。不过，他的一些作品，如《潘多拉》、《漫步与回忆》和《奥蕾莉娅》等陆续在这个秋冬季与读者和朋友们见面了。后来，有人在离中心菜市场不远的一条街上见到他衣衫不整、面带倦容的样子，他好像是租住在这条街的诺曼底旅馆。有人还在剧院见到过他，他当时是入场观看乔治·桑的一出剧的演出。还有人看到他在巴黎郊区的野外疾走，可能是一种不自觉的偏激行为或作一次体力上的锻炼。而当乌赛夫人12月逝世时，人们才正式见到了奈瓦尔。乌赛将妻子放入棺木时，奈瓦尔突然走过去，泪流满面，一下子双膝跪地，扑倒在棺木前，紧紧地握住乌赛夫人的手臂，痛哭起来，说道："你怎么就这样丢下我们走了呢?我还来不及感谢你呢!"奈瓦尔是一个懂得感恩的善良之辈。12年前，他发病后，常常得到乌赛夫人的看护和照顾;她还为他在自己的住处旁找到一间房屋，希望他搬去与他们夫妇俩为邻，以便照顾。她的死，怎么能不令奈瓦尔悲痛呢? 她的死，对奈瓦尔的神经又是一次重击。

奈瓦尔不停地在巴黎游荡，而且随身带着即将完成的《奥蕾莉娅》手稿。1855年1月21日，一位朋友阿瑟利诺在雪后的街头见到了奈瓦尔，他正跺着脚，对合拢的双手哈热气。阿瑟利诺给了他一些钱，但他只要了5法郎，把其他钱硬退了回去。阿瑟利诺留不住他，看着他离去的背影，无奈地摇了摇头。

1月24日中午，他在拘留所给朋友米约写了一封信，请他来把自己领走。因为头一天夜里，他在中心菜市场的一个酒吧过夜。他先给堂婶写了一封信，叫她别等他回家，然后一边写着《奥蕾莉娅》的结尾部分，一边等着天亮。他已身无分文，无法付那一丁点酒钱，于是被请进了拘留所。米约请他吃了一顿热腾腾的饭菜，又给了他5法郎，而他说算是借给他的。他执意不要米约送他回堂婶家，后拐进了一个咖啡店，再又去了图书馆，以便把随身带的手稿写完。

这一天下午，他来到梅里家，不巧梅里不在。他把米约给的硬币中的一枚用刀划了一个十字，递给梅里的仆人就走了。晚上，他来到女演员贝阿特丽斯的家中，在这里遇到了贝尔和奥德布朗两位朋友。他与他们在一起感到很开心。他欢声笑语，又是读诗，又是唱歌，沉浸在十分愉快的气氛中。

1月25日，奈瓦尔来到了画家舍纳瓦尔家。他对这位朋友说：他刚从沙特阿拉伯麦加朝觐回来，已身无分文。舍纳瓦尔给了他两个5法郎的硬币。他用其中一枚玩起算命游戏来，硬币掉在地上，他却不管，舍纳瓦尔只得把硬币捡起来交给他。他执意要离开舍纳瓦尔家。他在前面走，舍纳瓦尔担心他，就在后面紧紧跟随他。这时，舍纳瓦尔看见奈瓦尔停下来呆呆地望着一群乌鸦，目送着它们向老提灯街飞去。奈瓦尔执意与舍纳瓦尔告别，但舍纳瓦尔心里觉得不安，要再送他一程，而奈瓦尔固执地不要他再送，就匆匆地逃离了他。

这一天晚上，奈瓦尔到法兰西剧院找乌赛，想改一下原来的剧本，但未碰到人。他只得从剧院出来。这时，他又冷又饿，他拖着疲惫的身子，溜进了老提灯街的一家寒碜的酒吧。幸好还有两个铜板，他要了一杯酒，暖了暖身子，过了一会儿就迷迷糊糊起来。凌晨，酒吧的伙计按规定把他赶了出来。他只得去敲打附近一家他曾住过的小旅馆，但没有人给他开门，看来旅馆已经客满了。一会儿，刮起了寒风，接着又飘起了雪花。奈瓦尔脖子缩进衣领，直跺着双脚，他冷得发抖了。可不知为什么他不回到爱他的堂姉的家中。他想再去敲一家旅馆的门，但又畏首畏尾，他害怕人家拒绝他。于是，他继续在黢黑严寒的老提灯街上逡巡。这时，他饥寒交迫，走投无路，他也许动了早日结束这副臭皮囊的念头，他不是认为这是很好的解脱吗？他看到前面有一点橘黄色的灯光，走近一看，是一家简易旅店门上挂着的一盏灯，旁边窗玻璃上写着“夜晚住宿，提供热水”的字样。他终于敲开了旅店的门，疲倦万分地蹭了进去。

清晨，当寒冷而祥瑞的白雪给巴黎人带来新的活力时，奈瓦尔却直僵僵地吊在旅店一扇窗户前的铁栅栏上。虽然他被认为是因疯病折磨而痛苦不堪自杀的，但也有人认为他死前几天活动很正常，交往也不异常，如果要自杀也不会在这个时候自杀，因而是他杀。

不足57岁的奈瓦尔离开了这个世界，但他癫狂诗人的形象和死亡之谜却留给了法国和世界文坛。

缪塞：
从与乔治·桑巴黎之恋到哀伤的威尼斯情变

缪塞（1810—1857年），法国浪漫主义诗人、剧作家。出生于一个崇尚18世纪古典文学的贵族知识分子家庭。父亲是一个具有自由主义思想的政府官员。缪塞中学毕业后，学过法律又转而学医，还擅长音乐和绘画，但不久就放弃，最后选择了诗歌。缪塞14岁开始写诗，1829年出版第一本诗集《西班牙和意大利的故事》，同时因该诗集的出版而在法国文坛崭露头角。18岁时被引荐进入以雨果为首的浪漫主义文社。23岁时结识了女作家乔治·桑，两人产生爱情，后又爱情破裂。他因酗酒和放纵，健康过早地恶化，三十多岁基本上就停止了创作。42岁时被选入法兰西学士院。几年后，在孤独和贫困中死去。代表作有《致拉马丁的信》、《对上帝的希望》、《赠送玛莉布朗的诗》、《回忆》、《夜歌》5首抒情诗等。主要作品有诗集《最初的诗集》，长诗《罗拉》，诗剧《酒杯与嘴唇》，剧本《罗朗萨丘》、《一次心血来潮》和自传体长篇小说《世纪儿的忏悔录》等。

1833年6月中旬的一天，巴黎的《两世界》杂志社社长布罗兹举办宴会，宴请经常为《两世界》杂志撰稿的作家和作者。22岁的风流倜傥、放浪形骸的缪塞是嘉宾中最年轻最受宠的作家之一。他出生于巴黎的一个政府官员兼贵族知识分子家庭，14岁时就开始文学创作，被誉为“神童”。他19岁时出版了自己的处女诗集《西班牙和意大利的故事》，受到了人们广泛的赞誉。此后几年，他又写了不少诗歌、散文和戏剧，很快便受到一些青少年的崇拜，甚至有个别粉丝把他扔在地上的烟蒂捡起来，像宝贝似的用纸精心包起来，放入自己的口袋里。

这位满脸稚气但棱角分明的帅气青年一走进大厅,就引起人们的注目。《两世界》杂志的工作人员把他引到一张餐桌前就座,与一位年轻女子相邻,并对两人作了介绍。原来,这位年轻女子就是近年来出版了《安蒂亚娜》和《瓦朗蒂娜》等长篇小说的乔治·桑。乔治·桑是出席这次宴会的唯一女性,可见她在法国文坛的地位和《两世界》杂志的老板布罗兹等人心目中的分量。

乔治·桑这时将近二十九岁。她原名奥洛尔·迪潘,出身于一个由贵族军官和下层女子组成的家庭。乔治·桑4岁时父亲坠马而亡,遂由富有的祖母抚养成人。她18岁结婚,生有一子一女,因不满粗鲁、庸俗的丈夫和外省落后、封闭的环境,就来到人杰地灵的文明之都巴黎。她性格开放,言行不受世俗礼法的约束,因而与丈夫感情不和,先后与作家桑多、梅里美和普朗什有过短暂情史。乔治·桑是女人中的另类,自懂事起就对男权社会表示不满,她崇尚强者,从不在男人面前服输。为了表示独立不羁和妇女解放的精神,她常常身着男装,嘴叼雪茄或烟斗,惊世骇俗的行为令人们议论纷纷。

其实,缪塞和乔治·桑此前虽未曾谋面,但彼此已闻其名,读过对方的一些作品,并且有关对方的信息也时有所闻。特别是乔治·桑,她更从老朋友圣伯夫等人那儿了解到缪塞的一些近况。圣伯夫曾想把缪塞介绍给她,但她当时虽对这位传闻中的花花公子好奇但觉得太唐突而作罢。这不,现在两人到底坐到一起来了。

坐在身着靓装、眼神撩人的漂亮少妇身旁,缪塞颇感惬意。他一改过去在一些文人聚会时的放纵,试着与乔治·桑攀谈起来。而此时乔治·桑却少言寡语,似乎在思考着什么。她看着眼前这个比她小6岁的金发飘逸、英俊潇洒的青年,心里似乎有一种隔膜。乔治·桑虽也出身富贵,但她母亲曾被压在生活的底层,而她自己又深受卢梭平等思想的影响,所以对贵族社会和贵族有一种天然的排拒感。看着身边这个出身贵族的青年诗人,一副查理九世时年轻宫廷侍从的着装,紧身上衣配上一条宽大的西式裤子,脖子上坠下一条名贵的项链,一绺金发从歪戴着的无边礼帽中泻下来,乔治·桑似乎并没有将这个形象引进心里去的意思。

宴会开始了。缪塞不失时机地对乔治·桑恭维几句得体的话,有时添加一两句睿智闪烁、哲理隐现的警句。当音乐响起时,缪塞又随着自己微微晃动的身体和优雅的手势，抑扬顿挫地朗诵起他写的一首小夜曲式的诗歌来。缪塞的表现开始引起乔治·桑的注意。在这个人称花花公子的瘦削青年的言谈举止中分明透露出一种常人所没有的机敏和灵气。特别是当他和着音乐的旋律和节拍为她朗诵散发出淡淡的哀愁的婉约情诗时，乔治·桑似乎被感动了。她开始觉得眼前这个青年诗人并非像社会上传言的那样形象不佳，他也有可爱的善解人意的一面。她仔细地端详缪塞，并与他友好地交谈起来。后来，在谈到彼此的新作时，乔治·桑希望他把写好的长诗《劳拉》的片断寄给她。缪塞当然愉快地答应了。

宴会结束时，缪塞感到乔治·桑那双深邃、黑亮的眼睛已在温柔、深情地注视他了，他心里一阵窃喜，他预感到他也许将与乔治·桑经受一场爱情的洗礼：

你来了，是你，我的金发女神！
是你，我的姐姐、我的情人！
在这深沉的夜色中，
我感到你金色的长袍把我辉映，
它的熠熠光芒射入我的心灵……

这是缪塞后来写给乔治·桑的一首情诗。

回到家后，缪塞觉得应该趁热打铁地处理他与乔治·桑的关系。他立即找来乔治·桑的《安蒂亚娜》一书，仔细地研读起来。读完后，他重点就第七章的内容——一男两女的爱情故事——写了一首《读〈安蒂亚娜〉》的爱情诗，附在寄给乔治·桑的信中：

啊，悲哀，那个把心献给了她的人！
他的吻印在女人的胴体上，
那是另一女人的幻影，这清姿倩影，
他想从中实现自己的欲望。

粗心的人不走运，当诺娜把他拥抱，

而他却在床上想到另一方，
除了诺娜的美丽和时光的流逝而外，
他，掐算着这一夜的时光！

这首诗在乔治·桑的心中激起了一圈圈涟漪，她立即就这首诗回了一封信。于是，两人开始了书信往来，并从在沙龙见面到两人谨慎地约会。约会的主题当然主要是文学艺术。一些作家是两人共同的偶像，如荷马、但丁、彼特拉克和莎士比亚等；意大利的名胜和地中海的风光是两人共同的向往。两人还交流各自的新作：7月下旬缪塞收到乔治·桑的小说《蕾莉娅》的手稿；差不多同时，乔治·桑收到缪塞的长诗《罗拉》的全稿。乔治·桑请缪塞看完《蕾莉娅》后，为她书中的主人公写一首酗酒后唱的醉酒歌，这首歌的歌词要写得狂妄放纵和有点亵渎神明的意味，以符合小说中人物的角色。缪塞心中暗暗高兴，认为时机来了。他很快写好这首醉酒歌，并附了一封求爱信：

亲爱的乔治：

我有一些愚蠢可笑的话要对您讲。上一次见面，不知怎的，我没有当面对你说，回来后就冒昧地给您写这封信……

从我见到您的第一天起，我就爱上了您，真的爱上了您。

您怀着一颗善良之心，对我也有爱，但不是作为情人之爱，而是作为坦诚和忠实的朋友之爱，我相信您对我的这种爱……

乔治·桑收到缪塞的求爱信后喜忧参半：喜的是她长缪塞这么多岁还能俘获这位贵族公子兼青年才俊的心，可见自己对男人还有魅力；忧的是她在遭遇了婚姻和同居生活的挫折后，害怕遇到一个爱情玩家，而传闻中的缪塞就是一个爱拈花惹草，甚至光顾过秦楼楚馆的风流人物。不过，在犹豫再三后，她还是接纳了他。于是，两人开始了来往。缪塞常常邀乔治·桑一起散步，他俩漫步在香榭丽舍大街，参观卢浮宫，登巴黎圣母院钟楼，又来到塞纳河畔。两人边散步边谈起小说、诗歌、绘画和音乐。

他们走累了，谈疲了，不知怎的，乔治·桑顺便就邀请缪塞到她的家里休息。她请缪塞坐下并沏上茶后，自己就松下发网，让秀发如瀑布般一泻而下，又脱掉鞋子，套上一双吧嗒吧嗒的拖鞋。她给自己塞上一个垫子，就疏懒地坐了上去，然后就着一杆长烟斗吸起烟来。她也招呼缪塞来抽烟。缪塞半跪在她身边，用手摩挲着她的拖鞋，说在数她鞋子上的花纹，并边打趣边向她表示爱意。乔治·桑这时觉得有这样一个机敏的小弟弟在身边，心情一下放松了，烦恼也倏忽溜走，她感到了多年来未有过的开心。

夜幕降临了。这两人世界已被笼罩在一种情意暧昧的气氛中。突然，缪塞腾地一下抓起乔治·桑的手就吻起来，突破了两人之间的暧昧关系，接着又抱住乔治·桑娇小的躯体，吻她的脸，吻她的唇。而乔治·桑觉得似乎太快了一点，但仍半推半就地予以接受。可是她很快又觉得在这个莽撞而激情的小弟弟面前，还是应给他一个淑女的形象，就做出一副大姐姐式的矜持来。这犹如给猴急的缪塞泼了一盆冷水。待缪塞想重燃对乔治·桑的性爱之火时，乔治·桑则委婉地暗示他别着急，慢慢来。乔治·桑这是对缪塞的欲擒故纵吗？

可是，缪塞仍心痒难忍。回到家后，他辗转反侧，不能入眠，索性起床提笔，对乔治·桑写下了一封真诚感人的情书：

> 亲爱的乔治：我希望您能进一步了解我，也希望您能够看到在我对您的言行中，没有狡诈，也没有傲气。希望您不要把我看得比实际伟大，也不要把我看得比实际渺小。我不由自主地陶醉在见到您和爱恋您的欢乐中……请可怜我吧，不要鄙视我……爱那些懂得爱的人吧，我只知道痛苦……再见了，乔治，我像个孩子一样爱您。

乔治·桑读到这封情书，特别是她反复读到“爱那些懂得爱的人吧”和“我像个孩子一样爱您”时，她的心弦被拨动了，她泪眼模糊，而透过蒙眬的泪水，她似乎看到那个传言中的花花公子幻化成了可爱的天使。

当他们又见面的时候，乔治·桑对缪塞已亲如姐弟了。缪塞看见乔治·桑虽对他既好又亲，但并未像情人那样对他。而他迫切地想得到她的爱。他一下没了主意，心里一急，就委屈地像小孩在姐姐或母亲面前那样哭了起来。这一哭，就使乔治·桑的心软了，她感情的最后的一道防线被冲垮了。她也流下激动的泪水，喃喃地说道：“如果不是你的青春活力，如果不是你的泪水浸软了我的心，也许我和你仍将是姐弟。”她紧紧地拥抱着缪塞，摩挲着他，亲吻着他，称他为“我可爱的孩子”。然后，她轻轻褪下衣衫，引导着缪塞的手在她的脸上、脖子、乳房、腰腹、臀腿及其纵深游走，最后让缪塞和自己突破了性爱的屏障而共享云雨之欢。从此后，乔治·桑就扮演起了情人和母亲的角色，她要呵护她所爱的缪塞，并给予他温暖的情爱和母爱。两人就这样同居了。

很快，缪塞和乔治·桑的爱情就成了法国文坛的一大新闻，成了人们茶余饭后的谈资和笑料。双方的朋友大多不看好他们的关系。缪塞的朋友提醒他：乔治·桑是一个水性杨花的女人，她会像刚换掉的情人桑多那样换掉你，而且她还大你这么多岁。乔治·桑的朋友则告诫她赶快离开这个放荡的花花公子，说与他在一起将毁掉自己在文学上的前程。但两人听不进朋友们的劝告，沉浸在温馨浪漫的二人世界中。

缪塞自爱上乔治·桑后，放荡的生活大为改变，纵酒寻欢极为罕见，取而代之的是两人围坐在温暖的火炉旁享用辅以文艺漫谈的夜宵；有时也各自关进房间在灯下进行或轻松或辛勤的笔耕；再有就是缪塞为乔治·桑轻松地作画：沉思默想的乔治，盘坐在软垫上的乔治，抽着长烟斗的乔治，读书中的乔治，扇着扇子的乔治，慵懒地靠在长沙发上的乔治，背对着人们回眸一瞥的乔治……此外，面对生活压力而不时显得有些忧郁的乔治·桑，缪塞常常来点搞笑。他常常对她开玩笑，说笑话，尽量减少她的压力，把她逗笑。他可以在她请朋友聚会时来点闹剧，以引起乔治·桑和朋友们开怀大笑。一次，他在晚宴上装扮成一个从外省乡村来到巴黎的女佣。他刮去胡子，脸上涂上胭脂，身系短围裙，脚套棱纹长袜，先是问候进屋的客人，然后侍候客人用餐。但他一会儿摆错餐具，一会儿打碎碗碟，一会儿又撞到客人怀里，上菜时又手忙脚乱，还不时对客人挤眉弄眼，扮怪相，逗得朋友们捧腹大笑。而这个拿着水瓶的“女佣”也跟着大家笑得前仰后合，以致水瓶随着身体的倾斜而将瓶中的水倒在来客中的严肃的哲学家莱米尼耶教授的头上，弄得他大骂这个笨拙的“女佣”不止。这让乔治·桑和朋友们快乐了好几天。乔治·桑对缪塞想尽办法来驱走她精神上的压力和不快十分感谢，她与他在一起总是无拘无束，欢声笑语，亲热有加。她感到，与缪塞的爱情充满生机、快乐和希望，但愿能够长久拥有这种爱情。

但是，两人同居几个星期后，随着距离感的消失，两人的生活习惯和工作方式的不同显现了出来，彼此间的新鲜感也逐渐消失。缪塞的生活和工作没有多少规律可循，他天马行空，独来独往，不受约束。他有时灵感袭来，可以整日整夜不吃不喝不睡，一首抒情诗就诞生了。而在无所事事的时候，则又可以一杯又一杯地畅饮，整日整夜地昏睡。乔治·桑的生活和工作比较有规律：写作，休息，做饭严格按时进行；而且她迫于生活的压力——收入不够基本生活开支——必须每天为出版商写稿。缪塞的轻松和乔治·桑的压力使两人形成较大的反差，而生活的琐事更是销蚀着彼此间的爱情，不和谐的言行在两人之间发生了，而且逐渐变得频繁。

这不，乔治·桑对缪塞的爱开始由浓到淡。她甚至在她与缪塞认识后一个月就有点移情于她的一个粉丝——意大利诗人、共和主义者波里奥。波里奥是一位革命家，特别爱读乔治·桑的小说。他在拜访乔治·桑后，乔治·桑对他很有好感。不久，乔治·桑就主动邀请他共进晚餐，并流露出对他的情意，而且当即又请他3天后再见。只是由于她想起了前两天已答应缪塞到枫丹白露游玩，才不得不在第二天取消了这次见面。乔治·桑后来还是放弃了对波里奥的情意。而波里奥15年后在1848年威尼斯起义中，英勇地献出了生命。

缪塞也觉察到两人的爱情逐渐淡薄，因此想让大自然的美丽和清新来浇灌他们已开始红褪绿减的爱情之花，于是建议两人一起到枫丹白露去度假。

确实，摆脱了城市的沉闷和流言，来到了枫丹白露的森林和峡谷，好像大自然给两人注入了催情剂似的，两人立即兴奋起来，一路上情意绵绵，情话不断，又是拥抱，又是亲吻。两人来到弗朗萨尔的树林和悬崖尽情地玩耍，他们去洞窟探险，在林中嬉戏，到溪边野餐。兴致来了，两人又策马在原野上奔跑，并呼喊着彼此的名字。而更多的时候，则是两人情意绵绵地依偎着观赏月亮，或者激烈拥吻着在草地上颠鸾倒凤，尽情地表达和发泄着彼此的爱意。两人在大自然的怀抱中情高意涨，开心极了，好像回到了刚开始同居的美好时光。

可是，这样的好时光和好心情没持续多久就被破坏了。缪塞带着乔治·桑继续游玩，两人或者漫步乡间的小路，或者攀爬峻峭的山崖。一次，缪塞独自下到一处幽深的沟壑，久久没有动静。突然，乔治·桑听到一阵凄厉的呼救声，她立即也下到沟底，缪塞正惊恐不安地站在那里哆嗦。她来到他身边，问他“怎么啦？”她看见他眼光散乱，神情呆滞，仍怔怔地僵立着。乔治·桑立即带着他上来，来到一处林中空地，可他却自言自语地说是到了一片坟场，因为林中空地上散落着一些像墓碑般的石头。乔治·桑竭力安慰他，把他拥入怀中，轻轻拍打他的脸，并温柔地亲吻他，他这才平静下来，恢复了正常。他告诉乔治·桑：他下到沟底后，就躺在草地上歇一会儿。突然，他听到呜呜的风声中夹杂着一个人的悲哀的歌声。他倒吸一口冷气，一下站起来，四处张望，想搜寻歌声从哪里来，可是却仿佛看见一个正从远处奔过来的头发散乱的鬼魂，形容枯槁，衣衫破烂。鬼魂越来越近了，缪塞偷偷地瞥了他一眼：脸色蜡白、两颊凹陷的鬼魂正用满含阴毒的眼光看着他。缪塞不寒而栗，就发出了凄厉的呼救声。直到乔治·桑来到他的身边，他才回过神来。他意识到自己产生了幻觉，但他却说幻觉中那个鬼魂就像他自己一样。

回到巴黎后，缪塞对自己的幻觉感到好笑。他突然心血来潮，把这次幻觉画了一幅画，题名为《在坟地度蜜月》。画面上是一对恋人（他与乔治·桑）沐浴着月光在森林里散步。男人的神情惊恐不安，女人的衣裙撕破扯碎。他在男人的画像下题写道：“迷失在森林和他的情妇的心灵中。”又在女人的画像下题写道：“心灵与裙子同样被撕破。”乔治·桑看了这幅画后，心里闷闷不乐，沉默寡言，而且不时显得焦虑不安。是她太在意缪塞的这次幻觉吗？它难道预示着两人的不妙的前景吗？

几个月后，乔治·桑又接受了缪塞先前的建议：到两人神往的意大利旅游。可是，在两人着手准备出行时，缪塞的母亲出来干涉了，她阻挡儿子去做如她所说的“将是不祥和不愉快的旅行”。她甚至哭着叫儿子不要离开她。缪塞心里很矛盾，但最终孝心占了上风：他不得不告诉乔治·桑，他暂时不能陪她一起去意大利。可是，乔治·桑却不干了，认为缪塞言而无信。她立即前来拜见老夫人，对老夫人动之以情，晓之以理，向老夫人保证她将会像眼前这个母亲一样关心她的儿子，照顾她的儿子，爱她的儿子。老夫人终于被说动了，她再次流下了悲伤的眼泪，好像儿子离开了她就永远不会回来似的。

1833年12月中旬，在一个似乎弥漫着悲切和愁苦的雾气的傍晚，缪塞和乔治·桑乘坐长途马车，从巴黎出发了。

马车一出门，就撞到人行道边沿高出路面的石条，马车腾空跃起了一下，差一点把缪塞和乔治·桑甩出车外；车到郊外时，又撞到一位担水的人，幸好人无大碍。乔治·桑皱起了眉头，这难道又是一个不祥的预兆吗？

车抵达里昂时，两人遇到了声名正隆的《红与黑》的作者斯丹达尔，斯丹达尔任法国驻教皇治下的意大利一滨海小城的领事。3人结伴而行。在与两人告别时，他悄悄告诉乔治·桑：不要对意大利之行抱有希望。这一句话又在乔治·桑的心里掠过一丝阴影。

这对情人登上了前往意大利的历史古城热那亚的海船。海上风大浪急，缪塞开始晕船了，他蜷缩着身子趴在船帮上，不停地呕吐，整个人委顿不堪。而乔治·桑却独立船舷，双手叉腰，嘴叼香烟，眼视前方。乔治·桑的这个器宇轩昂的形象被稍有好转的缪塞画了下来而为后人所熟知。

到了热那亚，乔治·桑身体不适起来，很快又断断续续发起烧来。可是，缪塞并没有尽一个情人甚至旅伴的责任。个中原因，也许是乔治·桑在公共场合不以自己私生女的身份为耻反而为荣，惹得他不高兴（他常常津津乐道自己的贵族出身，并根据前辈的口传，以圣女贞德为自己的曾祖姑母而无比自豪），或者是他向病中的乔治·桑要求性爱遭到婉拒而不快。乔治·桑病恹恹地无力解释。缪塞也闷闷不乐。就这样，两人的关系开始时好时坏。缪塞终于耐不住热那亚闷热夜晚的寂寞，忍受不了性爱的饥渴，背着乔治·桑，跑到酒吧借酒浇愁。在这异国他乡，他哪里禁得住酒精的激发，于是故态复萌，重又陷入声色犬马中。

缪塞和乔治·桑又向威尼斯进发。他们经过比萨和佛罗伦萨时，观赏比萨的斜塔，参观了佛罗伦萨的乌菲齐和皮提美术馆及圣克罗切教堂；后又经过波伦亚、斐拉拉和罗维戈，最终到达了位于亚得里亚海滨的水城威尼斯。他们最后一程是乘威尼斯最具特色的“贡多拉”凤尾船，由吉乌代加运河上岸的。缪塞心情舒畅，欣赏着运河碧绿的水流和圣马可教堂因暮色降临而变得灰暗的钟楼。乔治·桑则心情悒郁，无心欣赏两岸的风光和威尼斯的风貌，因为她发烧还没有明显的减退。

两人住进了离总督府和著名的叹息桥不远的丹涅利旅馆。丹涅利是威尼斯最有名的旅馆，因为它留下了瓦格纳、斯丹达尔、巴尔扎克、狄更斯和后来的普鲁斯特等大师的不朽身影。而今，它又要见证也将成为大师的这对恋人的爱情。

转眼间,1834年的新年已过去几天了，可乔治·桑的间歇烧不仅没有完全好转,反而又患了痢疾。发烧使她头昏头痛,腹泻使她全身无力。她渴望缪塞陪伴她,安慰她,特别是寂寞难挨的晚上,她更需要他待在她的身边,照顾她,与她聊天。开始,缪塞还时不时陪伴在她身边,也少不了对她端水送药,但没过几天,他就表现出不情愿了;特别是旅馆介绍了一位叫帕杰罗的医生来给乔治·桑看病并护理她后,他就有点对乔治·桑不管不顾了。乔治·桑既伤心又不满,她责备他对她不好,没有同情心。这一来,就惹恼了缪塞,他联想到他向她索爱时她不给予,于是冲口而出:“你这个病婆娘,真没劲,我是不是爱错了哦?”这“爱错了”3个字犹如晴天霹雳,她没想到她那么喜爱和呵护的小弟弟竟如此出口伤人,令她心冷齿寒。看来,才开半年的爱情之花,哪里禁得住这突然降临的霜打雪压,它开始枯萎了。两人开始在套房中分室而居,有事时就写字条,彼此都不愿多说一句话。

缪塞对自己冲口而出的话有些后悔和不安,但他是被娇惯了的人,不懂得道歉。乔治·桑不再数落缪塞的不是了。她病情加重时,只得独自躺在床上,望着窗外陌生的异国天空,忍受着孤独和凄凉,她开始后悔同缪塞的这次意大利之行了。幸好,帕杰罗医生隔三差五地来给她看病,并陪伴在她左右,使她减少了孤独感和痛苦感。她十分感谢这位年轻的医生,并对他产生了好感。

虽然在旅游,但乔治·桑仍有压力。她在病情好一点的时候,就抓紧时间写作,因为人在国外,开销不小,只有稿费才能解决问题。因此,在乔治·桑生病的一二月份竟成了她在意大利期间的多产期。

乔治·桑的病情逐渐减轻,健康也一天天恢复,她开始正常生活和工作了。而缪塞继续着乔治·桑在病中时就开始的饮酒寻欢。他要么待在剧院与一些女演员打情骂俏,施情索爱,要么泡在酒吧酗酒、赌博,与吧女鬼混,甚至寻花问柳。两人免不了动气和吵架。乔治·桑指责缪塞自私,只知享乐,不管他人。缪塞则指责她水性杨花,一次看见她写信时,竟骂她是“臭婊子给臭情人写信”。乔治·桑哭喊着骂他是“疯子”,说要把他送到疯人院去。两人的关系越来越恶化。

一天凌晨,整夜未归的缪塞跌跌撞撞地闯进屋来,头脸带血。乔治·桑一惊,本能地要去扶他。可他大吼一声,仰面倒地,双目紧闭,口吐白沫,手脚抽搐，样子十分可怕。乔治·桑与缪塞的爱情虽所剩无几，但两人出门在外，作为姐姐式的人物，她又对缪塞的母亲承诺要像母亲一样关心他，照顾他，爱他，所以她还是要对他负责的。她立即把他扶上床，并请来她已熟悉的帕杰罗医生。

看来，缪塞是精神发生错乱了，但也像癫痫一类疾病发作。他高烧连续17天不退，整日整夜胡言乱语，他陷入了可怕的谵妄状态。他有时发作厉害了，就扯掉身上的衣服，一丝不挂地满屋乱跑乱窜，乔治·桑和壮实的帕杰罗医生对他一点办法都没有。更有一次，缪塞突然从床上跳起来，大吼大叫，又唱又跳，他很快撕掉衣服，赤身裸体地手舞足蹈，接着他全身一阵痉挛，眼睛随着摇动的头好像在搜寻着什么，当他眼睛怔怔地盯住乔治·桑时，乔治·桑不禁打了一个寒战，他猛然向她扑去，把她紧抱在怀中，并用一只手抓扯她的衣领，然后死死陷住她的咽喉。帕杰罗见状立即与他的助手一起去拉开他，并费了很大的劲才把他掐住乔治·桑的手扳开。三人终于把他按到床上，并慢慢使他的躁狂劲减弱下来。可是不一会儿，他又吓得惊叫起来，说是看见鬼魂追他来了。乔治·桑轻轻地拍打着他的脸和肩头，一直安慰他，哄逗他，渐渐地缪塞平静下来，也许他意识到什么，或者什么也不知道，只是一个劲地呜呜地哭了起来。此后几天，缪塞的病又反复发作了几次。比较严重的是他的肺部又感染了，而且还大口吐血。好在经过帕杰罗精确的用药，并在乔治·桑和帕杰罗的精心护理下，病情才好转。乔治·桑看着昔日潇洒浪漫、放荡不羁的缪塞病得如此厉害，真是可怜，她对他的怨气一下也就消失了，她想到也许是他太年轻，还不太懂事，虽然对不起她，但她就不计较了。于是，她开始承担起照顾眼前这个重病人的义务，甚至像护士那样不分昼夜地守护在他床前，按照帕杰罗的吩咐对他进行护理。

之前为乔治·桑看病，现在又为缪塞治病的帕杰罗医生，27岁，身材不高，略胖，一头褐发下一双眼睛闪动着温和善良的目光，他性格内向，为人忠厚，做事谨慎，举止得体，尚未婚配，而且他很有文化教养，爱好文学艺术，自己也偶尔写写诗。帕杰罗最初给乔治·桑看病时，乔治·桑就对他印象很好。这一次，帕杰罗为缪塞诊病、治疗、用药，既尽职尽责，又耐心周到，他不仅是一个医术高超的医生，而且为了更快治好缪塞的病，也不嫌做较低级的看护工作。他至今已有十余天与乔治·桑天天守护着重病的缪塞，若是太疲倦了，就与乔治·桑轮流着去休息，而且多是和衣休息，以备随时救治缪塞。乔治·桑对这一切看在眼里，记在心里。她十分佩服帕杰罗的为人处世之道和爱业敬业精神。当然，帕杰罗也尊敬眼前这个美女作家，毕竟他现在看到的主要是乔治·桑精心护理别人的行为和为人称道的那种母性心肠。

帕杰罗与乔治·桑天天相处了这么久，已越来越熟悉，并且彼此都有了好感。因此，两人在缪塞处于昏睡状态时就轻言细语地攀谈起来，而且越谈越亲密。一天晚上，又在缪塞沉沉睡去后，两人从床前退到壁炉旁的桌子前坐下。两人闲聊一会儿后，帕杰罗偷偷地瞅了一下乔治·桑，并送去倾慕的目光。而这时乔治·桑正大胆地盯着他，那眼光既火辣，又撩人，弄得帕杰罗脸红心跳，手足无措。帕杰罗找不到话说了，顿了一下，他突然问道："噢，夫人，您想写一部关于美丽的威尼斯的小说吗？"乔治·桑"嗯"了一声，没做具体回答，她深情地望了帕杰罗一眼，就拿起桌子上的纸，提笔在上面疾书起来。一刻来钟过去了，夜晚的房间静得只听见笔在纸上沙沙作响的声音。帕杰罗满腹狐疑，无目的地拿起桌上雨果的《巴黎圣母院》一书，心不在焉地翻着，但眼睛不时瞟着乔治·桑和她手下的纸笔。突然，乔治·桑停住笔，把纸折成两半，装入信封中。她抬起又大又亮的眼睛，紧紧地盯着帕杰罗，那咄咄逼人的火辣眼光，把帕杰罗射得燥热难当。"给您。"她把信递给帕杰罗。可帕杰罗不解其意，问道："夫人，这封信交给谁呀？"乔治·桑似乎有点不耐烦，她拿回信，匆匆在上面写下"傻瓜帕杰罗医生收"几个字。这时，乔治·桑站起来，端起油灯，悄悄地向熟睡中的病人走去，同时她向帕杰罗问道："病人今夜不会出现什么问题吧。""不会有问题。"医生答道。"那今夜就由我一个人照看，请回家吧，明天见。"乔治·桑边说边为医生拉开了门。

帕杰罗回到家里，急切地取出信纸看起来。首先映入他眼帘的是"在摩里亚半岛"。嗬！她是在写小说吗？不，不对！"在摩里亚半岛"的法语发音与"恋爱中的女人"完全一样，懂法语的帕杰罗觉得这里面有戏。他继续看下去，看得他脸红耳烫，到后来简直是心惊肉跳了：

我家乡温和多雾的气候给我留下了温馨但忧伤的印象，而那把你的额头晒得棕红的慷慨的阳光，它给了你怎样的激情？我懂得爱和疼，你呢，你是怎么个爱法？

……我将来是你的女伴还是你的女奴?你是想占有我还是爱我?当你的情欲得到满足时,你会感谢我吗?当你感到幸福时,你会告诉我吗?你知道什么是肉体接触也难以平息的欲望?你会不会疼爱睡在你怀里的情妇?你是否一直在凝视她祈求上帝的祝福?是否为想她而心中暗自流泪?……

帕杰罗从未收到过如此大胆表白性爱的情书，这位腼腆内向的老实人被信中火暴的语句击得晕头转向、不知所措。经过一夜的辗转反侧、冥思苦想,他决定不放弃这个主动送上门来的尤物。于是,在缪塞尚处昏睡之中,他与乔治·桑也进入了温柔缱绻的情欢性爱之乡。

在帕杰罗和乔治·桑的精心治疗和护理下，缪塞的病体终于开始好转，神志也时有清醒。一次,他睡醒后,模模糊糊看见屏风后有两个被灯光映大了的人影在拥抱接吻,接着两人分开,身影较小的披着长发的人这时端起油灯,把身影较大的留着短发的人送到门口,两人似在嘀咕着什么,接着又亲吻,然后彼此离开。缪塞尽力睁大眼睛,并摇了摇头,看自己是不是产生了幻觉,他要弄清这是怎样的一幕景象。他正怔怔地想着,身影较小的长发者走了过来——她就是乔治·桑。缪塞立即闭上眼睛,假装正在昏睡。他感觉自己没有产生幻觉,那个身影较大的短发者无疑就是帕杰罗了。想到这里,他心里不禁一阵酸楚,进而又变为嫉妒。但他又无可奈何,他虽是在康复,但还无力来清理这些男女之间的事。可是,两天后,刺痛他心的事情又发生了。他迷迷糊糊地醒来,看见一个女人坐在一个男人的怀里,两人互相亲吻着又抚摸着。一会儿,男的离开女的,走到他的床边,他赶紧闭上眼睛,只听见男的背转去对女的说:“他气色好多了,他很快就要康复了。”缪塞再次确定自己不是幻觉,他已经十分明白:他的情妇已经移情别恋于给他治病的医生。他索性就这样闭上眼睛,躺在床上思考:该如何应对这个残酷的现实。朋友们早就要他提防的那个水性杨花的女人,终于抛下他去勾引一个外国人了。

缪塞开始为乔治·桑与帕杰罗的爱情伤心、痛苦和恼怒。但他无力改变这个令他悲哀的现实,实际上他也没有理由怨恨和指责他们。他静下心来仔细回想,他在乔治·桑生病时就丢下她而到酒吧等场所饮酒寻欢,而且还说出对她爱错了的话。倒是自己生病时,帕杰罗和乔治·桑尽心尽力、非常辛苦地为他治疗和护理，而且长达17天之久。为此，他还应该感谢他俩哩。确实，要想得到爱，就得付出爱。他现在似乎懂得了这个道理，他无法怨恨他们了。而且他还把自己与帕杰罗作了一下对比，来重新审视自己："当我看见诚实的帕杰罗时，我认出我自己的大部分，但那是纯洁的、没有我身上受到过的毒化和无可救药的污点。所以，我知道我应该离开……"他感到自己在威尼斯已是一个多余的人了，他开始考虑应该回国了。

缪塞再也不昏睡了，身体也基本好转。而乔治·桑在他面前装着与帕杰罗没有任何关系似的。一次，当帕杰罗邀请她上街时，她还拒绝了他，但她心里却十分苦恼，她只得把苦水倾泻到信纸上，然后把信寄给他："我伤心极了。我在缪塞身边难受极了。他和我都很痛苦，两人无法再相处了。我只有与你在一起才感到快乐，烦恼没有了，心情舒畅了，而且靠在你厚实的胸脯上，或者接受你强有力的拥抱，我感到安全、可靠和幸福……"

分手是不可避免的了。缪塞准备离开威尼斯了。乔治·桑当然觉得过意不去，毕竟是她抛弃了缪塞。于是，她买了一本纪念册并题词作为礼物送给缪塞。她的题词是："我的好朋友、好伴侣和好兄弟惠存。情人乔治·桑赠。1834年3月28日于威尼斯。"第二天上午，刮起冷风，下起苦雨。缪塞面无表情地与帕杰罗道了别，然后由乔治·桑挽着手送到运河码头。告别了，乔治·桑看着昔日的情人渐渐远去，她想起9个月来两人的爱情感到一阵酸楚，这个病体刚好的小弟弟能否禁得住旅途的劳顿和颠簸呢？而缪塞离去时，既惆怅，又哀怨，更悲伤。他后来写道："我是带着有病的身体与受到打击的灵魂和流血的心回到巴黎的。"不过，缪塞虽失意于爱神阿佛洛狄忒，却得益于诗神缪斯。他的《夜歌》4首由此而生，这为他跻身于世界著名抒情诗人奠定了坚实的基础。他与乔治·桑发生情变的感伤诗句一百多年来一直为人们吟咏不已：

在威尼斯可怕的丽渡上，
苍白的亚得里亚海，
消失在一个坟头的青草中。
浩瀚的天空下每一处地方，
我的心和眼都感到厌倦，

永不痊愈的伤疤依旧滴血。

乔治·桑与帕杰罗开始了浪漫而甜蜜的生活。可是，同居生活不久，两人的经济开始拮据起来。乔治·桑只得自己动手张罗家务，节约开支，而且加大写作力度，以获取更多的稿费。帕杰罗则更频繁地出诊，以挣得更多的诊疗费。每天早晨出诊前，他跑到野外去采花，把还沾着露珠的鲜花送给刚起床的乔治·桑，乔治·桑看着眼前这位忠诚老实、憨态可掬的情人，感动得眼中噙满泪水，她情不自禁地与他深情地拥抱接吻。

但是，乔治·桑不可能不回国。她在意大利与帕杰罗的爱情只是一时的拥有，看来也是真心的拥有，但不可能是天长地久的拥有，这一如她与这前后的十几个情人一样。帕杰罗愿意先陪他的情妇到巴黎，然后在巴黎待一段时间后再回威尼斯。临出发时，乔治·桑让他准备几幅意大利的名画，说带到巴黎可以卖好价钱。8月中旬回到巴黎后，乔治·桑仍如亲人一样待他，带他游览巴黎的市容，参观巴黎的名胜古迹，并介绍一些医院，让他与法国的同行们进行医术交流。她将他带来的几幅画赠给自己的朋友，然后拿出一笔钱给帕杰罗，说是卖画的钱。帕杰罗就用这些钱买了一些医疗器械和医学书。不久，乔治·桑又带帕杰罗出席文艺沙龙，参加作家们的晚餐会等。在这些公共场合，帕杰罗的憨厚和有时无所措手足的笨拙形象被一些人取笑，他别扭的法语又让人发笑，写的带威尼斯味的诗歌也无人能欣赏。这使乔治·桑很没面子。而缪塞的朋友也嘲笑和指责乔治·桑的选择，并为缪塞鸣不平。乔治·桑颇为烦心，她决定一个人回家乡诺昂去休息一下，并梳理一下几个月来的感情。帕杰罗在巴黎的表现确实使乔治·桑对他的感情淡薄下来，她从家乡写信给她的朋友说道："帕杰罗在威尼斯什么都懂，可他一踏上法国的土地，就一无所知了。"当然，这与她之前的"他是一个温和、善良和忠诚的道德天使"的评价并不矛盾，她只是认为他不适合巴黎这个花花世界。帕杰罗终于明白了，他只是那个朝秦暮楚的女人在意大利孤独无助时临时用来填补她感情空白的一个性伴侣。他听说她从诺昂回到巴黎也不想见他了，还听说她与缪塞又在感情的死灰中爆出了几点火星。他默默无语地洒下了苦涩的眼泪，与巴黎告别了。在离开巴黎时，他向缪塞和乔治·桑的老朋友也是他的新朋友塔代辞行，并留下了一封关于三人在威尼斯情变真相的信。

而缪塞呢，他刚一离开威尼斯就后悔了。他虽然与乔治·桑吵架、斗气，但一离开她就觉得空虚、怅然若失。他到了离威尼斯才三四十公里的帕多瓦，就给乔治·桑写了一封诉说心里疲惫的感伤的信，并表示对她题赠纪念册的感谢。此后，他差不多每到一个城市都给乔治·桑写信。但是他并未收到乔治·桑的回信。他为此悲伤、心灰意懒。其实，这时的乔治·桑心里也十分矛盾，她对自己背叛缪塞也做过自我谴责，她甚至想象让缪塞和帕杰罗同时成为她的情人，一起演绎一出三角恋爱。

4月4日，缪塞在离开威尼斯6天后抵达瑞士的日内瓦。他打算再写一封信试试看，如果乔治·桑仍不回信，说明她对自己已完全恩断情绝，自己就死心了，以后就只能是各自东西了。他想，威尼斯虽然是他与乔治·桑的哀伤之地，但这里也是乔治·桑和帕杰罗给他上了一堂人生之课的学校，他与乔治·桑的这一段甜酸苦辣的爱情和生活至少“把一个男孩变成了一个男子汉”。于是，他带着对乔治·桑感激的心情给她发去一封信：

……尽管你的倩影已在我面前远去消失，但你在我生活的轨道上将不会留下任何不洁的东西。那个曾拥有你而过去却不懂得敬重你的人，此刻透过热泪还能清楚地看到你的倩影，而且打心眼里尊敬你。

信发出后，缪塞意犹未尽，觉得还未完全表达出对乔治·桑的感情，于是又写了一封情真意切的令人动容的长信：

我会长久记住你那张曾为我连续17个晚上不能睡觉而变得极为苍白的脸，我会永世不忘你的音容。我们在一起流过多少泪，可是，亲爱的宝贝，你弄错了：你以为你是我的情妇，其实，你不过是我的亲娘，我俩合得来，那是老天命中注定。我们的才智，在高高的天空，像高山上两只鸟儿互相认识，彼此向对方飞去，然后搂抱得太紧，我们竟干了乱伦的蠢事。啊，我唯一的女友，我几乎成了专门折磨你的人。

乔治·桑读了这两封信，感伤不已，她被缪塞打动了，她重又涌起对这个曾经倍加呵护的小弟弟的怜爱之情。她立即回了一封信：

你说得对,我们的搂抱是乱伦行为,可是我们并不知道。我们彼此纯洁真诚地投入对方的怀抱。难道我们这些拥抱的回忆有不贞洁、不神圣之处吗? ……而当你孤独时,你就会想到乔治·桑,记起真正的同伴、你的护士、你的友人,想起一切比这还好的东西。

缪塞回到巴黎后,对乔治·桑的思念更强了。他忍不住几次跑到他俩同居生活过的房子,在客厅的烟灰缸里捡起乔治·桑抽过的几个烟蒂,点燃后自己抽起来;又在盥洗室找到乔治·桑梳断的一把梳子,像宝贝一样放入自己的衣袋;他还去买了一只机灵的八哥,并喂养起来,有时还让它喝点墨水,因为乔治·桑与他生活时就养了这样一只八哥。

缪塞在相思中烦躁不安,他终于写出希望与乔治·桑重续旧好的信,并要求与她见面:"我们俩约一个时间见面,去你家,或者来我家,也可以到植物园或墓地,在我父亲的坟前。"他用优美抒情的语言表达了他与乔治·桑的美好的爱情,并将这份爱情献给乔治·桑:

……让后世的人们说到我们的名字时就会联想到像罗密欧与朱丽叶和像爱洛伊丝与阿贝拉尔那样的永恒的恋人,人们只要提到一个就必然会谈到另一个。这将是比神父们主持的婚礼更加神圣的婚礼,是智慧的世纪永不灭亡的、纯洁的婚礼。

此时,乔治·桑已从与缪塞的关系的噩梦中醒来,她感到与缪塞的关系似乎重又进入一个新的明媚的早晨。在与缪塞充满情和爱的书信交往中,她写出了一封主题为"爱情是一座圣殿"的十分优美而又蕴涵哲理的信,这封信自公开后,一百多年来一直广为人们传诵:

爱情是一座圣殿,那是恋人给一个多少值得自己崇拜的对象建造的。而殿中美丽的东西,不是神灵,而是祭坛。你为什么不敢重新试一着呢? 无论崇拜的偶像久已树起,或即刻会跌成粉碎,但你总算已经建起了一座美丽的圣殿。你的心灵将住在殿中,敬神的香烟必将为其永久萦绕，而你在心灵中必定创造出伟大的工作。神也许有变迁，但当你自身存在的时候，这个圣殿是会存在的。

正是这样炙热的书信的频繁交往，两颗死寂的心重又复活了。乔治·桑回到巴黎后，两人“相逢一笑泯恩仇”，再次在一起同居生活。

但这次同居生活比上一次还要短暂和脆弱。缪塞扭着乔治·桑要她讲出背叛他而与帕杰罗相好的具体日子和时间以及两人之间的关系的细节。乔治·桑开始是回避和推诿，但缪塞无休止地纠缠，使她苦恼和惧怕，以至接近于崩溃，她在晕晕乎乎中亦真亦假地说得前后矛盾、自乱阵脚，越说越不清。这更引起缪塞的不满和愤怒，于是他更加逼问她，指责她，咒骂她，威胁她。乔治·桑求饶了，她向缪塞坦白了爱上帕杰罗的细节，以期获得缪塞的原谅。可是，缪塞被嫉妒之火烧得近乎失去理智。于是，两人只得大吵大闹，互相诋毁，互相侮辱，以至拳脚相加，寻死觅活。缪塞与乔治·桑的第二次更大的丑闻在巴黎更广泛地流传开来并遭到人们的嘲笑和鄙薄。缪塞与乔治·桑彼此都感到哀莫大于心死，他们终于彻底分手了。

一段时间里，缪塞沉默不语，不时紧握拳头，他想报复这个不忠于他的臭婊子。可是，头脑中一个声音在告诫他：难道你自己不是到处拈花惹草的下流坯吗？他醒悟过来。确实，自己也是一个为人不齿的缺乏道德心的人。他无力地松开拳头，颓然地倒在沙发上，痛苦地抓住衣领，并拼命捶打着自己的胸口。

而乔治·桑呢？她一直不停地哭泣着，捶胸顿足诅咒着自己和缪塞。她神志有点恍惚，她说她就要疯了，赶快进修道院吧。“我要自杀！”她对来看望她的朋友歇斯底里地叫道。

但最终两人还是平静了下来，一切都归于正常。1835年1月初，乔治·桑从家乡诺昂回到巴黎。在两人到达威尼斯的1周年之际，乔治·桑突发奇想地又给缪塞发了一封信，信中提出3个问题：“我们为什么痛苦地分手？我们为什么不能幸福？我们今天晚上可以见面吗？”缪塞接到信后，回答了最后一个问题：“就在今天晚上见面。”于是，两人又拥抱在一起。但这次拥抱没有了激情和爱，有的只是瘆人的冰冷和苦痛。乔治·桑后来说她像搂着一具尸体在地上打滚一样。缪塞则说他从与吸血鬼式的人的拥抱中获得的不是成功而是死亡。

看来，他们再也不能见面了，两人的情感风波终于完全平息了。但是，风浪击打心灵的痛楚却久久不会消失。1836年，缪塞出版了那部脍炙人口的《世纪儿忏悔录》。小说是缪塞与乔治·桑那段哀伤的罗曼史的真实写照。作者借书中人物之口说道："亲爱的人儿，虽然我们不会互相原谅，但我们不会互相忘记，即使我们永不再相逢。"乔治·桑读到了这部小说，她还未读完这部小说，就已被感动得泪水长流，泣不成声了。她给缪塞写了一封信，信中说道：她已原谅了他的过去，但不愿与他相见。乔治·桑为了了断这段感情经历，并留在记忆中，她取得缪塞的同意，将两人的情书封装在一个钢筒中，交给她的一位同性挚友，埋在地下，待当事人逝世后，才可将这些情书公之于众。

缪塞在对与乔治·桑那段哀伤的爱情的回忆和忏悔中度过了二十余年。尽管他在这么多年中又经历了多次爱情，但没有哪一次爱情像与乔治·桑的爱情那样刻骨铭心。他后来写有《回忆》等吟咏他与乔治·桑的爱情的诗篇。这些诗在法国文学史上完全可与拉马丁的《湖畔吟》和雨果的《奥兰皮若的忧伤》等珠玉之作媲美。缪塞1852年成为众人仰望的法兰西学士院的院士。但人们喜爱的是他那即使身陷绝望，也仍保留希望的热忱的诗句，这正如他所说的："最绝望的歌是最美的歌。"

1858年，47岁的缪塞逝世后的第二年，乔治·桑以她与缪塞的爱情经历为素材写出自传体小说《她与他》。小说发表后，引起缪塞的亲友的不满，他们发表文章批评乔治·桑和这部小说。1860年，乔治·桑欲发表她与缪塞的情书来说明真相。法兰学士院院士圣伯夫是乔治·桑和缪塞的老朋友，也是缪塞与乔治·桑情变的见证人，他读完两人的情书后劝阻了乔治·桑不要发表这些情书。于是，乔治·桑默默地忍受着人们对她的批评和攻击。但是，她"曾经沧海"，依然我行我素，在经历了更多的波澜起伏的爱情生活后，她在1876年逝世，享年72岁。

波德莱尔：
从有伤风化罪到患失语症而痛苦死亡

波德莱尔(1821—1867年)，法国诗人、象征主义诗歌的奠基人。生于巴黎。6岁丧父。其父为一工艺画家，当过官，做过家庭教师等。母亲在波德莱尔的父亲逝世后，改嫁一军官，但波德莱尔与继父关系不好。波德莱尔先后在里昂、巴黎读中学，因拒不交出同学传递的纸条而被学校开除，但仍通过了毕业会考。从小性格忧郁、孤僻、怪异。继承生父遗产10万法郎后，离开家庭，挥霍无度。后被监管。从此生活拮据，居无定所。但生活放荡，特立独行，对传统观念和道德价值采取了挑战的态度。1848年革命爆发时，投身其中，甚至登上街垒，参加战斗。1857年出版诗集《恶之花》。法院以"有伤风化罪"判300法郎罚金，并勒令删除6首诗。直到1949年，这一判决才被取消，诗人才被平反。代表作有诗集《恶之花》。主要作品有散文诗集《巴黎的忧郁》，散文集《人造天堂》，文艺评论集《美学珍玩》、《流浪派的艺术》和有关美国作家爱伦·坡的译作等。

"诗人波德莱尔逝世了！"1867年9月1日，法国巴黎的主要报纸大多在头版头条或显要位置对前一天病逝的波德莱尔作了报道。一时间，巴黎的作家、艺术家和众多的文艺爱好者纷纷表示对波德莱尔的悼念，他们在葬礼上，在报刊上，寄托了对波德莱尔的哀思，积极评价了他的为人和作品。诗人的朋友阿塞利诺这样说道：

我们之所以理解他、爱戴他和跟随他，是因为他的思想、信念和作品。在这悲痛的时刻，我们带着在死亡面前的信念庄严宣称：这是一颗伟大的心灵，同时也是一颗善良的心灵；这是一位伟大的思想家，同时也是一位优秀的思想家。

诗人的另一个朋友邦维尔也说道：

雨果的功绩在于他继承了古代的传统，并以自己的理想改变人、社会和自然。而波德莱尔呢，则接受了现代的理念，以他的虚弱，以他的雅致，以他的愿望，甚至以他的绝望和哭泣的混杂，来争取他的胜利。

可是，也有一些人在议论和发表文章时，对波德莱尔大加批评，不惜对其挖苦讽刺。其中，人们熟知的作家瓦莱斯的文章在文艺圈同仁中引起一片惊愕，他写道：

波德莱尔是一个教士、老妪和蹩脚的演员(主要是蹩脚演员)三位一体的混合物。

他是一个不幸的可怜虫，我们不应该咒骂他。但他却说他的天职是歌颂、敬重和祝福撒旦这样的魔鬼。天啊！他为什么不去歌颂善良的上帝而要歌颂凶恶的魔鬼呢？

这个妄想永垂不朽的牛皮大王……只是一种愚昧无知和可怜可恨的巧舌如簧的人物的代表。他在诗文中向我们描绘了令我们惊异的形象：天使美丽的翅膀变成了猫头鹰的翅膀，天使纯洁的容颜变成了妓女的面孔。

他把自己装扮成彻底堕落了的样子，但当女人来到他的身旁时，他并不是那么害羞和笨拙，他尝试了大麻或其他这类东西吗？

遗憾的是，他在一两年前就不能享用这些了。

更有甚者，一些人还对波德莱尔进行人身攻击，说他是"颓废诗人"、"恶魔诗人"、"坟墓诗人"、"叮咬腐尸、蛆虫和赤发女乞丐的苍蝇诗人"等等。

攻击和负面评价波德莱尔的文章还有不少。

对于波德莱尔的评价，为什么会形成如此巨大的反差呢？这恐怕要从他出版他的震惊法国和世界文坛的诗集《恶之花》谈起。

早在1836年，波德莱尔15岁时就显露出他的非凡的诗歌天赋。这一年8月，他在中学优等生会考中获得拉丁诗第一名的最好成绩。此后，诗歌成了波德莱尔的最爱。到了40年代初期，波德莱尔开始写出一些独特和怪异的诗歌，如《噩梦》、《某夜，我躺在一个犹太丑女身旁》、《坏修士》、《地狱中的唐璜》、《女巨人》、《腐尸》、《捡垃圾人的酒》和《凶手的酒》等等。他把这些与传统诗歌完全不同的诗朗诵给朋友们听，在朋友中引起不小的震动，朋友们认为他的诗太另类了，几乎颠覆了迄今为止的现实主义和浪漫主义的所有诗歌。

他这时也开始参加文学活动，出入于巴黎的一些文艺沙龙，交往一些文朋诗友。不久，他结识了雨果、巴尔扎克、戈蒂耶和圣伯夫这样的文学大师。他认为自己也是一位了不起的诗人了。

可是，波德莱尔的这些独特和另类的诗歌难以为人们所接受，发表出来的很少。一些报刊编辑和诗评家认为他的诗"有毒"，这使他感到郁闷和沮丧。他与一些朋友常常出入于拉丁区的酒馆、餐厅和咖啡馆。这些年轻的诗歌爱好者和作者在这些地方朗诵诗歌，评论作品，饮酒作乐，嬉笑怒骂，甚至放纵不羁，做出一些荒唐事来。波德莱尔自然也受到一些影响。

波德莱尔的诗歌未得到社会的认可，觉得自己受到了打击。而前不久，他经济上又受挫于家人。他原本继承了他的生父10万法郎的遗产，但由于他吃喝玩乐，追奇猎艳，挥金如土，被母亲和继父强加了一个监护人，钱财被严管起来，致使他开支拮据，生活不便；而且他生活上不检点，逛妓院，又身染梅毒，身心疲惫而苦闷；加之他性格的缺陷和意志的脆弱，因而悲观厌世，以致萌生自杀的念头。

这不，他在一念之差之下，硬是做出了令人惊骇的事来。

波德莱尔在酒馆与朋友聚会饮酒后，独自回家。但他并不感到饮酒后的痛快，反而觉得更加闷闷不乐。于是，他叫来他的女友冉娜，两人一起到小酒馆喝酒。喝了一会儿，他让冉娜独自一人继续喝，自己则走到另一张桌子，给自己的监护人昂塞尔写起信来：

我请冉娜小姐把我的这封信交给你，因为我已经不在人世了。

我自杀，是因为我感到事业无成，生活无望，身心疲惫，精神崩溃。我不能再这样下去了，我对别人毫无用处。

我把我的财物，除留一份给母亲外，其余全部赠送给冉娜小姐，当然这是在您替我还清债务之后。随信附上我欠的几笔债务的清单。

冉娜小姐是我爱的唯一的女人，只有她不时带给我快乐和休息，因此出于人性的自然流露，我有一种要为她做一点事情的愿望。她一无所有。我现在把我拥有的一切都给予她，包括我那些隐私的家具和我的肖像。

难道有人会指责我报答一个我在这可怕的世间唯一给予我安慰的人吗？也许，有人会说我理智不正常，但您觉得我像疯子吗？

波德莱尔的这封信俨然是一份遗嘱。他写好后，就在自己的胸口上刺了一刀。自己刺自己，当然难以致命，但鲜血却流了出来。这边，冉娜喝着喝着，想到了波德莱尔，就回转头张望，正好看见波德莱尔踉跄倒地。她立即奔过去扶起波德莱尔，并请人与她一道把他送到自己家中。她请来医生，医生给波德莱尔用药后，嘱咐要休息和调养，伤口无大碍。

有人说，这是波德莱尔自导自演的一幕滑稽的闹剧，他的自杀不过是给自己的经历加上一笔浪漫主义的色彩罢了。

几天后，波德莱尔就可以给朋友写信了；而且他还创作了一首十四行诗，他将诗寄给了诗人邦维尔。邦维尔后来在波德莱尔逝世后，将这首诗收入到再版后的《恶之花》之中。

波德莱尔伤好后继续在冉娜家里待了几天，因为他与冉娜是情人关系。冉娜是他出入剧院时看上的一个扮演一些小角色的演员。冉娜出生并来自海地，是一个混血儿。她深棕色的皮肤，高挑的个子，厚实的嘴唇，鬈曲的头发，加上模样奇特，目光放肆，笑容勾魂，是一个颇有野性魅力的女人。波德莱尔称她为“黑维纳斯”。他爱上了她，并为她写了十几首情诗。波德莱尔似乎是为了对抗他所属的阶级的传统观念，不仅在文学创作上，就是在爱情上，也显得另类，例如他偏爱冉娜类型的女人就是如此。波德莱尔在1842年结识了冉娜后，与她同居了六七年，关系就淡薄了，因为冉娜对波德莱尔的事业不感兴趣，只是向他要钱，加之酗酒，爱吼叫，而且水性杨花。两人的关系虽趋于冷淡，但波德莱尔出于义务和同情，并未完全终止两人的关系，两人仍偶有同居，而且他给她钱，也为她治病，还为她安葬病逝的母亲等。波德莱尔逝世后，冉娜处境凄惨。波德莱尔的朋友纳达尔等人偶然在1870年见到过她：她眼睛几乎失明，拄着拐杖，一瘸一跛，十分艰难地走在巴黎的街头上。

波德莱尔被母亲接回家继续养伤。母亲给他加强营养，让他好好调养，并劝他不要鬼混，要好好生活；继父也鼓励他振作起来，为母亲争面子。他似乎对自己以前的放荡和这次的"自杀"有些悔意。他对母亲说，他将规矩地生活，不让母亲失望。

伤痊愈后，波德莱尔搬出了母亲的家另住。此后，他静下心来，写了不少诗文；后来他又翻译了美国作家爱伦·坡的小说，并写了关于爱伦·坡的研究文章。在随后几年，他出版了《1845年的沙龙》、《1846年的沙龙》和爱伦·坡的短篇小说集《奇妙的故事》；发表了《年轻的魔术师》、《拉·芬法罗》等小说；还发表了爱伦·坡的《磁气启示》、《乌鸦》等作品和《爱伦·坡的生平和作品》之类的研究文章以及一些文艺评论文章。但最令他高兴的，还是他认为在诗歌上的成就。例如《议会信使报》在"地狱边缘"题下发表了他的11首诗；《戏剧一周》在"黄昏"题下发表了他的2首诗；《两世界》杂志在"恶之花"题下发表了他的18首诗。

但是，他对母亲"将规矩地生活"的承诺只兑现了不长的时间，就把它抛到九霄云外去了。他在创作了一些诗文后，耐不住寂寞，又与朋友们逛起舞厅、剧院和酒馆来，而且不时拈花惹草。他看上了一个绰号叫"波马雷女王"的20岁舞女艾丽丝。艾丽丝曾爱上一个新教传教士，差一点致使英法两国发生冲突。她的放荡竟受到波德莱尔的欣赏，两人很快结成同居关系，这种关系虽然短暂，但波德莱尔还是为她写了情诗。只是艾丽丝两年后因病逝世，这段爱情才没有延续下去。

波德莱尔有时还以玩世不恭的态度和咄咄逼人的言行来为人处世。一次，他与朋友在咖啡馆喝咖啡，发觉旁边有一位金发女子在听他们讲话。他于是走到女子面前，对她说道："夫人，您知道我渴望什么吗？我渴望我的嘴唇贴上您白嫩的肌肤，我是多么想向您求爱啊！我想握住您的双手，把它们绑在一起,吊到天花板上!然后,我会跪在您的脚下,亲吻您雪白的脚趾!"金发女子惊恐不已,急急跑出了咖啡馆。

幸好这是女性。而当他以这种尖酸刻薄和咄咄逼人的言行对待男性时,情况就不同了。一次,他因言词不当得罪了一个叫巴尔泰的朋友,对方就给了他一巴掌,并要与他决斗。只是由于双方朋友的劝解,这场即将开始的决斗才没有发生。但自此后,波德莱尔的为人似乎低调了一点,对待朋友也谦和了一些。

波德莱尔认为自发表和出版了一些诗文和译文后, 可以跻身于名作家之列了。但实际上他面世的作品并不多,影响力也不大,不少人既未闻其名,也未阅其作品。他对此愤愤不平,心有不甘,还认为一些人对他有偏见。不过,他在冷静下来后,开始客观地评价自己。他早在1846年25岁时就广而告之,说将出版一部诗集《累斯博斯的女性》。但此事并无结果,因为他创作的诗歌量既少,质也不太高。到了1848年27岁时,他又发出预告,说第二年2月将出版一部诗集《冥府》。但因这一年的革命及其后期的不安定,这一出版计划又未实现。不过诗集《冥府》曾交由一位叫帕里斯的"文字、手稿和制图专家"誊清并装订。波德莱尔让他的监护人昂塞尔付了誊写费和装帧费,但他后来发现装帧精美的誊清稿上有一些错误。诗集《冥府》手稿下落不明,但可以想见的是,这部手稿诗的数量是成问题的,它应该是未达到出版一部正规诗集的数量的。一部诗集都未正式出版的人怎么能叫诗人呢? 他这样一想,对人们的所谓偏见就服气了。于是,他暂时收起他的风流放荡,加一把劲,打造自己的名山事业,登上文学的高峰,罩上一个诗人的名头。

波德莱尔经过一段时间的潜心创作, 写出了一大批诗作。1856年的一天,他翻阅过去和现在写出的诗稿,发觉有157首,如果装订起来,恐怕也不薄了。他现在急切地想兑现10年来要出诗集的预告,不鸣则已,一鸣就要惊人。他考虑了几位出版商, 最后选定他在1850年与朋友聚会时结交的新朋友——普莱·马拉西斯。马拉西斯对诗歌有不俗的鉴赏力,是一位愿意出版非畅销书的年轻出版商。到了1856年年底,波德莱尔终于与马拉西斯谈妥出版诗集一事。诗集的名称,他是受到另一朋友——小说家兼评论家巴布——的启发而定为《恶之花》的。马拉西斯作为出版方,他的妹夫布鲁瓦斯作为印刷方,与波德莱尔签下了出版《恶之花》的合同。

诗集的校样经过波德莱尔的3次增删和修改才定稿，并于1857年6月印出1100册。马拉西斯在报上刊登了一个发行广告;与此同时,一部分诗集就在印刷厂所在地的阿朗松开始销售,而更多的诗集则运至巴黎。

波德莱尔精印了二十几册诗集作为赠书。他首先将诗集题献给自己的良师益友戈蒂耶，他在扉页上的题词是:“谨以最深的谦虚之情将这些病态的花呈献给完美的诗人——法国文学的十全十美的魔术师、我的非常亲爱和非常尊敬的老师和朋友泰奥菲尔·戈蒂耶。”然后,他又题赠给雨果、丁尼生和朗费诺等法国、英国和美国诗人,他还题赠给自己的母亲和一位被称作萨巴蒂埃夫人的女性及皇族事务部部长福尔德等人。

《恶之花》刚销售六七天,马拉西斯就收到巴黎的一位发行商的来信。信中说,《恶之花》发行几天以来,就传出有关它的流言,说这本诗集有伤风化,而且对宗教不敬,诗集恐怕要被没收,作者和出版者也可能要倒霉。果然,第二天及随后几天,《费加罗报》和《立宪主义者报》就登出了攻击《恶之花》的文章，其中一篇文章还提请法院注意诗集中4首亵渎宗教和有伤风化的诗——《圣彼得的否认》、《累斯博斯》和《被诅咒的女人》(2首)。与此同时,波德莱尔从公共教育部的一位官员那里得到了这样的坏消息:书将被收缴,还会被追究法律责任,因为此前内政部的一个机构草拟了一份关于《恶之花》的文件,文件说《恶之花》是一本侮辱公共道德和蔑视宗教信仰的书,建议对作者起诉。

波德莱尔这一下有点慌了。他立即写信给马拉西斯,请他把《恶之花》迅速藏起来;同时他向戈蒂耶请教应对办法,又求一位评论家蒂埃里为他写赞扬《恶之花》的评论。两天后,《环球导报》发表了一篇称赞他的文章,说他创作《恶之花》是追随“但丁的冷峻路子”,他是“一个正视恶,并与之斗争的诗人”。但是,更多的批评和攻击《恶之花》及其作者的文章向他袭来,还传来他和马拉西斯将被传讯的消息,而阿朗松和巴黎等地未售出的书也被没收了。

波德莱尔感到凶险临近了,他请文人朋友们帮忙也没有多大的效果。他想起了皇族事务部部长福尔德,于是提笔给他写信。他提到部长先生曾帮他母亲说话而他母亲又致信感谢部长先生这件事,以此来套近乎。然后,他进入了正题:

我是因为出版诗集《恶之花》而招致了一点麻烦，在此想请您作为文学艺术的保护人对我的这件事予以关注，如果不让您为难，也请您给予帮助。我们的文学艺术似乎所受的保护还不够，因而影响了它的发展和繁荣。您的思想和您的威望，将会为作家艺术家的创作提供一种支持。因此，我也希望您能给我提供一种支持和保护。当然，如果您因故无法给我这种保护，我依然会感谢您。请接收我最诚挚的敬意。

部长先生，我愿做您最卑微最忠诚的仆人。

波德莱尔被传讯了。在传讯中，法官检出了《恶之花》中有14首诗亵渎了宗教道德和公共道德。这14首诗是《凶手的酒》、《圣彼得的否认》、《亚伯与该隐》、《献给撒旦的连祷》、《首饰》、《可是尚未满足》、《忘川》、《给一位太快活的女郎》、《美丽的船》、《给一个赤发的女乞丐》、《累斯博斯》、《被诅咒的女人》（2首）和《吸血鬼的化身》。波德莱尔知道他即将被推上法庭被告席了。

波德莱尔回来后，为请律师和写辩护材料作准备，还把朋友发表在报上的几篇正面评价《恶之花》的文章剪贴下来准备提交给法庭。他在心中估量了一下可以为他说话的人，如福尔德和几个有权势或与权势人物有关系的文人圣伯夫、梅里美、彼得利等。他觉得还应该找一位女性为他说话，因为就在8个月前的年初福楼拜就是靠了一位女性——马蒂尔德公主——的暗中过问而被判无罪的。这位女性应该是上流社会或与上流社会有密切关系的人，她必须美丽而有气质，对男性具有魅力和号召力。他思忖片刻，就自然想到了他一个多月前赠书的那位女性，于是他脑海里浮现出萨巴蒂埃夫人的形象。

萨巴蒂埃夫人名叫阿格拉埃，生于1822年，是一个省长与洗衣女工的私生女。后一个叫萨巴蒂埃的下级军官娶了洗衣女工，阿格拉埃就随了现在的姓氏。萨巴蒂埃夫人皮肤白皙，身材苗条，胸部丰满，眼睛迷人，浑身上下散发出一种阳光的气息和难以抗拒的魅力，是一个天生的美人，因此她被称为“白维纳斯”。她在二十余岁即成为一英国富翁的情人，后又做了一位雕塑家的情人，两年后又成为一矿主兼银行家的情人。10年前轰动一时的两次巴黎画展上的作品《某夫人的胸像》和《被蛇咬的女人》，所表现的性感美女的丰美胸部和欲仙欲死的裸体美女形象，其模特儿就是萨巴蒂埃夫人。她成了远近闻名的高级交际花。众多著名的作家、诗人、画家、音乐家和不少的政商界名流纷纷为萨巴蒂埃夫人的美貌、气质、智慧所吸引而出入于她的沙龙。有作家说她身上体现了“一种罕见的智力”与“一种出奇的美”的结合,“人们喜欢她,既是因为她的智慧,又是因为她的魅力。我们常常急切地到她那里聚会,她是我们的‘女议长’。”戈蒂耶更是说她是“美的不可抗拒的力量”。

波德莱尔在随戈蒂耶出席她举办的两次晚宴后就暗恋上了她。他在她面前有一种自惭形秽的自卑心理,因而不敢向她表示爱意,只得采取写匿名信并附情诗的方式来抒发对她的爱。

当萨巴蒂埃夫人第一次收到这样的匿名信和情诗后,读到最初的诗行,感到有一种美的满足:

你的面貌、举止和仪容,
美丽得就像美景一样;
微笑在你的脸上荡漾,
仿佛飘过晴空的清风。

悒郁的人走过你身旁,
看到你的双肩和臂膀
射出明光一样的健康,
会使他觉得眼花缭乱。

可当她读到后面的诗行时,尽管她曾经沧海,仍不免有点花容失色,因为那太另类且有性虐的色彩:

蹂躏你那仁慈的乳房,
惩罚你那快活的肉身,
在你受到惊吓的腰间,
划出又宽又深的伤痕,

然后带着无比的甘美,

再通过你那分外晶莹
而又美丽的新的双唇
输我的毒液，我的姊妹！

这首诗后来被收入《恶之花》中，它是被法院判处删除的6首有伤风化的诗之一，因为法官认定诗的最后两节血腥、淫秽，而且最后一行的“毒液”是指梅毒；而波德莱尔则坚称这里的“毒液”是指“忧郁”。

波德莱尔后来独自频繁地出入于萨巴蒂埃夫人的沙龙，与她相见甚欢，相谈甚乐。但他仍然以写匿名信并附情诗的方式来表达对她越来越强烈的爱。而今，波德莱尔官司缠身，他所希望能为他说话和打通关节的女性就只能是她了。可这时已到了8月下旬，离开庭只有两天时间，还来得及吗？但他顾不得这么多了，他还是给萨巴蒂埃夫人写了一封求助信，这一次当然是用真名，而且写得也感人：

这是我第一次用我的真名给您写信。如果不是被各种事务和信件压得喘不过气来的话（因为后天就要开庭了），我就会利用这次机会来请求您原谅我以前的几次愚蠢和孩子气的行为。

…………

福楼拜有公主保护。我没有这样的女性。几天前，我突发奇想，您也许可以通过一些复杂的关系和渠道，让那些有影响的大人物听到一句明智的话。

…………

我恳求您，从今以后我向您倾诉的任何事情，都请您作为秘密藏于心中。您是始终的伴侣和秘密。您对我有一种亲近感，所以我才能以这种亲密的口气与您说话，很久以来我就生活在这种对您的亲近感之中。

再见了，亲爱的夫人，我带着我全部的忠诚之爱亲吻您的手。

萨巴蒂埃夫人多少还是被这封信打动了，她联想到波德莱尔这些年来匿名写给她的情书和情诗，也真够这位诗人苦恋的。她立即找到她的一位熟人贝莱姆，贝莱姆是一位庭长，在司法界有相当的影响，她请他对《恶之花》

一案施加影响。

1857年8月20日，波德莱尔《恶之花》一案在审理骗子、妓女等的轻罪法庭开庭了。总检察官代理人皮纳尔当庭选读了《首饰》、《忘川》、《给一位太快活的女郎》、《累斯博斯》、《吸血鬼的化身》和《被诅咒的女人》(第一首)中的一些诗节和诗行，请法官注意之中的有伤风化和有损公共道德的描写。他又选读了《凶手的酒》、《圣彼得的否认》、《亚伯与该隐》和《献给撒旦的连祷》中的一些诗节和诗行，又请法官注意之中的有损宗教道德的描写。

波德莱尔的律师对他作了辩护。他也许是受了蒂埃里发表在《环球导报》上把波德莱尔拿来与但丁等作家类比的那篇文章的启发，他辩护说：波德莱尔只是描写了恶的客观存在，并不是肯定和拥护恶的存在。接着，他把皮纳尔选读的6首淫秽诗与法国著名作家、诗人拉封丹、莫里哀、巴尔扎克、拉马丁、乔治·桑、缪塞、贝朗瑞和戈蒂耶等人的作品的相关部分作了对照，说波德莱尔的这几首所谓有伤风化的诗是有其他的社会意义的，不能肤浅地认为是淫秽诗。

皮纳尔对波德莱尔似乎并未穷追猛打。后来，有人说他处于内政部、检察院的压力与他的良知的抗衡之间，也够难为他的了。他最后说，可以宽容对待波德莱尔，因为他的性格忧郁，心理或精神上不十分正常，与常人有所不同。但所选读的那些诗一定要惩处。

法官们经过合议后，当天就作出判决：对有损宗教的几首诗的指控不予支持，对有伤风化的6首诗的指控成立。判处《恶之花》的作者波德莱尔罚金300法郎，取消其公民权；判处《恶之花》的出版商马拉西斯和印刷商布鲁瓦斯罚金各100法郎，取消两人的公民权；彻底清除《首饰》、《忘川》、《给一位太快活的女郎》、《累斯博斯》、《吸血鬼的化身》和《被诅咒的女人》(第一首)这6首诗。

这个判决给法国的文学艺术罩上了浓重的阴影，也给法国的司法制度蒙上了耻辱的幽灵。被判有罪的6首诗在法国被禁止出版、销售达92年之久。直到1949年5月，波德莱尔和他的这6首诗才得以平反，当年的判决才予以撤消。

波德莱尔被判有罪后，一时成了公众人物。人们在街头巷尾摆谈他，在茶余饭后议论他。众多的人讽刺他，攻击他，丑化他。有作家发表文章，指责他“亵渎了美、青春、爱情、高尚……”；还有作家攻击他是一个十足的“恶魔诗人”、“坟墓诗人”和“尸体诗人”等等。报刊上还发表了丑化波德莱尔的漫画作品：一幅漫画画的是波德莱尔正在痴呆呆地嗅一束“恶之花”的花束。另一幅漫画画的是一位父亲指着女儿手上的一束黑色的花束，发怒道：谁把可恨的波德莱尔的“恶之花”塞到我女儿手中！还有一幅漫画画的是戴着绿手套的波德莱尔正在关注被众多苍蝇围着叮咬的腐尸。但是也有不少人支持他，声援他，特别是文学大师如雨果、福楼拜和圣伯夫等人。例如，雨果在写给波德莱尔的信中不无嘲讽地说：“你刚刚荣获了当局给予你的稀有的殊功，它名之为‘司法’的东西以它名之为‘道德’的东西判决了你有罪。”他高度评价波德莱尔，说“《恶之花》的作者创造了一个新的寒战”。

判决后的喧嚣虽然使波德莱尔烦闷，但眼下很现实的问题是要缴纳300法郎的罚金，可他这时正穷得叮当响，哪里拿得出这300法郎！找监护人昂塞尔要，他绝不会为他的丑事支付一个子儿；找朋友借，这时大多唯恐避之不及。他冥思苦想，突然闪现出一个大胆的念头，就是向皇后求助。经过十来天的犹豫，他发出了“坚信皇后的心会怜悯的”并“请在司法部部长那里为我说情”的信。第二年1月，波德莱尔的请求竟然被批准了：300法郎的罚金被减至50法郎。而具有讽刺意味的是，几乎同时，他作为爱伦·坡的译者、研究者和艺术评论家，获得了公共教育部100法郎的奖金。

照理说，他还赚了50法郎，但他就是拖着不缴50法郎的罚金，直到司法执行机构三番五次索要和催促，他才在判决10个月后缴了罚款。但他对法院的判决很不服气，感到气恼。那一段时间，人们明显地感觉到他对判决的不满。小说家龚古尔两兄弟在咖啡馆碰到他时，就发觉他以他的异样来表示抗议：“波德莱尔喝着咖啡，他光着脖子，不系领带，头发也剃光了，穿得像一个要上刑场的人一样……他的脑子像一个疯子的脑子，声音利如刀刃……他以人们难以想象的愤激，坚决否认自己的诗有伤风化。”

这一段时间，他确实闷闷不乐，抑郁烦躁，火气也大，这对他的心理产生了不良影响。他食不甘味，寝不安眠，有时还头痛、恶心，感觉浑身乏力，而且时有头晕目眩现象。特别是一天夜里，他疲惫地上楼走进房间时，好像神经抽搐似的疼痛起来，紧接着脑子里痉挛了一下。他下意识地猜疑起来，是不是年轻时的荒唐行为留下的祸根发作，刺激了脑血管而导致痉挛？波德莱尔在读高中时，与几个花花公子同学在小酒馆喝酒认识了一个叫莎拉的妓女后,去寻欢作乐过几次,还为她写了3首情诗。他为此染上了性病。同父异母的哥哥在对他严加责备后,还是给钱并介绍医生为他精心治疗。而今,难道淋病或梅毒发作了？他心里担忧起来。

好在一段时间后,他的疼痛和不适感消失了,他又基本恢复了正常,而且还收获了实质性的爱情。

波德莱尔在开庭前两天写给萨巴蒂埃夫人的求助信也附带有一点情书的色彩。萨巴蒂埃夫人看到波德莱尔暗恋了她5年并为她写了多首爱情诗，不免动了恻隐之心，而且也似乎芳心暗动，因而为波德莱尔的官司找了法官。现在,波德莱尔败诉了,她决定以爱抚来表示对他所受司法不公的安慰和回报他对她几年来的爱。她写信请他到她家里来。波德莱尔来到她家后，她对他当面表示了安慰并进而表示了爱意。波德莱尔惊喜万分,他没料到天上会突然掉下爱的馅饼,让他多年想尝却未尝到而今竟轻易尝到了。他终于突破了对她的柏拉图式的恋爱,两人翻云覆雨,共沐于深深的爱河之中。

波德莱尔在自己心境平复一些后,又开始创作一些诗文。但由于受官司败诉与身体和心理不适的影响,他的创作力已不如从前,两年来只写了35首诗和几篇文章。他将35首诗交给马拉西斯,马拉西斯将它们加入到《恶之花》中,并删除了法院判决的6首禁诗,还增辟了“巴黎风光”栏目,在1861年2月出版了《恶之花》第二版。

《恶之花》第二版发行后立即引起内政部部长的警觉,他向上打报告想再次问罪于波德莱尔。但《恶之花》第两版经两年前上任的总检察官审阅后，认为诗集“既有奇特的想象力,也有无耻的地方,但没有特别明显的罪迹,建议不予起诉”。总检察官是两年多前为波德莱尔辩护的律师的父亲。他的意见为分管大臣所接受，而且分管大臣认为对诗集起诉后还可能发生预料不到的后果,同时会为诗集做广告宣传。这样,波德莱尔逃过了这一劫,不过他对此并不知情。

《恶之花》第二版发行后,评论界仍然对它褒贬不一。有人认为《恶之花》“是魔幻诗人的血淋淋的幽灵”;也有人批评诗集“阴沉、消极、堕落”和“从未有过的变态”;还有人指责诗集展示的是“可怕的怪诞的画卷(例如《腐尸》等)”,是一本“危险而有害的书”。而在正面评论《恶之花》的一方,有人认为:

“无论是从节奏的高贵上，还是从诗集制造出大胆效果的庄严自尊的态度上，都让人深受震动”；而著名诗人李勒更是公开赞扬《恶之花》，他说诗集“表现了奇异和力度，在丰富和沉郁的多样性中显得非常一贯，而且具有新的观念，显示出诗人高度深思的有力的印记”。波德莱尔在被判有伤风化罪和其后几年社会对《恶之花》的褒贬中成了名人和著名诗人。有专业、业余诗人为他献诗，街头巷尾有人向他致意或伸出友好之手，更有人认为他成了年轻一代诗人和诗作者的领军人物。

但他此时显得平和淡定了，而且在他赢得了梦寐以求的对萨巴蒂埃夫人的爱情后，又开始要攻占下一个爱情高地了。其实，他早在1847年到蒙马特尔和圣马丁门等剧院看戏时就结识了一个叫玛丽的女演员。但不知怎的，过了很长时间，玛丽才走进波德莱尔的生活中。玛丽出生于1827年，18岁即开始登台表演。她有一头金灿灿的头发，一双诱人的眼睛，一张白中透红的面孔，她身材苗条，走起路来摇曳生姿，是一个令人心动的金发碧眼美女，因而她被称作“碧眼维纳斯”。

波德莱尔是在看了她主演的《金发仙女》后，暗暗爱上她的。为了见她，他又两次看了《金发仙女》，并为她创作了《献给金发仙女》一诗（此诗后改名为《无法挽回的悔恨》）。后来，他通过自己的朋友、诗人、剧作家邦维尔和布瓦耶认识了玛丽，于是他们俩就有了单独在一起的机会。而当玛丽不在身边或外出演出时，他就给她写信或写情诗。可是，玛丽已经是邦维尔的情人。为了获得她的芳心，并进一步接近她，他想只有为她写剧本，并让她出演主角。于是，他闭门谢客，在家中笔耕了多日，剧本写成了，定名为《醉鬼》。他立即宴请玛丽，并把剧本给玛丽看，还为她朗诵了剧本中的精彩台词。他殷勤地告诉玛丽，他将推荐她出演该剧的美丽的女主角。玛丽十分高兴，对他表示感谢，于是两人的关系开始升温。

但是，推荐玛丽担任《醉鬼》的女主角并非易事。剧院经理的妻子因曾与玛丽争演《金发仙女》的女主角失败而忌恨玛丽，由于她的反对，玛丽出演《醉鬼》女主角一事被搁下来。波德莱尔转而求另外的剧院，但《醉鬼》要排上演出日程还有待时日。可玛丽想尽快上演，因而与剧院经理闹翻，她只得离开剧院，加盟巡回剧团到意大利演出。这一段时期，在巴黎的波德莱尔给在意大利的玛丽写了好几封信，对她流露出思念之情；玛丽也从意大利发回几封情意绵绵的信。两人进入了恋爱期。

可是,一段时间后,巡回剧团的老板破产了,玛丽没有了工作。着急的波德莱尔只得请演员朋友和大名鼎鼎的乔治·桑向又一家剧院的经理瓦埃兹推荐玛丽。玛丽在对波德莱尔的尽心尽力表示感谢后,也发出爱意,于是两人在情缠意绵后堕入了爱河。

乔治·桑的帮助最终没有奏效,波德莱尔以为她没有真心帮忙,他还刻薄地数落了她。这是错怪乔治·桑了。玛丽却为此灰心丧气,不久与波德莱尔的关系就逐渐冷却,她又重新回到邦维尔的身边。邦维尔生病后,玛丽还照顾他。就是出国演出,玛丽也带着邦维尔一起,让他在国外养病。

留在巴黎的波德莱尔始终忘不了玛丽,他依然爱她,并为她写了《献给一位圣母》等十来首情诗,并把对玛丽的思恋注入诗中,当然,这种思恋仍带有一种波德莱尔式的另类:

圣母啊,我的恋人,我要为你建筑
一座地下祭台,在我的痛苦深处,
而在我心中最黑暗的角落里面,
远离世俗的欲望和嘲笑的视线,
挖一座壁龛,把它漆得金碧辉煌,
在里面供着你,令人惊叹的雕像。
用我琢磨的诗,这纯粹的金属网,
上面巧饰着水晶韵脚的点点星光,
做一顶巨大宝冠,装饰你的头颅;
再用我的嫉妒,哦,凡俗的圣母,
好好给你裁一件番邦式的外衣,
笔挺而厚实,还用猜疑做它的衬里,
让它像个岗亭,将你的魅力禁锢;
不用珍珠绣花,而全用我的泪珠!

玛丽的离去是波德莱尔心中的痛,因为这个眼波灼人的碧眼情人确实给他带来过心灵的震颤和肌肤的快感。他在赠送《恶之花》第二版时,其亲笔题词仍充满爱意："赠给亲爱的玛丽，我的感情的证明。"但是，他知道她与自己的好友邦维尔的罗曼史更深，况且她的清高和易变对他的自尊也造成一种微妙的内在伤害。因此，渐渐地，他就用时间、酗酒和短暂的艳遇来冲淡对她的思恋。直到两年后，他又在一家剧院后台结识了一个叫贝尔特的女孩，并与这位丰满、漂亮和有着棕黑色茂密头发的小演员密切来往后，他才把对玛丽的情爱转移到了贝尔特的身上。贝尔特成了波德莱尔的最后一个情人，但时间短暂。

《恶之花》第二版出版后，波德莱尔的人气更旺了起来，他俨然成了法国的著名诗人。他在沾沾自喜之余，加上朋友的鼓励和支持，就萌生出要去竞选法兰西学士院院士的念头。1861年11月，他递交了申请书，并拜访或写信给一些院士，进行公关活动。但当他意识到自己可能只能得到两三张票的时候，就偃旗息鼓，放弃了竞选。

可是，他一个美梦断了，后又做起另一个美梦来：1863年初，他想当皇家剧院院长。只是由于这一届院长在他做了大半年美梦后获得文化骑士勋章，被再次委以连任，他的美梦才破灭。

他有点心灰意懒起来。可这意志一旦松弛下来，身体就感觉不适了。他感到头痛，有时又恶心，眩晕，进而觉得神经突突地跳痛，甚至痉挛。他在笔记中记下了这些不祥的感觉："无论是精神上，还是肌体上，我现在是坠入深渊的感觉，不仅仅是失眠的深渊，而且还有行动、梦魇、欲念、不满、悔恨、恐惧等等深渊。"在间歇了一段时间后，在1864年初，他有一种麻木的感觉，他心想是某种疾病在侵入他的大脑和肌体。

不久，波德莱尔的身体不适有所好转，但却对周围厌倦起来，他还说对整个国家都感到无聊。他一想起从《恶之花》的被判有伤风化罪到竞选院士和想当剧院院长等一系列的失败，心里就难受，脑子里不断冒出报复的念头，甚至要写一本书来反对整个法国。他这时想离开法国到比利时去。到那里看看画廊，为《比利时独立报》写一些文章，将文艺评论集和《人工天堂》的版权卖给布鲁塞尔的书商，再在比利时开一些讲座，会见一些文人等等。他打报告给公共教育部部长，申请出国经费，遭到拒绝，可这更坚定了他离开法国的决心。

1864年4月，波德莱尔抵达比利时首都布鲁塞尔，住进了饭店。最初几天，他游览市容，感觉这座城市不错，有点新鲜。然后，他在来接他的画商斯蒂文斯的带领下，参观了一些画廊。可是，他感到并不像之前想象的那么丰富多彩，这令他有点失望。接着，斯蒂文斯把他引荐给比利时的画家和美术界的领军人物，他又与一些记者、出版商和作家见了面。这大概就是初来乍到的一些"热身"吧，好在比利时打拼奠定基础。

波德莱尔开始了他在法国就策划好了的讲座。他的第一个讲座是《作为画家和人的德拉克罗瓦》。德拉克罗瓦（1798—1863年）是法国的著名画家，创作有上万幅作品，其中油画有上千幅，代表作有人们十分熟悉的《街垒上的自由神》和《希奥岛的屠杀》等。波德莱尔的演讲获得了听众的热烈反响，他取得了成功。不过，成功的因素中有题材的关系，他选对了德拉克罗瓦这位在比利时也为人们所熟悉的大师。接下来，他又开了4次讲座和一次晚会，但均没收到预想的效果。他特别邀请了出版商拉克罗瓦，想请他在听讲座或参加晚会后商谈出版自己的艺术评论集事宜，但拉克罗瓦不愿意来。讲座的失败和拉克罗瓦的不友好态度弄得他心绪极为不佳，他很快就厌恶起比利时来，而且对拉克罗瓦也不无恨意。由于在布鲁塞尔的无所作为，他从昂塞尔那儿拿到的一点年金很快花光，他沦为穷光蛋。这样的窘境和恶劣的心情自然又导致了他失眠、头痛、晕眩，接着又感到恶心、肠胃抽痛、腹泻。他怀疑是不是老毛病又来作祟了。

在他快要穷困潦倒之际，他写信给母亲让她寄了一点钱。他又可以进酒馆，与文艺圈的作家、艺术家聚会。他还恢复了与马拉西斯的联系，并消除了两人因出版事务上的一些不快。马拉西斯1862年11月因挪用资产（其实更主要的是他出版了对当局不利的书籍）而被捕入狱，5个月后出狱，即离开法国来到比利时。波德莱尔从朋友处得知雨果夫人对他有好感，于是他被朋友推着去拜访了雨果夫人及两个儿子。雨果此时正在流放地英国的根西岛，只是间或来到布鲁塞尔与家人团聚。此后，波德莱尔常常被雨果夫人邀请去参加聚会或共进晚餐。雨果夫人感到波德莱尔精神有些异常，她在他身体不适时派医生去看他，确实对波德莱尔很友好。可是，波德莱尔却写信告诉母亲：雨果夫人是半痴，两个儿子是全痴。不过，他也对人说起雨果夫人对他的关心和照顾，说她是一个好女人。到了1865年夏，雨果来到布鲁塞尔，波德莱尔尽管讨厌沾名人、伟人的光，但他还是去拜见了这位法国文坛的盟主。拜见后，他写信告诉他的母亲，说雨果使他感到厌烦，让他感觉厌倦。

这就是与人不易相处的波德莱尔的怪诞性格和怨恨的心理。不过，他来到比利时后还是办成了一件事，那就是1866年2月让马拉西斯出版了他的又一本诗集《残骸》。这本诗集的出版令他像孩子一样高兴，因为诗集除收入了他青年时期的一些诗作和刚刚完成的一些诗作外，还收入了在法国被判有罪的6首禁诗。

从几年前他感到恶心、晕眩和神经跳痛以来，他常常处于身体不适的状态。他最初以为是水土不服等，后来仔细回忆，才发觉在法国也曾发过病。只不过到比利时后，他的病发作得更频繁罢了。例如1864年5月的讲座失败后，特别是1865年2月受到著名诗人马拉美的赞扬之前，均发过病。他当时太阳穴一带疼痛，膝关节和背部有些僵硬和疼痛，继而发起烧来，全身发冷，发抖，眉棱骨跳痛，使得眼睛难以睁开，这样折腾了一整夜，直到早晨才勉强睡着，醒来后又大汗淋漓，而且疲乏不已。几天后，他给自己的母亲写信时对自己发病的情况作了这样的描述：

> 现在病情有所缓解，趁这个机会给你写信。过去的一个星期，感冒、神经痛和风湿痛轮番向我袭来，造成我双眼肿胀，难以睁开，我感觉精神快失常了，心里难受至极，简直是不如死。而且你知道，我肠胃也很不好，常感恶心、呕吐，有时也腹泻，只是在明亮温暖的季节才好一点。前两个月，头痛又伴着失眠，或者睡着了，到了半夜又惊醒了，是因为疼痛和发烧所致，这样常常发冷、发抖好几个小时，直到天明才疲乏不堪地睡去，而醒来时又冒出一身虚汗和冷汗，如此睡也疲倦，不睡也疲倦，真是痛苦的煎熬！后来，想利用失眠的夜晚来写作，但肌体的疼痛和心里的难受使之无法实现。特别是上一个星期，我越来越痛苦，而在痛苦的折磨下，勇气是很快就要丧失的，除非是被动的勇气。真是既痛苦又无聊，精神快崩溃了，意志力也放弃了……

此后，波德莱尔发病的次数就较原来频繁了。过了10 个月，他又发作了一次“使人愚蠢和疯狂的神经痛”。他当时感觉脑海中浓雾翻滚，波涛汹涌，精神像是一会儿上天，一会儿入地，云里雾里，完全无法思维，而且持续时间长达半个月。他不想过多地耽误写作，就用绷带浸上镇静剂液，紧紧地包住头部，同时他还较大剂量地服用鸦片、洋地黄、莨菪和奎宁。可不久，在1866年1月，他因到邮局取包裹在风雨中受寒而再次发病，他再次晕眩、恶心、呕吐，呕吐物带蛋白状和泡沫状，有时又感到眼前突然一黑，差点晕倒，或者过一会儿手脚麻木。这样一连几天，不能下床走动，不然因晕眩而可能摔倒。只是到了2月份，他的病情才有所缓解，并逐渐好转。

但在巴黎的朋友们得知他的信息后，对他担忧起来。他的好友阿塞利诺给他写信就表示了这种担忧，并要求他把自己的病情告诉在巴黎的朋友们，朋友们可以为他在巴黎咨询一些医生。于是，他给阿塞利诺回信，叙述了自己的病情：

> 我现在坐着看书写作已感困难。将近两年来，我经常发病。上一次发病颇为厉害，剧烈的神经痛，僵硬的关节，尖锐的关节痛，一直痛了半个月。一天晚上，疼痛又开始，我痛得在地上打滚，爬起来又摔倒，只得靠在柜子上。一会儿呕吐开始了，白色的泡沫，黄色的蛋白，后来好像吐出了胆汁。头痛欲裂，天旋地转，然后四肢长久的麻木。医生开了一大堆吗啡、颠茄、洋地黄和奎宁，还有镇静剂和松脂，说可以治神经痛。又让我服维希水、蕨根草等，说可以治晕眩。但这些都没有太大的作用，头晕依旧，痉挛依旧，神经痛也没有消除。后来，医生说我有点歇斯底里症，让我不要看书写作，不要喝酒和咖啡，连茶也不能饮，在天气好的时候，多外出散步。可是，天啦，我当时连路都走不稳，基本上是瘫在床上，怎么能多散步呢？

阿塞利诺和几个朋友把信拿给他们熟悉的巴黎医生看，这位医生也认识波德莱尔，并给他看过病。医生认为波德莱尔的病十分严重，但必须当面问询和检查，才能诊断和开药。

波德莱尔还是比较遵从医嘱的，天气好的时候，他就出来散步了。但是，1866年3月的一天，他与朋友罗普斯等不仅是散步，完全是旅游了。他到了离布鲁塞尔几十公里外的那慕尔，并住在罗普斯的家中。他再次参观当地的教堂，并高兴地观赏着精美的忏悔堂。他走着走着，突然晃动了一下，就倒在了一个台阶上。看来，他中风了。朋友们把他扶起来，送回罗普斯家中。到了第二天早晨，他神志不清了，起不了床。朋友们立即把他抬上火车送回布鲁塞尔。在车上，他叫人把门打开，而门本来就敞开着的。朋友们感到他的精神状况出现了不祥的预兆。

可是，回到饭店后，他神志似乎又清醒了，而且也能活动，还能看书并提笔写字。他立即给母亲发出一封让她别担心的信。过了两天，他还去拜访了雨果夫人哩。但从雨果夫人那儿回来后，他就不能写东西了。他又头晕目眩起来，而且右侧身体连同右臂右腿也麻木了，他只得卧床了。现在，波德莱尔写信只得靠口述了。也许是他口述信件太累，他病情恶化了，他的中风性质的跌倒而今终于导致右侧身体的瘫痪，脑子也开始软化，话也说不出来了。在布鲁塞尔的朋友们纷纷来看望他，雨果夫人及儿子也几乎每天都来探问病情。雨果夫人写信告诉雨果说："波德莱尔的心智开始失常，有神经方面的疾病，这造成他的忧郁症。他算是完了。这疾病几乎完全摧毁了他的脑部，大家对病情感到绝望……这实在是很悲哀，因为他的精神是很稀罕的。"

波德莱尔既瘫痪又失语，朋友们只得把他转入慈惠姊妹会开设的疗养院。疗养院的医生与随同来的克罗克医生会诊后仍然认定是中风——右侧半瘫加失语症。这时波德莱尔的监护人昂塞尔受波德莱尔母亲的委托已抵达布鲁塞尔，他要求医生们尽全力医治波德莱尔。他还对波德莱尔的朋友马拉西斯、罗普斯和斯蒂文斯等人说，他虽然给波德莱尔的年金较少，但波德莱尔的账户上的余额还有4万法郎，足以支付任何昂贵的医药费。

不久，因波德莱尔不信教，新的问题又出现了。修女们把他推到院子里阳光下，教他发音，他还勉强"嗷"、"嗷"地发出声来；但当她们教他画十字时，他则一动不动，闭上眼睛。这使修女们十分不满，并很快让整个疗养院上下都知道了。而且波德莱尔病情恶化后更显得急躁、易怒、不耐烦，有时一生气还用另一只手摔东西，这似乎也未得到修女们的理解。

波德莱尔72岁的母亲只得拖着腿病，亲自来到布鲁塞尔，也住进了儿子所在的旅馆。她与女仆悉心照料自己的儿子。她除了让儿子吃得营养，睡得舒服外，有时在和煦的阳光下，请斯蒂文斯或其他朋友与她一起，扶着儿子，带着手杖，慢慢地散步，并给儿子讲他小时候的调皮或玩乐的经历，逗得儿子不时发出"咯"、"咯"的笑声。一段时间后，波德莱尔的气色显得不错，身体也似乎康复一些了，他吃得香，睡得好，还常常散步。医生和朋友们都认为他的肌体有所好转，只是精神方面似乎看不出有多大的起色。

但是，大家一致认为波德莱尔还是要尽早回到法国。老朋友阿塞利诺和已回到巴黎的昂塞尔等人到车站迎接波德莱尔。阿塞利诺看到波德莱尔由斯蒂文斯扶着，左臂搭在斯蒂文斯肩上，手杖由一根绳子系住吊在衣服的扣子上。波德莱尔看上去精神尚可，但目光有些凝滞和异常，表情显得有些痴呆，没有以前的聪慧和灵动。当他走近阿塞利诺时，阿塞利诺眼泪似乎就要涌出来，但阿塞利诺强忍住并给了他一个微笑。他发出与以前不一样的大笑，而且是一个长长的大笑。这让阿塞利诺心里一惊，"难道他真的疯了吗?"后来阿塞利诺回忆道。之后，波德莱尔向阿塞利诺点了点头，耸了耸肩，阿塞利诺也回应了相应的动作，他这时感到波德莱尔好像还是正常的。

1866年7月，波德莱尔住进了条件较好的一家疗养院。经过一段时间的医护，波德莱尔似乎有了进一步的好转，院长和医生也认为波德莱尔有希望。但医护费用也大大增加了。于是，尚弗勒里、阿塞利诺、邦维尔和李勒等文朋诗友给公共教育部部长写了一封信，为波德莱尔申请一笔治疗费。同时，3位院士圣伯夫、桑多和梅里美也分别致函公共教育部部长，也为波德莱尔申请医疗费。在他们的信中，对《恶之花》只字不提，只是高度肯定波德莱尔是杰出的诗人、作家和爱伦·坡的译者等等。申请的医疗费被批了下来，只有500法郎。当波德莱尔得知朋友们对他的帮助时，他十分高兴和感谢，一连发出一串串的声音，像是呼唤这几位朋友的名字，其中勉强能听出的一个发音好像是"梅—"、"里—"、"美—"；他对公共教育部部长也表示感谢，尽管他只获得很少的500法郎。

医院尽了全力医治波德莱尔，但效果不大。尚弗勒里建议用音乐来对波德莱尔进行辅助治疗。于是，请来两位大家熟悉的女士，为波德莱尔弹奏优雅舒心的钢琴。同时，朋友们还为他举行小型聚会或烛光晚宴之类的活动，以激起他愉快的心情，帮助他更快地恢复健康。波德莱尔为朋友们的友谊而感动，他心情也十分高兴，常常在开心的时候"哞—"、"哞—"地发出声来，并吃力地辅以一些小动作。但是，当这些活动结束后，他又默默地痴痴地待着，或者陷入一种忧郁状态。朋友费力地弄清楚了他原来是希望朋友和出版商帮他出版全集，这是他患病前就有的最大愿望。可这要有一些具体的部署和操作，短时间内哪能做得到呢？

波德莱尔的病情到底还是恶化了。朋友们来看望他，他做出的反应从明显到不明显，而现在基本上没有什么反应了。他不再“嗷—”、“嗷—”或“哞—”、“哞—”地发音，不再哼唱，也不再大笑，模样木讷呆傻，神情悒郁黯淡，眼睛散淡发直，长时间躺在床上而不愿下床活动。不久，发现他腰部出现伤口，紧接又出现好几个伤口，稍有动弹就疼痛难忍，医生怀疑是一种可怕的坏疽。年迈的母亲一直守候在他的身边。他久久地睡着了，但眼睛却似乎是睁开的。

此时在布鲁塞尔的马拉西斯通过阿塞利诺等几位朋友关注着波德莱尔的病情。知道波德莱尔患过梅毒的马拉西斯，他在多次翻阅一本医书的《失语症》一章后认为，波德莱尔的瘫痪与并发的失语症，应该是由梅毒导致的，当然也与酗酒和过度使用兴奋剂有关。他哀叹他的朋友的不幸是难以逆转的了。

1867年8月31日，波德莱尔因中风和脑出血逝世了，似乎没有痛苦，也没有挣扎，而是面带微笑地死在他母亲的怀里，享年47岁。

魏尔伦：
堕落酒鬼与恶魔少年的同性畸恋

魏尔伦(1844—1896年)，法国象征主义代表诗人之一。生于法国东北部的梅斯。其父原籍比利时的卢森堡省，系一工兵上尉军官。其母家道殷实，溺爱儿子。父亲退役后，全家迁入巴黎。魏尔伦入小学和波拿巴中学读书，毕业后入巴黎大学法学院学习，但不久弃学。1858年开始写诗，1863年开始发表诗作，1866年出版处女诗集《感伤集》。在保险公司做过短期职员，旋即进入政府部门做小职员，7年后离职。1870年结婚。因酗酒、放荡、怪诞而打骂妻子。1874年被判与妻子分居，11年后被判离婚。先后与诗人兰波和学生等同性恋，并开枪打伤兰波而获刑两年。1871年巴黎公社期间站在起义人员一边。后又当过教师，做过农场主等。一生因嗜酒成癖，穷困潦倒，死于肺充血。他却执著于诗歌艺术，并获“诗人之王”称号。代表作有诗集《智慧集》、《爱情集》和《无词浪漫集》。主要作品有诗集《好歌集》、《游乐图》、《平行集》、《女人集》和《肉》等。

1868年春，魏尔伦24岁时，随同学和好友勒佩蒂耶出席了一女雕塑家的晚宴。在宴会上，他认识了青年音乐家希弗利；之后，又在拜访希弗利时认识了希弗利同母异父的妹妹玛蒂尔特。玛蒂尔特是一个16岁的清纯少女，美丽可爱，苗条迷人，而且家道殷实。

魏尔伦对玛蒂尔特一见钟情，他暗下决心：一定要把她娶到手。回到家后，他开始想念起玛蒂尔特来，玛蒂尔特迷人的音容笑貌和绰约的风姿倩影在他脑海里鲜活起来，他为这个可遇而不知是否可求的尤物伤感以致苦恼起来。幸好，这一次他没有像以前那样以酒浇愁，把苦恼诉诸杯中物，而是开始为心中的恋人写下一首爱情诗《说真的，我几乎害怕》：

请原谅我是这样直率，
告诉你时我胆战心悸。
日后我要遵循的法规，
来自你的欢声和笑语。

你的举手投足，或者
一个映眼和一次言行，
就足以使我整个放弃
最美好最明丽的憧憬。

魏尔伦就是这样在对玛蒂尔特的思恋中，写下了一首首爱情诗，并把这些诗结集为《好歌集》。

这一段时期，魏尔伦的生活和工作比以前好酒贪杯的日子规矩多了。他在机关上完班就回到家里陪母亲；有时与朋友一起外出喝酒，也比较克制；穿戴也讲究起来；对人也彬彬有礼起来。他是希望有人把他的这些表现传递到玛蒂尔特和她的父母那儿。

1869年10月初的一个晚上，在希弗利的示意下，魏尔伦鼓起勇气，拉着他的母亲（父亲已死）去拜见了玛蒂尔特的父母莫泰夫妇。魏尔伦在这天晚上的表现没有多少可挑剔的。他的母亲似乎喜欢上了玛蒂尔特，而这个未来的婆婆也给玛蒂尔特留下了不错的印象。次日，莫泰夫妇在回访魏尔伦家时，对他母子俩的家居环境不太满意，认为有些寒酸。于是，莫泰先生把魏尔伦的求婚搁置下来，但并未否定。

可是，魏尔伦却坚定了信心，他开始频繁地拜访莫泰夫妇，与玛蒂尔特见面。他在未来的岳父母面前礼貌周全，谈吐不俗，表现得体。莫泰先生虽然最初对他不十分满意，但这时也开始认可他了。于是，每一个周末，他受到邀请，与莫泰一家共进晚餐。他让莫泰夫妇答应他带他们的女儿到音乐会听音乐，去歌剧院和喜剧院看演出，回自己家参加朋友的小型聚会。玛蒂尔特就这样认识了魏尔伦的一些文朋诗友和其他艺术家，并聆听他们朗诵诗歌，讨论作品，演奏乐曲，即兴绘画。经过近九个月的来往，两人关系密切起来，并开始谈婚论嫁。

两人的婚礼定于1870年6月29日举行。可是，好事多磨：未婚妻子病了，她得了天花，备受病魔的折磨。魏尔伦焦急起来。不过，他很快学会了安慰未婚妻，还把自己印出不久的诗集《好歌集》送到了她的床头，并献诗一首：

可是在这幸福的时刻，
可恶的病魔把你争抢，
我一片柔情化为恐惧，
不许我靠近你的病床。

不要害怕，我的爱人，
相信吧，幸福的人们，
不久也会把我们羡慕，
我们的爱情无穷无尽。

可是，在玛蒂尔特的天花好转后，魏尔伦的母亲又病了，真是急得魏尔伦坐卧不安，婚期只得再次延期。

这时，法国与普鲁士的战争已经爆发，魏尔伦担心自己将被征兵。在这种惶恐的心态下，在战争的硝烟里，魏尔伦与玛蒂尔特在1870年8月11日举行了婚礼。婚后，他俩的亲友如希弗利、靳佩蒂耶等人均被应征入伍，而他作为政府机关职员被人替代上了战场。不过，他受岳父爱国热情的感染和出于对好友的支持，他还是向军队报了名，穿上军装，一半时间在防御工事值勤，另一半时间在机关上班。

可是，不多久，魏尔伦嗜酒的老毛病犯了。一天晚上，玛蒂尔特等丈夫从防御工事回来。直到半夜，丈夫才东倒西歪、酩酊大醉地回到家里。妻子不高兴地责备了一下丈夫，可丈夫却反唇相讥，从此后吵架就成为两人关系史的重要内容。魏尔伦心烦意乱，他不想值勤，也不想上班了。他向军队的上司请假，说机关有紧要事要做，离不开；又向机关办公室负责人请假，说近一段时间要连续去部队值勤。可是不久，这一欺骗行为被发现，于是他遭到处分——被关禁闭。心疼他的妻子去探望他，并带给他衣物用品和烟茶食品。

这之后，魏尔伦厌恶了兵役，他情愿去机关上班也不愿意去值勤了。恰逢这时巴黎爆发了起义，巴黎公社诞生了。魏尔伦拥护巴黎公社，并参与巴黎公社的工作。但巴黎公社很快就遭到镇压，魏尔伦害怕了，他惊慌不安，先是躲在家里，后又躲到乡下，时刻盼望着这提心吊胆的日子早早过去。

局势平静后，魏尔伦回到巴黎。他收到好友布列塔尼的来信，信中附有一个叫兰波的小青年崇拜他的长信和5首诗。他读完兰波的5首诗后，惊叹发现了一个天才。当他把兰波的诗推荐给诗友们时，又收到了兰波的第二封信和3首诗。他读完3首诗后，立即决定要让兰波到巴黎来发展。

兰波接受了魏尔伦寄的路费，揣着魏尔伦的书信来到了巴黎。魏尔伦第一眼见到兰波时，感到他好像天使般呈现在自己面前，小伙子是那么年轻，才17岁，又那么英俊，充满童稚，充满灵气。魏尔伦整个儿被兰波迷住了。

这时的魏尔伦已放弃了政府机关的工作，靠过去的家底和利息生活。他与兰波彼此阅读着对方的诗作，然后一起研讨，不时也争论几句。几天后，魏尔伦发觉兰波对他的《好歌集》中的诗并不看好，兰波在有意无意间把那些流露出对玛蒂尔特的爱意的诗句加以揶揄，使得魏尔伦为自己对妻子的正常爱情反而感到尴尬，他感到兰波似乎比自己强悍，自己却有些懦弱。

两人谈累了，就上街闲逛，这一来巴黎的大大小小酒馆就成了他们常去的地方。喝了酒，两人的言谈就轻浮起来，举止就狎昵起来，到后来就勾肩搭背，以至拥抱接吻，产生了恋情。

兰波在莫泰家没住多久，就开始惹是生非了。也许是他看不惯魏尔伦那娇嫩欲滴的妻子，就有意无意把房间和周围环境搞得既脏又乱，而且把自己也弄得邋邋遢遢的，刺激着冰清玉洁的玛蒂尔特。后来他还对她出言不逊，又打碎了她的物品。他甚至抱走了她祖传的象牙做的耶稣受难像，那是她的心爱之物。魏尔伦费了很大力气才让他还了回来，但已有所污损。更有一次，兰波竟然敞开衣服，直挺挺地躺在莫泰家院子的地面上晒太阳，引起附近邻居观看并窃窃私语，这大大丢了体面的莫泰夫妇的面子。

兰波自然在莫泰家待不下去了。魏尔伦只得求他的文朋诗友接待兰波。诗人克罗最先把兰波安顿到自己家里。可是不久他就把兰波赶走了，因为兰波把发表有他诗作的期刊一页一页撕下来作卫生纸用，那可是他特别珍爱的杂志。兰波离开克罗家后混迹于流浪汉中，穷困潦倒。魏尔伦只得在诗人和作家中发起捐款。他请诗人邦维尔为兰波找到一个住处。兰波一走进房间，就把衣服脱光，扔出屋外，赤裸裸地站在窗前。这一下又引起路人的围观，并对他指指点点，好不热闹。邦维尔生气了，他却解释说：他不能穿着生满虱子的脏衣服弄脏了这间干干净净的房间。邦维尔只得给他换了干净衣服。但是，他不脱衣服，不洗脚就上床睡觉，两三天后洁白的床单就被他污染了。更有甚者，他砸碎了盥洗用具，还卖掉了房间里的几样家具。邦维尔也只得把兰波撵走。兰波又无家可归了。魏尔伦又只得到处央求朋友们为兰波找住处，但因兰波名声不佳，大家都不愿意自找麻烦。恰巧不久前克罗倡议成立了一个俱乐部性质的诅咒诗社，诗社设在一家旅馆里，诗人们就在这里聚会。魏尔伦说服了在诗社值班的音乐家卡巴奈，让兰波住进了诗社的房间。卡巴奈为朋友们的诗作谱了一些曲子，但他更以他的怪癖出名，否则兰波酗酒，吸大麻，讲下流话，白天睡觉，晚上闹腾的乱七八糟的生活他怎么容忍得下去呢？

可是诅咒社很快垮了，加之兰波酗酒和吸毒超过了卡巴奈能忍受的底线，因此卡巴奈也不欢迎兰波了。魏尔伦不得不再次求助于朋友们，大家凑钱给兰波租了一个简陋的阁楼间。这一下好了，魏尔伦与兰波有了一个不受人干扰的独立空间。他俩形影不离，穿戴怪异，出双入对，一时引起人们异样的目光，后竟至成了巴黎市民茶余饭后的谈资和笑料。但两人仍我行我素。兰波继续着他的邋遢生活，任头上和身上都长出虱子。而魏尔伦也学兰波肮脏的样，长期不换衣，不擦鞋，戴着油光光的帽子，穿着皱兮兮的外衣，蹬着泥土点点的鞋子，就闯入人家一尘不染的厅堂。

更令人难以容忍的是，两人不避讳在大庭广众之下搂搂抱抱，亲亲热热，不时还出言不逊，甚至动粗。一次，勒佩蒂耶邀请他俩赴宴。席间，勒佩蒂耶谈到他向一支送葬队伍致敬时，遭到兰波的嘲笑和奚落。勒佩蒂耶不高兴了，叫兰波闭嘴。可兰波突然发起飙来，抓起一把餐刀，站起来指着勒佩蒂耶。勒佩蒂耶惊了一下，很快用一双大手把他按回到座位上，让他动弹不得，说一个顽劣孩儿难道把大人吓住了不成，再这样就把他一脚踢到楼下去。兰波怎斗得过身强力大的勒佩蒂耶呢？只好忍气吞声，喝闷酒。散席后，兰波直骂勒佩蒂耶是"烂丘八"、"放狗臭屁的家伙"。

魏尔伦在这两人的冲突中不停地打圆场，一个是他的同学和好友，一个是他的同性恋人，哪个他都不能得罪。但私下里，他更离不开兰波。他为兰波吃饭、喝酒埋单，支付兰波的生活费和零用钱，他完全把兰波供养起来了。尽管这时他的儿子已经出生，需花大笔钱，但他仍不减少对兰波的资助，一个月用在兰波身上的钱超过他以前一年在机关上班挣的工资，致使他很快入不敷出。他只好卖掉一部分书，后又索要到他姑姑的遗产六千六百多法郎。于是，两人又醉醺醺地出入于酒馆中。魏尔伦就是在离开兰波的日子也不忘对他的关照。例如他外出几天时，就把兰波请回到自己的房间住，并叮嘱妻子为兰波做早餐。

玛蒂尔特已十分厌恶兰波了，她会照魏尔伦的吩咐去做吗？玛蒂尔特十分清楚，兰波插入她家的生活后，丈夫与兰波整日整夜地泡在一起，完全不顾家，也冷淡甚至恶化了夫妇之间的关系。魏尔伦容不得妻子有半点伤害兰波的语言。一次，魏尔伦在玛蒂尔特面前谈到兰波在书店顺手牵羊拿书去卖的事。玛蒂尔特回答道：这说明兰波品行不大好。这一下就激怒了魏尔伦，他突然抓住刚睡下的妻子臂膀，用力把她推到床下。夫妇俩的关系就这样越来越恶化。

半个月后的一天，魏尔伦与兰波看完话剧《被抛弃的女人》后，喝酒喝到第二天凌晨才回家。魏尔伦醉得东倒西歪，妻子责备了他几句。他又冒起火来，吼道："被抛弃的女人原来在这里！你是我的老婆吗？我要杀了你，杀了儿子！我要烧死你们！"说着，他要点火烧掉衣柜。这时玛蒂尔特叫女仆拿起火钳，对着他，逼使他离开燃着火的壁炉，回到自己的房间，两个女人急忙把他反锁在房间里。中午，魏尔伦睡醒后，自然受到莫泰夫妇的狠狠批评。他立即表示忏悔，哭天抹泪地请妻子原谅，并跪在妻子的面前吻她的手，说他多么爱她。此事不知被谁泄露出去，登在了报纸上，一时闹得沸沸扬扬，魏尔伦成了被揶揄的新闻人物。

可是，不多久，魏尔伦又故态复萌：酗酒，发酒疯，道歉，悔恨，循环往复。魏尔伦与兰波成了巴黎十分扎眼的一对同性恋情侣，也是两个无业游民。玛蒂尔特担心家庭的钱财被丈夫扔到酒里。她把6万法郎的股票交给婆婆保管，以防魏尔伦把股票卖掉；又与婆婆策划重新为魏尔伦找工作。两个女人办了一桌酒席，请来魏尔伦原工作机关的办公室主任与勒佩蒂耶和他的女朋友一家等12人。可是开席大半个小时后，魏尔伦才酒气熏天、跌跌撞撞地进来，而且不停地唠叨着“婚姻、家庭让我受够了；女人、孩子真令人讨厌！”众人惊愕不已。自然，原本有希望恢复的工作泡汤了。

可是丑事并不止此，更吓人的事情还在后头。严冬一个夜晚，魏尔伦又醉得踉踉跄跄地回到家里。也许是他在外面受到了刺激，情绪激动，烦躁不安。莫泰夫妇让人把冷咖啡热了送给他，以平稳他的情绪。可他故意找碴儿，对着妻子说：“这么冷的天气，你父母却给我吃冷咖啡。拿钱来，我出去买热咖啡。”妻子说他是黑白颠倒，找借口。这一下，又引爆了魏尔伦的脾气。他扑向妻子，抓起她膝上3个月大的儿子就向墙上扔去，然后又把妻子摔倒在床上，用膝盖抵着她胸口，并掐她的脖子。妻子的凄厉叫声引来父母，父亲提起魏尔伦的后衣领，把他拽了起来。魏尔伦愣了一下，冲出房门，奔向他母亲的家。幸好，儿子因严冬有很厚的襁褓起缓冲作用，撞到墙上后落到柔软的床上，未造成多大伤害。可玛蒂尔特却受到精神刺激和皮肉之苦，她病了。医生给她出具了脖子和身上有淤斑和伤痕的证明。她在家待了几天，就到南方养病去了，开始与魏尔伦分居。魏尔伦酒醒后，为自己的暴行感到惊愕，也觉得自己太过分了。他向岳父母要妻子在南方的地址，打算写信去致歉并安慰她，但他们不给他地址，只是说可以把他的信转给他们的女儿。魏尔伦自讨没趣，灰溜溜地走了。但很快他就聊以自慰：我自由了，可以有更多的时间与心爱的兰波在一起。

但只要与兰波在一起，就不会有什么好结果。妻子离家两个星期后的一天，魏尔伦带着兰波与诗友们在一家酒馆聚餐。席间，一位诗友朗诵自己的诗作。兰波忍受不了这首诗的朗诵，就由低声咕哝到“妈的”骂出声来。一旁的摄影师兼诗人卡尔亚叫兰波不要打断朗诵，要讲文明，并说兰波是一个只知酗酒的黄毛小子。兰波这时有点醉了，他火冒三丈，冷不丁抽出他身旁一位诗友的长剑，刺向斜对面的卡尔亚。顿时厅堂里一片混乱，魏尔伦立即夺下兰波手中的剑，并一折两段。幸好卡尔亚只受了一点轻微伤——身上留下一道约八厘米长的划痕。还不仅如此，兰波与人发生矛盾时，甚至不惜把硫酸倒入人家的啤酒中或在人家的牛奶里下毒药。诗友们一致要求驱逐兰波，并警告魏尔伦再也不许带兰波来。但魏尔伦难以割舍兰波，他只得忍痛与朋友们疏远了。但同样是因为他与兰波的关系，妻子也疏远了他。分居多日的妻子传话来：必须赶走兰波，否则她不会回来。

可是，魏尔伦宁肯牺牲家庭也要维持他与兰波的关系。于是，莫泰夫妇及其女儿只有诉诸法律了。这一来，魏尔伦有点害怕了，他答应赶走兰波。他来到兰波处，给了他一笔钱，但仍受到兰波的一顿责骂。不过，他最终还是说服了兰波到巴黎以北170公里的阿腊斯，后又回到老家。

玛蒂尔特这才回了家。魏尔伦开始规矩起来，较少喝酒，并按时回家吃饭。几天后，他靠了母亲的关系，在一家保险公司找到一份文员的工作。家庭又恢复了平静和正常的生活。

可是好景不长，才两个月，魏尔伦就思念起兰波来。他偷偷给兰波写信，说他想死他了，他一定要让他回巴黎，并寄路费和生活费给他。5月上旬，兰波回到巴黎，于是灾难重又降临玛蒂尔特的家庭。一次半夜，魏尔伦面带痛苦地回到家里，玛蒂尔特发现他右手腕有两处伤口，右腿有3处伤口。魏尔伦说是练剑术不小心受的伤。可是几天后，与魏尔伦和兰波在一起玩的朋友悄悄告诉玛蒂尔特，是兰波把魏尔伦划伤的。当时兰波说3人玩一种游戏，叫他们俩把手伸出来放在桌子上，兰波迅速拿出一把小刀向魏尔伦的手腕划去，而他见状立即缩回手才未受伤。出酒馆后，兰波又冷不防给魏尔伦的腿上划了3刀，痛得魏尔伦哇哇直叫。但兰波却恶狠狠地调侃道：权当是对所爱的人抛弃他的惩罚吧。

玛蒂尔特这才知道兰波又回来了。打这以后，魏尔伦的放纵、酗酒、吵架、打闹又成了家常便饭，而且酗酒后的胡作非为和暴力行径重又抬头。一次，玛蒂尔特劝魏尔伦多顾一下家和儿子，与兰波少来往。这又惹恼了魏尔伦，他揪住妻子的头发又打又骂，接着划燃一根火柴要烧她，他把火柴插入她的头发中，幸好火熄灭了。他不解气，抓住她的手，狠狠地挖出血痕，又向她嘴唇击了一拳，血从她的嘴唇渗了出来。

几天后，魏尔伦也像兰波那样玩起刀剑来。他与妻子稍有龃龉，就拿出刀子在她面前比划，说要杀了她。一次，两人在朋友家吃晚饭，魏尔伦又喝醉了，他威胁玛蒂尔特，说要杀掉她和儿子。玛蒂尔特让朋友夫妇劝住魏尔伦，她则赶回家，把儿子从自己房间安顿到父母房间。一会儿，魏尔伦发觉妻子不见了，气冲冲追回家，凶狠地拔出刀子要杀母子俩。这时莫泰早有准备，一只手扭住魏尔伦的前臂，另一只手把刀击落，厉声地斥责他，叫他立即睡觉。

魏尔伦耍弄刀剑的后果，使他在酒后一连伤了两三个朋友，后来竟至殃及大名鼎鼎的法朗士。一次聚会，一位诗友朗诵到魏尔伦《好歌集》中的一首诗。这是魏尔伦曾经思恋玛蒂尔特的爱情诗，他本应高兴才是，但因此时他与兰波的关系而让他觉得是对他的嘲讽，因而感到郁闷，于是大杯大杯喝个不停，神志也开始不清了。法朗士感觉不妙，就迅速离开了。哪知魏尔伦很快就追上来，紧紧扭住他，要他等聚会完了一起走，并用刀子抵住他的胸口。他俩就这样僵持着。后来法朗士瞅住魏尔伦疏忽的一瞬间，飞快地跑开了。法朗士回到家，发现胸口有一个淤血的紫斑。他想，如果他不及时逃开，等待他的就是魏尔伦的刀子刺进他的胸膛。

不过，在不喝酒的时候，魏尔伦还是正常的。他去保险公司上班，回家后也写一点诗，其中不乏爱情诗。可是，当兰波读到他发表在报刊上的爱情诗时，就妒火中烧：哼，还在与臭老婆卿卿我我，看我不拿一点颜色给你看！兰波说到做到，他写了一封数落和责骂魏尔伦的信，准备与魏尔伦中断关系。当他来找魏尔伦时，正好魏尔伦也来找他。两人进了一家酒馆。于是，兰波诉说自己生活上的艰苦，居住环境的恶劣，他必须离开这讨厌的地方；而他的恋人魏尔伦却在与那个臭婆娘夜夜恋乐。他摊牌了：要魏尔伦在他与玛蒂尔特之间作出选择。选择玛蒂尔特就留下来，选择他就一起出走。魏尔伦央求他别太绝情。但魏尔伦拗不过兰波，最后还是选择了兰波，并跟他出走。

1872年7月的一天晚上，两人登上了开往阿腊斯的火车。到站后不久，两人被怀疑是逃犯而被请进警察局。弄清事实后，两人被遣送回巴黎。魏尔伦没有回家，跟着兰波坐上开往兰波家乡的火车，然后从那儿偷越国境，到达比利时首都布鲁塞尔，住进一家旅馆。

最初，这对情侣来到新的地方感到新鲜、刺激，他们整日价闲逛，游荡，无所事事；继而他们开始觉得无聊，于是进入一家家酒吧，痛饮狂喝，寻欢作乐，两人勾肩搭背、酒气熏天地东倒西歪在街头巷尾。时间一天天虚度过去，魏尔伦突然觉得该给妻子和母亲写一封信。两个女人这才知道魏尔伦在布鲁塞尔，她们稍微放下了悬吊的心。玛蒂尔特按他信中的吩咐，取出他的资料准备给他寄去时，发现了他与兰波的通信。她看到丈夫完全欺骗了她，他背着她一直与兰波泡在一起，而且兰波在信中向魏尔伦强烈地表示了对她的不满和无理，破坏他俩的夫妻关系。玛蒂尔特又惊又气，她非常失望。

几天后，玛蒂尔特冷静下来，认为不是她丈夫的错，责任全在兰波身上。她告诉了婆婆，并给魏尔伦写了一封信，说她将与自己的母亲到布鲁塞尔来接他回巴黎。清晨，魏尔伦来到刚到布鲁塞尔时下榻的旅馆(魏尔伦和兰波已迁出这家旅馆)，他见到还在休息的娇妻，娇妻一跃而起，两人拥抱在一起。玛蒂尔特倚在魏尔伦怀里，温柔地向他泣诉着。魏尔伦看到小鸟依人的妻子，那么美丽，那么可爱，一点都不计较他的过失，他十分感动，不由得从心里吟出一首情诗来：

我推开虚掩着的房门，
床上蜷缩着疲倦的你。
轻灵的娇躯生出爱的翅膀，
你喜极而泣，裸身跃起。

多甜的吻啊，多美的拥抱，
我也欢笑在泪眼蒙眬中。
这是我最悲酸的瞬间，
也是所有瞬间中最美的一瞬。

魏尔伦这时也心生爱怜，他觉得自己应该像男子汉那样呵护妻子了。但当妻子请他同她一道回巴黎时，他心里又犹豫了，他离不开兰波。不过，当他看到妻子温柔娇弱的凄楚模样和哀怨恳求的期待目光时，他的心还是软了，他答应跟她回巴黎。

翌日，魏尔伦与玛蒂尔特母女见面时，又是她们经常见到的那副醉醺醺的模样。显然，他离开她们后又与兰波在一起滥饮了一番。母女俩顾不得多想了，拉着魏尔伦上了火车。魏尔伦闷闷不乐，不久就在座位上睡着了。火车在边境线停靠检查时，母女俩发觉魏尔伦不见了。原来，魏尔伦告诉兰波他即将随妻子和岳母回巴黎时，遭到兰波一顿臭骂，兰波骂他是孬种、软骨头、没出息。兰波威胁他要跟着他夫妻俩回巴黎，然后自始至终缠着他夫妻俩，让他夫妻俩不得安宁。魏尔伦一下乱了方寸，没了主意，就一杯杯地灌酒，最后只得听任兰波摆布:中途下车,跟兰波走。

魏尔伦对妻子的绝情,使他自己心里也难过。他又悔恨,又痛苦,头痛失眠,一段时间他还请母亲到布鲁塞尔来陪伴他。不久,他与兰波又受到比利时警方的监视,那是兰波的母亲四处寻找儿子的结果。魏尔伦处于焦虑、敏感甚至幻觉中,他的健康开始走下坡路了。

玛蒂尔特和她的母亲对魏尔伦的卑劣做法和欺骗行为气愤不已。玛蒂尔特茶饭不思,夜不成寐,她头痛发烧,病倒了。莫泰夫妇看到女儿可怜的样子,感到只有与魏尔伦分居直至离婚才会使女儿从痛苦中解脱出来。

魏尔伦和兰波对布鲁塞尔开始有点烦腻了,加之对警方的暗中监视开始不安起来,于是决定出走英国。两人在伦敦安顿下来后,拜访了在国内就认识的朋友和流亡到伦敦的巴黎公社社员。但两人更多的时候是无所事事,在街上打望、流浪,这一对脏兮兮、破烂烂的盲流成了伦敦街头的一景。好在魏尔伦不久就觉得这样下去无聊透顶,他想到报社或公司去谋一份工作。但游手好闲惯了,严格的作息时间和紧张的事务使他畏葸不前,他转而回归文学。他又开始创作一些诗歌,诗中的情绪自然撩拨起他对亲人和家庭的思念,于是他想念起妻子来。

可是不久,玛蒂尔特向法院起诉与魏尔伦分居。魏尔伦哀怒交加:哀的是他本希望与妻子重修旧好,盼望与她团聚,现在这个希望可能会成为泡影;怒的是妻子在他开始想念她的时候竟向法院起诉要求分居,而且还把兰波牵扯进来,说他破坏他们的家庭。几天后,魏尔伦从母亲的信中知道有人向她打听兰波的事。兰波的母亲也来信说有人向她诉说儿子在外的不轨行为。她叫儿子尽快离开魏尔伦,回到她身边,让魏尔伦夫妇破镜重圆。

兰波在圣诞节前回了法国。而魏尔伦一个人闷闷不乐,孤独寂寞,以酒浇愁,忧虑着随时可能传来的法院关于分居的判决。他在这种糟糕的心态下度过圣诞节后就病倒了,而且似乎病得不轻。他感觉自己有点不行了,就给母亲、妻子和兰波发电报和写信。母亲和兰波一前一后来了,他一下就觉得病好多了。但母亲怎能与兰波相处呢?她在劝说儿子与兰波断绝关系并尽快回国与玛蒂尔特恢复关系之后,就回到巴黎。

也许是魏尔伦多少听进了母亲的劝告,加之他本意也并不想失去玛蒂尔特,所以他启程回法国。但他也受到法国警方的监视,因此他改为到比利时的那慕尔。他在那里收到玛蒂尔特的信，信中警告他不要打扰她，她是不可能见他的，等待判决吧。他本来是回国要好好与她谈谈的，现在最后的希望也没有了。他心灰意懒，不知所措。他觉得精神空虚，无聊又无奈，就又给回到家乡的兰波写信，有时甚至写上一些挑逗性的淫词艳语。他还越过边境线回到法国境内的色当等地与兰波相会，两人决定再度出走英国。

这次来到伦敦，魏尔伦规矩了些。他开始诗歌创作，又进一步学习英语，还当上了法语家庭教师。夜深人静的时候，他也想起妻子来，甚至有时不自觉地念叨起玛蒂尔特的好处，引得兰波醋意大发。于是，两人又不时爆发吵架、打斗。一般而言，总是兰波粗暴、凶狠地数落、责骂魏尔伦，说他软弱无能，反复无常，优柔寡断，婆婆妈妈，离了老婆就不自在，没有男人的味道云云。魏尔伦感觉受到侮辱、虐待，虽然有时忍气吞声，但也常常反唇相讥，并破口大骂兰波下流无耻、忘恩负义云云。兰波则更加火冒三丈，于是两人由谩骂到厮打起来，弄得两人特别是魏尔伦身上青一块紫一块。更有甚者，两人还动刀子。不过，他们用毛巾把刀子包起来，争吵激烈时，就拿刀口向着对方的脸、喉咙等处比划。有一次，两人在厮打中终于用刀子向对方刺去，魏尔伦被伤了胳膊，血从袖子里渗透出来；兰波前臂仅有一点划痕，无大碍。两人又哭又笑，然后彼此拥抱在一起，互相呼喊着“英雄”，并斟满酒，一饮而尽，直至醉倒在地。

两人的混乱关系引起流亡伦敦的巴黎公社社员们的议论，并进而遭到谴责，他们宣布他们这个革命团体再也不能容纳这两个品行不端的人。此外，伦敦警方也把对两人的监视结果转告了巴黎警方：“魏尔伦先生与兰波先生有一种不正当的关系，魏尔伦先生的妻子要求与其分居的理由之一就是基于这一确凿无疑的可耻事实的。”

两人骂骂打打，甚至动刀后也能和好如初，不离不弃，真是一对相互施虐受虐的怪物。但一件比这小得多的事情却使他们不辞而别。1873年7月的一天上午，魏尔伦图便宜买回一条快腐烂的鱼，被兰波当面奚落。突然，魏尔伦将手中的鱼朝兰波头上掷去，就跑进房间。兰波一怔，事后他才知道魏尔伦在市场上受到了人们的揶揄，正气不打一处出哩。魏尔伦把衣物塞进一个箱子，气冲冲地跑向码头，跳上一条开往比利时港口城市奥斯坦德的船。

魏尔伦一上船就后悔了，他立即给兰波写信，请他原谅，并希望恢复关系，但遭到兰波冷漠的回绝。他孤独无援，妻子也抛弃了他，他感到悲凉。不知出于什么心境，他突然给母亲、兰波的母亲、玛蒂尔特和几个朋友写信，说妻子3天内不到他这儿来就自杀。他这是说的真话吗？但不管怎样，他的老母亲急匆匆地赶到他下榻的地方来照顾他；兰波的母亲写长信来劝阻他；而他的妻子连信都未拆就扔了。他又给兰波发电报，请他来。这一次，兰波来了，但声称只待几天就要离开他回法国。

魏尔伦抑郁的心结并未解开来，空虚的心灵也未得到满足。他恨兰波冷酷无情，不善解人意，不愿与他长相厮守。而他的妻子早已过了3天也不来。他一次次地向肚子里灌酒，整天处于昏沉沉的状态中。7月10日早晨，他突然跑到一家枪支商店，买了一支手枪和几十发子弹，然后在酒馆泡了半天回到住处。他是为了兑现“妻子3天不来就自杀”的诺言吗？

中午，兰波说他想乘下午4时半的火车回巴黎，并向魏尔伦的母亲要20法郎去买票。魏尔伦一听说兰波要离他而去，就火冒三丈，他大声呵斥他，不让他走，不许母亲拿钱给兰波，并且把通向出口的门锁起来，还拿来一把椅子抵在门前并坐在椅子上。两人争吵起来。兰波面向着门背靠着对面的墙站立着，怒气冲冲地嚷着要走。魏尔伦突然站起来，吼道：“你既然要走，这就是给你的！”他掏出手枪，“砰！”的一声，朝着兰波左手方向放了一枪，兰波的左手腕被击出一个小洞，血流了出来；接着又是一枪，但第二枪打到了墙上。两人一下惊呆了。紧接着，魏尔伦瘫软了，兰波举着手大叫疼痛。魏尔伦发疯般地在房间乱窜，把手枪塞给兰波，求他向自己的太阳穴开枪。在魏尔伦悔恨地哭泣时，他的母亲已为兰波包扎好了伤口。

气氛平息下来后，惶恐不安的魏尔伦在母亲的陪同下带着兰波来到医院，医生为伤口消毒、上药、包扎，看来伤得不太重。回到住处后，兰波收拾行李，准备走。魏尔伦的母亲也支持他走，并给了他20法郎。魏尔伦不得不送兰波去火车站。但他仍哇啦哇啦地叫着，求兰波留下来。兰波不理睬他，坚持要走，他们到了一处广场。这时魏尔伦跑到前面，突然转过身来，他的右手伸进裤兜里握枪。兰波见状，吓得转身就跑。兰波向碰到的警察报案，警察立即逮捕了魏尔伦，并没收了他的枪。

魏尔伦被指控犯有杀人未遂罪而被关进监狱。魏尔伦与一群醉酒的疯汉关在一起，他受不了这个恶劣的环境，他意识到自己问题的严重性，他开始受难了。不过,他的母亲为他申请了自费单人牢房。他后来又写信给雨果,请雨果帮忙,替他跟他的妻子说好话。雨果答应帮助他,雨果的回信引起监狱长的震惊:一个罪犯竟受到一位大名人的关照。从此后,魏尔伦的伙食和处境就得到改善。但随之而来的是司法取证。兰波在魏尔伦入狱前未提到魏尔伦酗酒,这一次他强调了魏尔伦是因喝醉了酒而犯糊涂,是在神志不清的状态下误伤了他。但在兰波的行李中被搜出魏尔伦的书信和诗稿,其中一首同性恋诗的末行引起法官的注意:"爬到我腰上,蹂躏吧!"法官分别询问了魏尔伦和兰波,并涉及他们的隐私行为,还特别问到玛蒂尔特要求与丈夫分居是否是基于丈夫与兰波的不道德行为。更有甚者,几天后,法官带着外科医生对魏尔伦的生殖器和肛门进行了令他难堪的检查。结论是:魏尔伦身上带有主动和被动的习惯性鸡奸的痕迹。

尽管兰波向法官递交了撤诉书,尽力为魏尔伦开脱罪责,但体检的结论从另一方面加深了法官们的不良印象。1873年8月8日,布鲁塞尔轻罪法庭判处魏尔伦两年徒刑和200法郎罚金。8月27日,上诉法庭又作出判决,维持原判。

兰波在这之前已回到家乡夏勒维尔。他轻唤着魏尔伦的名字,在忏悔中写下了他的呕心之作《地狱一季》。10月,他到布鲁塞尔来取印好的样书,签送了一本给魏尔伦,托狱警带给他,两人并未见面。魏尔伦被正式关进了监狱。他这时已不受与兰波关系的干扰,就静下心来读书、创作,写出了《爱之罪》等19首诗。狱中的寂寞让他又思念起妻儿来,他一点也不想离婚。他给妻子写信,希望破镜重圆,但他却把过错推给妻子。终于,1874年5月的一天,他不愿面对的事实降临了:他从狱警转交给他的一张副本上看到巴黎民事法庭判决他与玛蒂尔特分居,同时他每月要支付对儿子的100法郎抚养费,支付四百多法郎的诉讼费。魏尔伦没料到会落到这步田地。他痛哭流涕,悲伤不已,不知道今后怎么办。其实,对这个无情的判决,他在入狱后应该是预料得到的:且不说他"离家出走","酗酒打人","与青年男子的关系异常"等已使他处于诉讼的下风,仅仅是他打伤兰波和对他的体检以及布鲁塞尔轻罪法庭对他的判决,就足以使他彻底败诉而翻不了身。

魏尔伦默默地承受了这个令他痛苦的判决。经过了3个月的反思,他向神父作了忏悔,皈依天主教。他的皈依获得了狱方的好感。这样,他的刑期被缩短，他被提前半年获释。

回到家乡不久，魏尔伦就给玛蒂尔特写了一封希望重归于好的信。但他得到的是“请勿打扰”的回答。

魏尔伦什么也没有了，他现在不知道该干什么。在无所事事的日子，他又想起了兰波。他通过一个朋友弄到了兰波的住址，就赶去见兰波。与以前见面不同的是，他这次不停地向兰波灌输耶稣、玛丽亚等，可是兰波完全不领情。兰波要把他带到酒店，他最初抗拒着不去，因为他发过誓再也不喝酒了。但禁不住兰波的劝诱，他很快又醉得一塌糊涂。两人东倒西歪地来到一条小河边。一人大声地呼喊上帝，另一人大声地挖苦讽刺。不一会儿，争吵白热化起来。在酒精的刺激下，两人越来越狂野，彼此厮打在一起。魏尔伦弱小一点，虽然他更为愤怒，但还是被兰波摔倒在地。兰波也随之精疲力尽地倒了下来。兰波躺下一会儿后，带着一身的泥土，疲惫不堪地回去了，而魏尔伦则被摔得半死不活。

尽管发生了这次激烈的斗殴，但两人并未反目成仇。魏尔伦对兰波既爱又恨，他还是忘不了他，且总是通过自己的和兰波的朋友打听兰波的情况，并寄信去。他在信中时而回忆两人的“友谊”，时而作皈依的劝诫，时而冷嘲热讽，时而带上低俗的荤言子。兰波有时也回信，但不时向他要钱，有时甚至要挟他，说不给钱就揭他坐过牢的短等等。他甚至去找魏尔伦的母亲要钱，但未见到人而作罢。魏尔伦开始讨厌起兰波来，他给朋友们打招呼，别让兰波知道他的住址，以免兰波利用自己对他的感情而受到他在经济和其他方面的敲诈勒索。但魏尔伦始终断不了与兰波的关系，他尽管在理智上讨厌他，甚至恨他，但在感情上仍然想念他，喜欢他。1875年12月中旬，魏尔伦给兰波写了最后一封信，但未得到兰波的回音。尽管如此，魏尔伦以后几年仍通过朋友们收集兰波的信息，关注着他，而兰波则在国内外到处流浪。

魏尔伦担心留在巴黎会触发人们对他的不良看法，于是决定再度赴伦敦，待人们把他淡忘一点后再回到巴黎。于是，从1875年4月至1879年年底，他辗转在英国的斯蒂克尼、波斯顿、伯恩茅斯和莱明顿等地教中小学，也做家庭教师。其间，他也回到过法国，在阿登省勒泰勒圣母学校教书。但在圣母学校教书期间，他试图恢复与玛蒂尔特的关系，也尝试与儿子建立良好的关系，但都失败了。后来他又犯了酒瘾，特别是与学生雷蒂努瓦发生同性恋，被校方辞退。

终于，他对吃粉笔灰厌倦了，决定在国内的田畴上试试身手。他让母亲拿出父亲的部分遗产3万法郎，买下了一处农庄。魏尔伦远离了喧嚣的城市，做上了他田园牧歌的好梦。他白天认真地学着干农活，傍晚怡然自得地在恬静的田野上漫步，静下心来时则又重操旧业——写诗或散文，《法国人法国游记》就这样完成了。到1880年年底，他的诗集《智慧集》自费出版了。他将诗集题上“赠给我的爱妻”的字样，通过玛蒂尔特的同母异父的哥哥希弗利寄给她，但她一页也未翻就扔还了哥哥。魏尔伦再次希望挽回与妻子关系的努力又落空了。

经营不到两年时间，农庄破产了。不过这对他没有造成太大的影响。他借这个机会，决定复出巴黎文坛。于是，巴黎的一些刊物又不时刊登他的一些诗作。但是，有害于身体的放荡生活和痛饮狂喝的老毛病又附上身了。别说戒酒，就是少喝一点，他就心慌意乱，有时还神经痛，失眠也越来越严重。他只得靠安眠药帮助睡眠。他已感受到自己的身体开始垮了，他这时才觉得以前稳定的工作多么重要。于是，他找到好友勒佩蒂耶，请他帮助恢复他原来的政府职员的工作。但一个有犯罪经历并被判过刑的人怎么会被录用进政府机关呢？他的希望化为泡影。可使他痛苦的事接踵而至，他的“养子”雷蒂努瓦患了伤寒，他只能眼睁睁地看着他的同性恋人病情急转直下，直至死亡。

魏尔伦人（他的“养子”）财（他的农庄）两空，一切又复归为零。他想在乡下放松一下自己的神经，并从事文学创作。1883年7月底，他又让母亲在乡下买下一处占地七百多平方米的院落。他确实在此开始认真地写作，并不时发表一些诗作和散文。可是，他到底耐不住寂寞，不久老毛病又犯了。他又开始挥霍，把钱扔到酒里。他的身体喝得越来越差，神经疼，浑身发抖，昏厥，失眠，看病的钱也没有了。就是在这种情况下，他也不改同性恋的恶习，与几个小混混乌烟瘴气地搅在一起。酒使他彻底堕落了。这种堕落伤害到外人，还难说他是否产生自责的心理，但伤害到爱他庇护他的母亲呢？

魏尔伦每次大醉而归，都搅得家里紧张不安。他喜怒无常地向母亲要酒钱，母亲若不给，他就大吵大闹。母亲总是让步，而他却贪得无厌，弄得母亲惊恐不安，痛苦不已，全然不顾母亲已是七十五六岁风烛残年的老人。这时，魏尔伦获悉玛蒂尔特进一步向法院提起离婚诉讼。他去巴黎想阻止这个诉讼，但失败了。法庭于1885年2月8日判决两人离婚。玛蒂尔特后来与一来自比利时的工程师结婚。魏尔伦从巴黎回来后，心情特别沮丧，心里十分空虚，心中非常不满，动不动就发火，摔东西。母亲见状既担心又害怕，在儿子几次威胁她要钱的情况下，躲到附近一个邻居家。一天，魏尔伦大醉而归。他又向母亲要钱，发现母亲不在，就大声叫喊，发脾气，以至谩骂不止。终于，他火气冲天地闯入邻居家，抓起母亲的手臂就往回拉，疼得母亲呼痛不已，泪流满面。母亲不愿随他回家，他则吼叫着说不给钱就杀她，说着就从衣兜里抽出一把刀子。这一下吓得老人面如土色，昏倒在地。邻居夫妇见状，迅速打掉他手中的刀子，并用力把他搡出门外。好在魏尔伦醉得无力还手，否则后果不堪设想。

第二天，魏尔伦清醒后，来了个恶人先告状。当然，邻居反诉他打骂母亲，甚至要杀母亲。这时魏尔伦的母亲对儿子已经哀莫大于心死，出来为邻居作证。在法庭调查过程中，魏尔伦发觉越来越对自己不利，于是向法庭表示悔改。他说他是喝多了酒，意识不清，才动粗和威胁要杀人的，他其实是爱母亲和孝敬母亲的。可怜天下父母心，哪怕儿女再做了对不起父母的事，父母最终还是要原谅儿女的。魏尔伦的母亲这时推翻了原来的供词和证词，反而为儿子辩护起来，谎称儿子从来没有做过对不起她的事情，是喝了酒所致。但是邻居的供词得到附近更多邻居的证明，这为法官所采信。于是，魏尔伦在1885年被判处一个月的徒刑并处500法郎的罚款。这个量刑是比较轻的，显然是慈母为他的辩护起了作用。

一个月后，魏尔伦一出监狱，就把母亲买下的七百多平方米的院落贱价卖出，亏了一千多法郎。他将换来的钱付了500法郎的罚款，剩下的很快又喝光了。他重新陷入穷困之中，他真的是一无所有了，只得住进巴黎的贫民窟。不过，他在精神上或感情上还是有一点财富的，那就是1885年6月1日在雨果庄严、盛大的葬礼上，玛蒂尔特在来宾册上仍用“玛蒂尔特·魏尔伦”的姓名签名，当然，这是最后一次。

魏尔伦住在又脏又烂的恶劣环境中，仍忘不了喝酒。他整天喝得昏头涨脑，步履踉跄，浑身邋遢，形容枯槁，口吐白沫，满嘴胡话。他挨着一家一家的酒店进去，一些伸着黑黢黢的肮脏小手乞讨的小乞丐尾随着他，有时又有张开猩红的大嘴巴露出一排排焦黄牙齿的妓女与他打情骂俏。他周围大多是一些破落户、捡破烂的、盲流、逃亡犯和不三不四的闲杂人员。魏尔伦落到这步田地，也真够可怜的。二十多年的酗酒，加上畸形和不洁的性生活，已经严重地损害了他的健康：肝硬化、糖尿病、心衰（心脏肥大）和性病引起膝关节积水及腿部溃疡。才41岁的壮年，看起来像近六十岁的老人。

不过，尽管在如此糟糕的环境中，魏尔伦却没有忘记写诗。朋友们很快就知道了他的情况，他们来看他时为他恶劣的居住环境而震惊。好在与朋友们在一起谈天说地、吟诗作画时，魏尔伦褪去了满脸的病容，一扫枯槁的形象，显得活泼有趣，容光焕发。确实，魏尔伦只有陶醉在诗中，他才显露出他诗人的气质，甚至有一种气度不凡的名人形象；但是要他沉浸在酒中，他就变得庸俗和病态，甚至给人一种猥琐的形象。

但是，天气一旦变得阴冷和潮湿，他的腿病就加重。他的腿既痛又肿，只得打上石膏，不能行走。于是，只有他的母亲赶来照顾和护理他。母亲长时间的操劳，加上年事已高和魏尔伦二十来年对她造成的精神折磨，她身体变得十分虚弱。但她还是坚持在儿子床前忙前忙后。她终于病倒了，气管炎发展为肺炎，而且越来越重。她终于倒下了，但仍念叨着儿子的病情，盼望他早日恢复健康。到后来，她吃不下饭，药物也不能减轻她的病情。她终于再也不能起床了。她临死时，魏尔伦竟然无法与她见上一面，因为他的腿被夹板固定得不能动弹，用担架抬入母亲的房间，又过不了狭窄的通道。这真是人间亲情的悲剧！具有讽刺意味的是，魏尔伦母亲的葬礼竟是已经离婚的玛蒂尔特代他参加的。在葬礼结束时，有人告诉玛蒂尔特，说魏尔伦对母亲的精神折磨，加速了他母亲的逝世。

但是，魏尔伦在失去这个唯一支撑着和爱着他的亲人后，心里特别痛苦、失落和悔恨。可这一切都晚了，也许他终身会为此受到良心的谴责。不过，在他山穷水尽的时候，母亲给他留下了2.7万法郎的遗产。令人意想不到的是，不知是出于什么原因，也许是他突然的良心发现，他将2.7万法郎中的2万法郎债券交给了前来处理他与玛蒂尔特经济纠纷的法官，以补偿他长期拒付给玛蒂尔特和儿子的生活费。可是他很快就为这一举动后悔，因为他喝光了剩余的款子，他又一贫如洗了。但他越穷越喝，越喝越穷。有一次，他又喝得发酒疯，他甚至拿出刀子，怒吼着要去杀死“掠夺”他财产的“老婆”。

魏尔伦就这样酗酒、流浪、肮脏、贫贱、痛苦、堕落。可他仍然拄着拐杖，拖着病腿，一瘸一跛地出入于给他带来不幸和苦难的酒馆。他似乎在向世人展示他的贫病交加和颓丧潦倒。他甚至一次在大街上荒唐地紧跟在他熟悉的“诗人之王”德·李勒后面行走，将自己肮脏、低贱的病体和受人歧视的流浪汉形象来与德·李勒的高贵、体面的形象和法兰西学士院院士的身份形成强烈的反差，以期引起路人的注目，让高贵者与他这个低贱者一同遭遇尴尬，失去体面。这是怎样的一种变态心理啊。

身体的不健康促使了他心里的不健康，而心理的不健康又加剧了他身体的不健康。他不得不频繁地住进医院，在他逝世前的将近十年时间，他住了二十余次医院，有将近四年的时间是在医院度过的。他一贫如洗，医疗费是由公共事业救济局支付的，因为文朋诗友们为他向公共教育部申请了旨在资助穷困文学家的医疗费。住院前期，心脏病、糖尿病、风湿病、淋巴炎、下肢脓肿、溃烂、膝关节硬化等等，一股脑向魏尔伦袭来，他忍受着病痛的折磨，整天昏昏欲睡。经过医院的治疗，他的病情减轻，可以自由地活动了。他开始写诗作文，产量颇丰，医生护士对他刮目相看了，同时巴黎文艺界的一些名人和他的朋友纷纷来看望他，一些欣赏他诗歌的贵妇人也捧着鲜花来拜访她们心中的大师。这更使医生护士对这位病人肃然起敬，他们对他精心治疗，他的病更为好转。魏尔伦心情开始舒畅，他对医院和医生护士有了感情。

这样一来，“饱暖思淫欲。”魏尔伦在医院没有了衣食之忧，邪念又开始复苏。这一次，他把欲念的对象放在3年前开始交往的青年卡扎尔身上。卡扎尔是一个颓废派诗歌作者，也是一个画家。由于他心仪于魏尔伦的诗才，甘愿为魏尔伦效力，他不仅包揽他的出版事务，也帮他处理一些经济问题和干各种杂活。魏尔伦由对他的依靠变得对他的专情，进而对他发生了“性趣”，欲与他共浴爱河。但魏尔伦未得到他性的回应，两人为此而分手。不过，半年后两人又重归于好，只是彼此只有友谊的成分，而没有了情和性的成分。

但是，魏尔伦出院后的日子就非常艰难了，他基本上是靠朋友们的施舍过日子。后来，朋友们为了维护他的尊严，决定组织义演，募集较多的资金，让他过上较长时间的稳定生活。可是，魏尔伦还没有享受到募来的几百法郎，钱就不翼而飞了。后来弄清楚了，钱是被他的情妇爱丝黛尔趁他不在而纳入了自己的私囊。

这是怎么回事呢？原来魏尔伦在同性恋不成之后，心灰意懒，空虚寂寞。他想起了母亲逝世后不久，他喝醉酒被一个叫玛丽的妓女勾搭上，他就顺势把她当作情妇，追求感官的享受，一起生活了三四个月。因此，他觉得异性恋来得十分容易，又不被人们指责，而且也令他快乐。于是，他又到以前喝过酒的一家酒店，找到他几年前光顾过的一个叫爱丝黛尔的妓女。两人住到了一起。但不久，双方缺点暴露，争吵打闹，然后又和解。如此反反复复，魏尔伦开始感到厌倦了，特别是在发现她有顺手牵羊的恶习后。可要他完全丢掉这个接近四十岁的风韵犹存的性感女人，他又有点舍不得。他又物色了一个当过演员和交际花的40岁的中年女人欧也妮。两人相处一段时间后，魏尔伦发觉她也有手脚不干净的毛病。一次，朋友们又将一次义演募集到的钱交给了魏尔伦。可一个多小时后，魏尔伦醉倒在路边，身上的钱一个子儿也不剩。魏尔伦和朋友们都认定是欧也妮拿走了他身上的钱，因为这几天只有欧也妮一人陪伴在他的左右。还有一次，魏尔伦后来把在国外讲演所赚取的钱900法郎交给欧也妮保管，可几天后，她说钱不见了。这显然是她独吞了，并编出谎言来骗魏尔伦。但同样地，魏尔伦也不愿与她彻底分手。于是，魏尔伦轮流与两个下贱的情妇苟合，与这一个闹了矛盾，就住到那一个那里去，与那一个有了纠纷，就住到这一个这里来。当然，与两个都扯了皮，就住到他后来又认识的一个叫丽丽的妓女那里去。这时的魏尔伦，真是堕落到了无耻的地步。他从母亲死后在把妓女当做情妇的背景下出版的诗集《平行集》，就是他寡廉鲜耻、道德沦丧的写照。

但是，在魏尔伦生命的最后几年中，也有出彩甚至辉煌的时候。1892年11月，他应荷兰书商布洛克之邀到荷兰的几个城市作巡回演讲。自此到1893年底，他又分别在比利时、法国和英国的几个城市演讲。在大多数演讲中，听众反应热烈，人们恭维他，夸奖他，争相索要他的签名，他赢得了大家的尊重。但也有少数几场演讲，受到了听众的冷落，甚至喝倒彩，那是因为他喝多了酒。回国后不久，他挟演讲成功的余晖，竟突发奇想，想要竞争法兰西学士院院士。消息传出，整个巴黎一片哗然和惊愕，一个有前科的流浪汉诗人想要挤进法兰西学士院，岂不是天大的笑话！最后结果不言而喻：魏尔伦得票为零。一些有识之士，包括他的好友勒佩蒂耶，对他有这样的评价：魏尔伦杰出的诗歌艺术已达到院士的水平，但他的人格和品行则差之甚远。

确实，魏尔伦的人品是为人们普遍诟病的，但他的诗才是得到文艺界公认的。这不，他在接近生命终点的1894年8月被选为“诗人之王”，登上了刚去世的德·李勒空出的位置。不过，尽管他获得了这个荣誉，却仍然无法摆脱“受诅咒的诗人”的行列。

魏尔伦获得“诗人之王”的桂冠并未能振作他猥琐的形象，强壮他病残的身体，改善他凄惨的晚景。他仍然拄着拐杖，拖着瘸腿，衣衫褴褛，臭烘烘地溜进酒馆，然后又醉醺醺一瘸一跛地乞讨着，直到恍恍惚惚、昏昏沉沉消失在昏暗的巷子里或跌倒在路边椅子上甚至水沟边。陌生人见到后，无不惊愕三分；熟人见到后，无不摇头叹息，有时扶他一把；朋友见到后，把他劝到一边，然后架着他回家。

他虚弱的身体一点也经不住折腾了。他患了感冒，咳嗽不已，头痛欲裂，呼吸困难。接着，胃部疼痛，呕吐不止；几天后，肝炎发作，腹部鼓胀，腿也肿胀起来。过了几天，他又发起烧来，而且越来越厉害，竟至胡话呓语连篇。医生用药后，病情似乎有所减轻。但晚上他因不舒服在床上挣扎而摔下床来。欧也妮扶不动他，就给他盖上毛毯。第二天女仆来后，两个女人才把他抬回床上。魏尔伦在时值1月的冷硬的地板上睡了这么久，病情又加重。医生检查后，他的肺部严重充血。这时，他脸色蜡白，脉搏细弱，呼吸越来越困难，不得不大口大口地喘气，显然他的心衰相当严重了。医生已经束手无策了。前来看望的文朋诗友个个面露戚色，有的不免唏嘘起来。

终于，魏尔伦生命的能量被毒辣的酒精和不洁的生活耗尽了。他于1896年1月8日死于肺充血，享年不到52岁。

兰波：
同性恋后的枪伤与非洲经商后的痛苦死亡

兰波（1854—1891年），法国象征主义代表诗人之一。生于法国东北部的夏勒维尔。其父是步兵上尉，在兰波6岁后再未归家。其母系农庄主的女儿，独自把兰波兄妹抚养成人。兰波中学成绩优异，10岁能用法语流畅写作，15岁获拉丁诗文比赛头等奖。兰波逆反心理较强，频繁离家出走。除写诗外，做过流浪汉、编辑、自由射手、教员、雇佣兵、马戏团售票员、监工、进出口商、摄影者、探险者和军火商等。1871年9月，兰波应魏尔伦之邀，来到巴黎。两人虽探讨诗歌，但也互相追逐，互相抛弃。1872年7月，两人前往比利时和英国，过流浪生活。1873年7月，兰波决定与魏尔伦分手时，手腕遭魏尔伦枪击受伤，遂回到家乡。后游历欧洲数国，还短暂参加荷兰殖民军。从1878年11月起，在塞浦路斯、也门和阿比西尼亚经商。1891年因右膝患肿瘤逝世。代表作有长诗《醉舟》和十四行诗《元音字母》及散文诗《地狱一季》。主要作品有诗集《彩图集》和《圣物盒》。

1891年8月24日夜，法国马赛圣胎医院接受了一个从火车站方向来的病人。病人十分瘦弱憔悴，看样子不到40岁，而且他没有右腿。病人痛苦的呻吟催促着抬担架的人急速把他送进医院。担架后面紧跟着一位神情焦虑的姑娘。医生立即把病人推进急症室。第二天，有人认出了这位重症病人就是久违了的法国象征主义大诗人兰波，其中有两位医生在3个月前还为他动过手术哩。

原来，兰波在夏勒维尔的罗什村家里养病一个月后，不顾母亲的极力反对，一意孤行地又离家出走，想回到也门的亚丁和阿比西尼亚（现埃塞俄比亚）的阿拉尔等城市继续经商。他由妹妹伊莎贝尔等人陪同，从家里乘火车经巴黎、里昂到了马赛，准备从马赛乘海船经地中海、苏伊士运河、红海到亚丁。可是，在里昂至马赛的途中，他感到腿根部疼痛起来，而且很快放射到上半身，后来右臂也疼痛并很快麻木了。他感到心里极其难受，恶心想吐，头昏目眩，终于忍不住呻吟起来。火车一到马赛，伊莎贝尔就雇人把哥哥送到3个月前他住过的医院。

经过医生的紧急治疗，兰波的病情有所好转，疼痛大大减轻，他还不时拄着拐杖，在妹妹伊莎贝尔的陪同下，到处走走看看。他打算过一段时间出院，再次圆他到西亚和东非的梦。

可是，一天夜里，他的疼痛又发作了，不仅腿根部，而且浑身上下到处都痛。紧接着，他的右臂麻木了，很快就瘫痪了。医生对他实施止痛治疗，他感觉疼痛稍有缓解。医生告诉伊莎贝尔：她的哥哥救不过来了，他将一天天走向人生那个最后的目标。原来，兰波经截肢后，病情得到短暂的控制，但现在发觉癌细胞扩散了，引起了全身疼痛。

兰波再也圆不了回到亚丁和哈拉丁等地的梦了，他不禁悲从心来，痛苦的眼泪不由自主地流了出来。而以前他是一个勇敢、坚强的汉子，从不为困苦和悲哀所压倒。他无力地躺在床上，陷入深思中，悲哀的眼神流露出一种绝望。他吃不下饭，有时勉强吞食下去，很快就吐了出来。他睡不好觉，有时好不容易睡着了，却又梦魇不断，噩梦折磨着他，重则从睡梦中惊叫而起，轻则胡话说个不停。昔日英姿勃勃的他变得憔悴不堪、形销骨立。

秋天来了，窗外天高云淡，落叶缤纷。而阴暗的病房却笼罩着一种死寂的气氛。兰波的疼痛越来越剧烈，他已完全不能忍受，医生给他注射吗啡的量越来越大。他的幻觉也越来越重，莫名其妙的甚至荒诞疯狂的话语令伊莎贝尔惊悚不已。他绝望了，想以自杀来了结自己的生命。当然，那只是他透露给妹妹伊莎贝尔的一个想法——他连自杀的力气也没有了。

伊莎贝尔按母亲的意愿，想让哥哥在生命的最后时刻接受忏悔，成为基督徒。在兰波身体和精神状况好一点时，妹妹请来神父，神父与垂危的病人单独交谈了很久。他离开兰波后告诉伊莎贝尔：你哥哥有崇高的信仰，他接受了忏悔，并皈依宗教。但是，天知道兰波是真的皈依基督教还是为了不让母亲和妹妹伤心而做做样子而已，因为他一直以来，就是截肢后回到罗什村，他都坚决地表示不信教。

兰波知道自己很快就要死去，他终于决定满足妹妹对他的好奇心，对她讲述了他近二十年来频繁离家出走后在国内外的经历。

1871年9月底，兰波怀揣刚写好的长诗《醉舟》和象征派诗人魏尔伦的信，用魏尔伦寄来的钱买了票，乘火车前往巴黎。

在火车上，兰波回想起前几次荒唐的离家出走，不禁哑然失笑。他去年8月第一次离家出走时还差两个月才满16岁。他好不容易到了巴黎，一下火车就被警察逮捕，因为他逃票，又无钱，还差一点被怀疑是小密探。他被关进监狱。不过聪明的兰波给老师伊桑巴尔写了一封信，请他为自己担保，并代他还了13法郎的票款。这样，他才被保释出来，先来到老师的姨母家，并在那里受到很好的款待，然后在老师的陪同下回到夏勒维尔的家。他第二次离家出走那一个月，刚好满16岁。他身上没有几个子儿，只得乘一段车，走一段路，饱一顿，饿一顿，靠同学、营房保安和伊桑巴尔的朋友（他听老师偶然谈起这个朋友并作为不速之客闯入这个朋友家）留宿，施以食物等。这样茫无目的走到比利时首都布鲁塞尔。可是，流浪久了，还是不好受，他又来到伊桑巴尔的姨母家。而伊桑巴尔辛苦地绕道布鲁塞尔后在姨母家找到了他。可这一次，兰波的母亲要伊桑巴尔和他的姨母把自己的儿子送交警察局，用国家的钱把儿子送回家。1871年2月，尽管高中逐渐恢复了因普法战争中断的课程，但兰波不去复课，又开始了第三次离家出走。这一次他买票乘火车来到巴黎。他手头几个子儿很快用完，他半饥半饱地四处流浪，只得与流浪汉为伍，与他们一起睡在屋檐下，睡在桥洞下，睡在货船上，甚至睡在煤灰上，全身上下又脏又臭。在饿得半死不活中，他突然想起在家里经常看到的漫画，漫画的作者基尔就在附近。他闯入基尔的画室，饿得实在无力，就不由得倒在椅子上睡着了。画家回来后，兰波讲述了自己的遭遇，画家同情地送了10法郎给他。但他很快花光了这笔钱，重又陷入饥寒交迫中，他只得饥肠辘辘地沐着早春逼人的寒气，风餐露宿、日夜兼程地跋涉，像乞丐一样回到家乡。

回家过了一个星期，3月18日巴黎公社成立。兰波支持起义者，随即创作了几首声援巴黎公社的诗。一个月后，他兴致勃勃地步行赶往巴黎，加入自由射手部队，为巴黎公社而战。但是，在巴黎公社遭镇压前，他离开了巴黎，艰辛地回到家乡。

经历了前几次的离家出走，这一次恐怕再不会有前几次的落魄了。因为他这一次赴巴黎是受魏尔伦的邀请。魏尔伦看了他寄去的几首诗，十分欣赏他的诗才，才让他离开穷乡僻壤的老家而到政治文化中心的巴黎来发展。也许魏尔伦和他的诗友们会把他当作新朋友予以美美地款待哩。他望着车窗外的美景这样美滋滋地猜想着。

魏尔伦和他的诗友克罗在火车站没有接到兰波。兰波径直步行到魏尔伦给他开出的地址。魏尔伦回到家，看到一个娃娃脸上镶嵌着一双迷人的蓝眼睛的少年正坐在他岳母的对面。他立即就喜欢上了这个衣衫不整的英俊少年，并把他安顿在自己的家里。

第二天，魏尔伦与兰波开始了马拉松式的长谈。兰波谈到他从小学到高中得意的学习生活，谈到家乡的闭塞、落后和愚昧，几次离家出走来到巴黎的艰辛和无助。魏尔伦给他介绍巴黎文学界特别是诗歌界的情况以及一些著名诗人的轶闻趣事。然后，两人互相阅读或朗诵对方的诗作，并在一起研讨、评论。

几天后，魏尔伦就带着兰波在巴黎四处闲逛，逛累了就溜进酒店，然后两人一杯接一杯地往肚子里灌酒。从此后，兰波跟着魏尔伦出没在大街小巷和各色各样的酒店里，并且常常是醉醺醺地彼此勾肩搭背地歪歪倒倒回到家里。这一来，魏尔伦的岳父母特别是他的妻子玛蒂尔特开始对两人反感起来。玛蒂尔特十月怀胎十分辛苦，而今儿子刚刚生下来，丈夫却带着一个陌生的少年在外鬼混、酗酒，完全不把娘儿俩放在心上。兰波对玛蒂尔特十分冷漠，也颇为不敬。玛蒂尔特和她的父母忙得不亦乐乎，他却丝毫不帮忙，反而当着他们的面，脱掉肮脏的衣服，直挺挺地躺在院子里晒太阳。不仅如此，兰波还打碎了玛蒂尔特的物品，抱走了她祖传的象牙做的耶稣受难像，并且有时还对娇气的玛蒂尔特出言不逊。于是，魏尔伦与妻子的关系恶化了，两人常常争吵，甚至魏尔伦有时还动手。兰波自然在这个家待不下去了。

魏尔伦只得请求朋友接待兰波，并在诗人和作家中发起捐款，以资助兰波。于是，兰波住进了魏尔伦的朋友家里或由他们为兰波找的住处。但兰波损坏东西，弄脏房间，加之生活习惯邋遢，为人处世糟糕，他在每一处都住不了多久，就被撵了出来。他一度又流浪街头，与一些乞丐或流浪汉为伍，饱一顿，饿一顿，睡涵洞，歇屋檐，蓬头垢面，衣衫褴褛。魏尔伦找到他，又请文朋诗友募捐，替他租了一个顶层的阁楼间，让他固定地住下来，以便不愁衣食地安心创作。

这样，兰波暂时有了一个固定住所。魏尔伦常常到这个固定住所来。两人虽然也在一起谈论文学，讨论诗歌创作，但很多时候却是无聊闲扯，浪费时光，又不时上街闲逛，到广场溜达。魏尔伦似乎受了兰波的影响，与他一样不修边幅，邋里邋遢，哪怕是去聚会或进剧院也是如此不合常规，不讲礼仪，引起朋友们异样的目光和不解的议论。在街头或巷尾，在剧院或酒店，两人肩并肩手挽手，目无旁人地走来走去或进进出出，就像一对恋人一样，这又惹得朋友们的一阵惊诧。朋友们规劝魏尔伦，但效果不大，以致魏尔伦的一位好友不得不在报纸上发表一篇关于魏尔伦近况的善意报道，其中有"人们看见诗人魏尔伦挽着一个少年的胳膊，就像在家里一样，边走边聊……那少年就是兰波小姐"这样讽刺意味的忠告。但魏尔伦对自己和兰波招致朋友们反感的举止却我行我素，对朋友们的规劝和忠告也一笑了之；他反而还认为自己是一位慧眼识珠的伯乐，发现了兰波这个不同凡响的人，而不同凡响的人其言谈举止怎么可能与凡夫俗子一个样呢？

更为糟糕的是，两人频繁地到酒店喝酒，而且一喝就醉，醉了就寻衅滋事，或者醉倒街边。有时魏尔伦酗酒回家后，就大骂妻子，甚至打她；有一次还要掐死她，扔掉儿子。妻子只得带上儿子躲开他。一次，与朋友聚会时，兰波用剑划伤了摄影师兼诗人卡尔亚的手臂；又在与人发生矛盾时往别人的牛奶中掺毒药，往啤酒中倒硫酸。兰波成了众矢之的，朋友们一致要驱赶他走。魏尔伦只得忍痛割爱，劝他回老家。

兰波离开后，魏尔伦与妻子的关系得到缓和。但兰波的离去却引起魏尔伦对他的思念。不多久，他背着妻子给兰波写信，并寄去路费和生活费，请他再到巴黎来与他一起生活。于是，兰波重新回到巴黎。可是，兰波恶习未改，酗酒、放纵、吵架、打架不断，而且在一次恶作剧中，用刀子两次划伤魏尔伦的手，3次刺伤魏尔伦的腿。妻子发现后，才知道兰波又回到巴黎。她要魏尔伦断绝与兰波的这种不正当的关系，可酒醉中的魏尔伦哪里听得进去，他大骂妻子，又对她拳打脚踢，还划火柴烧她，威胁说要杀死她和儿子。直到岳父出头干涉，他才清醒过来，后悔自己的言行。

魏尔伦在不喝酒且不与兰波在一起的时候，还是正常的。这时他也写一些诗，偶尔也有爱情诗。可当兰波读到这一点爱情诗时，不禁妒火中烧：他写信责骂魏尔伦与老婆亲热而冷落了他，并声称要与他断绝关系。两人见面后，兰波又要魏尔伦选择是跟着妻子玛蒂尔特留在巴黎，还是跟着他远走高飞。魏尔伦痛苦地选择了跟兰波走，因为他这时同性恋战胜了异性恋。

这对同性情侣趁着夜色悄悄离开巴黎。他们来到布鲁塞尔。两人又开始了流浪放纵、痛饮狂喝、寻欢作乐的百无聊赖的生活。其间，玛蒂尔特和她的母亲曾来布鲁塞尔请魏尔伦回家，魏尔伦口头答应了，但他最终欺骗了她俩，他舍不下兰波。两人又来到伦敦旅游。不久，玛蒂尔特在父母的支持下向法院起诉与魏尔伦离婚。在分居多年后，法院判处两人离婚。

兰波回到了家乡。魏尔伦孤独地留在伦敦，不久他病了。魏尔伦的母亲和兰波得到消息后赶到伦敦看他。他身体好转后，与兰波先后回过国。但一个多月后又返回伦敦。在伦敦，两人照常酗酒，醉酒后不仅寻衅滋事，丑态百出，而且在两人之间，也彼此谩骂，甚至厮打。一次，两人还拿出刀子，在对方头部比画，竟至在混战中向对方刺去。魏尔伦被刺伤了胳膊，血流了出来；兰波被划伤了手臂，是轻伤。两人又哭又笑，然后拥抱在一起，互相呼喊着“英雄”，并继续斟满酒，一饮而尽，直至醉得不省人事。

这一对互相施虐和受虐的同性恋人，最终还是因为一件小事酿成悲剧而导致不久后的决裂。1873年7月3日，魏尔伦因买了一条半腐烂的鱼回来受到兰波的嘲笑而与兰波发生争吵。他这一次感觉受兰波的气受够了，就愤然离开兰波，跳上一艘开往比利时的船。可他很快就后悔了，立即给兰波写信，要求恢复关系，遭兰波回绝。他这时感觉异常孤独，妻子要与他离婚，兰波也不原谅他了。他分别写信给母亲、兰波的母亲和玛蒂尔特，说他将要自杀；3天后又给兰波发电报，请他来见面。他的母亲和兰波先后来到布鲁塞尔。这一对冤家又是商谈又是争吵，兰波终因魏尔伦想脚踏两只船而决定离开魏尔伦——乘下午的火车回法国。这时，魏尔伦突然抽出手枪射出两颗子弹，一颗击中墙壁，一颗击中兰波左手腕。兰波举起左手，痛苦地喊叫起来，血流到地板上。魏尔伦一下瘫软了，又突然向上一蹿，把枪塞给兰波，求他朝自己开枪——他要自杀。魏尔伦的母亲为兰波简单包扎后，3人来到医院，让医生为兰波治疗伤口。

兰波忍着疼痛，决意离开魏尔伦回法国。在往火车站的路上，魏尔伦三番五次哀求兰波留下来，均遭拒绝。他下意识地把右手插进裤兜，兰波以为他又要拿手枪，吓得转身便逃，并报了警，警察立即逮捕了魏尔伦。

兰波暂时未离开布鲁塞尔。他整夜发烧，疼痛难忍，不得不住进医院。在忍受了一周的痛苦折磨后，子弹被取出来了。

法院以杀人未遂罪，合并考虑魏尔伦的同性恋行为，判处他两年徒刑和200法郎罚金。而此时的兰波，胳膊吊着绷带，郁郁寡欢地回到夏勒维尔的家。人们围着他惊异地问他，他瘫坐下来，一个劲地哀叹着“魏尔伦呀，魏尔伦！”然后忍不住痛哭起来。

兰波带着枪伤开始写他在布鲁塞尔未写完的散文作品《地狱一季》。书在布鲁塞尔一家印刷厂印出后，他赶到布鲁塞尔题签了一本赠送给服刑中的魏尔伦。后来魏尔伦提前于1875年1月释放后，两人又见过面。两人又喝得酩酊大醉，在酒精的刺激下，两人由争吵发展为斗殴，魏尔伦被打得半死不活，兰波则倒在泥土里爬不起来。此后，魏尔伦又主动给兰波写信，并劝他向善，皈依宗教，但兰波不听这一套。他利用与魏尔伦的关系，向他借钱，后又找他要钱，在得不到满足时，他甚至以敲诈手段来威胁魏尔伦。至此，两人还有什么必要把关系维持下去呢？两人终于结束了彼此之间的荒唐关系。

可是，兰波是一个不甘寂寞的人，他离家出走似乎已经成癖。他又前往德国、奥地利和意大利等国旅行，还打算到希腊和保加利亚等国去。但他在米兰已身无分文，饥渴交加击倒了他，幸好被一位寡妇收留。之后他跋涉到意大利中部时，又因中暑加劳累而晕倒，法国领事馆的工作人员把这个蓬头垢面、虚弱不堪的流浪汉送回马赛住院治疗。一星期后，他再次踏上出国之路。可他在维也纳喝醉了酒，钱包被车夫偷走。当他发觉后，大吵大闹，于是被送到警察局，结果是被遣送出境。他就这样尴尬而丢脸地回到家里。他气不打一处来，心情沮丧，烦躁不安，于是放任自流，酗酒滋事，胡闹折腾，甚至做出一些莫名其妙以至疯狂的举动。连他的同学、好朋友德拉埃在写给包括魏尔伦在内的朋友的信中，也不得不叹息道：“兰波在悲哀的心情中和酒精的作用下正一步步走向疯人院。”

兰波对未能实现到希腊等国的计划很不服气，他心里老是较着劲：哼，一个希腊，有什么了不起，看我还要到比希腊远得多的国度。

他浪荡到布鲁塞尔，荷兰驻那里的领事馆正在招募前往印度尼西亚的军人。他立即报了名,因为这可以到遥远的国家去旅行呀,他是想在抵达目的地后开小差来实现这一愿望。经过短期军训后,这支杂牌军于1876年6月从荷兰的一个海港城市出发。船经过英吉利海峡,穿过直布罗陀海峡,又经过地中海,穿过苏伊士运河和红海,经受了印度洋风浪的颠簸和战友因恶性热病的去世,在一个多月后,抵达了印度尼西亚的巴东,后又停靠雅加达。紧接着,这支雇佣军又在酷热中开赴三宝垄、廷当和萨拉提加等地。

可是,兰波在这个国家未待上一个月就开小差了。他逃离驻扎地,脱下军装,顶着火辣辣的太阳,沿途以水果和乞食为生,来到三宝垄。他在8月下旬,以假名应聘在一艘返回欧洲的英国船当上了船员。这艘船在印度洋和大西洋险恶的风浪中艰难航行了三个多月。最危险的一次是在离南非谢普斯通港不远的海面上遭遇了特大风暴,几成灭顶之灾。狂风巨浪席卷了甲板上所有的物品,船舱进水,货物被冲走,船体极度倾斜,而且倾斜了整整三十余小时。船员们跪着不停地祈求上帝保佑。12月上旬,船抵达爱尔兰的昆士镇,还未到英国本土,兰波就急于下船,自个儿穿过英国,灰溜溜地回到家。

兰波虽然当了荷兰殖民军的逃兵，但1877年初夏游荡到德国科隆却为荷兰殖民军招募军人,因为他每招到一个军人,就可以拿到一笔佣金。但他很快就厌恶了这种媒子生活,便跑到不来梅,向美国驻不来梅领事馆递交一份要求参加美国海军的申请书。申请遭拒后,他又身无分文,不得不又流落街头,与穷人和流浪汉为伍,甚至混入小偷中。好在他除法语外,还懂英语、德语、意大利语和西班牙语,这帮助他在成立于荷兰的马戏团中找到一个临时工作,并随团来到了瑞典的斯德哥尔摩、芬兰的哥本哈根等城市,这也算是满足了他出国旅游的愿望。他还想往更北边的挪威旅游,可财力和体力不济妨碍他走得更远,他又像前几次一样被法国领事馆送回国。但兰波毕竟是倔强的兰波,不出两个月,在这一年秋末,他又离家出走,从马赛乘船穿越地中海到埃及的亚历山大港。在船上,他突然感到胃部疼痛,且有烧灼感。船医诊断他胃壁薄,有炎症,是因为走路过多而引起肋骨摩擦腹部所致。他对此心知肚明,且不说过去走了那么多路,仅仅是这一次,为了省钱,他也是从北到南,步行了将近整个法国。他不得不在意大利的契维塔韦基亚港下船接受治疗,然后回到法国。

但兰波毕竟是不服输的兰波。他不久又于1878年11月和1880年3月两次来到亚历山大港，然后去了塞浦路斯。第一次他在塞浦路斯的拉纳卡港的采石场任监工，晚上睡海滩，忍受毒蚊和虱子的吸血，白天顶着烈日施工，与工人吵架，随时有遭打杀的危险，而且恶劣的气候和艰苦的劳动，致使几个工人患急性热病去世。他很快就病了，不得不回到法国。第二次他又受聘在塞浦路斯的特鲁多斯建筑工地当监工，但仅仅两三个月就离职了，因为他在工地上扔石头时不小心砸中一位工人的头部。工人之死让他恐惧不安，遂乘船赶快逃离，并先后来到非洲的苏丹港和马萨瓦港，又落脚在北也门的荷台达港。但他在这里没有找到合适的工作。旅途的劳累、天气的酷热和精神的压力终于又把他击倒了，他病得不轻，不得不卧床休息。一位在当地经商的法国人特雷比谢听了兰波的遭遇后，推荐他到法国人巴尔代兄弟在南也门的亚丁港开办的贸易公司工作。

兰波到了亚丁。城周围是一片干燥无比的戈壁滩，炎热的气候像火炉一样炙烤着人们，他一下子就失望了。他开始想到非洲的桑给巴尔。不过，当公司老板巴尔代派他到驻非洲办事处去工作时，他放弃了到桑给巴尔的计划。

兰波的第一次任务是带领一支沙漠商队，把一批货物运到阿比西尼亚的哈拉尔。他从亚丁乘船登上索马里的泽拉港，然后与向导、力夫、牵骆驼的人等会合，在备齐武器、工具和大量饮用水及食品后，这支主要由黑人组成的商队出发了。商队经过广袤的沙漠，穿过崎岖的小路，攀上陡峭的山岩，越过丛生的荆棘，顶着毒辣的太阳，备受干渴的折磨，忍着毒蚊的叮咬，防着野蛮人的袭击，在20天后终于抵达了哈拉尔。

哈拉尔似乎是一个美丽而有活力的城市。这里市场颇为繁荣，挤满了当地和其他地方来做生意的黑人。但城市缺水，显得脏、乱、差。作为并不爱整洁的白种人，兰波碰到沿街乞讨的穷人、被遗弃在街头的病人、苍白浮肿的麻风病患者时，心中仍然不免有些吃惊。

他来到哈拉尔后，与办事处或者说分公司中他将领导的职工们见了面，查看了仓库里堆放的山羊皮、牛皮、象牙等货物，询问了分公司的业务情况，感觉自己难以适应这儿的工作。不过，他还是带领职工到了附近的部落去考察，以开辟新的货源。他采购了不少山羊皮和牛皮等，又收购了一些象牙和麝香等。枯燥劳累的工作和单调乏味的生活他不久就厌烦了，于是刚满一年，他就辞去了在哈拉尔的工作，又回到了亚丁。

在亚丁，兰波虽然还继续为巴尔代公司打工，但处境并不稳定，心里不免有些焦虑。好在巴尔代并不嫌弃他，还希望他回到哈拉尔，并答应给他加薪并提升为办事处主任。兰波在哈拉尔时，对阿比西尼亚的地理状况也做了一些考察和探察，巴尔代曾给他介绍过法国地理学会，他当时就萌生了为法国地理学会写书的念头。于是，他不拂逆巴尔代的希望，打算回哈拉尔。同时，他向国内购买有关照相、测绘的器材和书籍，以便随身带往非洲。

但是，促使兰波更快返回非洲的原因是他与公司一不服从他管理的员工发生争吵并掴了员工一耳光。员工及其朋友报了案，并威胁说要杀他。于是兰波1853年3月登上了开往泽拉港的船，再从泽拉经过艰苦的长途跋涉后，再次来到哈拉尔。

在哈拉尔，兰波基本上是重复上一次在哈拉尔做的那些工作。他考察附近和更远处的黑人部落，并与之建立联系，大量收购他们的羊皮、牛皮和咖啡，也收购数量不大的象牙、鸵鸟羽毛、树胶、香精和丁香香精等，安排沙漠商队运到泽拉港，再海运至亚丁港。有时，他也做一些探险式的考察，了解白种人极少涉足或从未涉足的地方。他将一位探险回来的朋友写的考察报告，加上自己在考察中所获得的有关知识，加以修改，用法语抄写后寄给法国地理学会。不久，法国地理学会告诉他，准备为包括他在内的探险人员出专集和画册，于是他在地理学领域内出名了。在闲暇时，他也摆弄起照相机来，为自己和周围的人摄影，引起人们特别是土著人的惊讶，他也难得为之一乐。

但到了晚上，他感到孤独寂寞。他最近胃特别不舒服，白天忙碌了，晚上感觉到胃痛，精神也很怠倦。他有点想家了，而且30岁了，还孑然一身，过着苦行僧式的生活，身边该有一个正式女人了，也该有个儿子了。特别是他听说一艘停在法属索马里（今吉布提）奥博克港的法国船舰，包括船长在内的70个船员因患热病死了65个，他感到害怕了，自己是不是能活着回到法国呢？

这其间，兰波突然收到魏尔伦的来信，魏尔伦肯定是通过他的同学德拉埃弄到他的地址才发来的信。魏尔伦询问兰波有关《彩图集》的一些诗文，想把它们发表，并结集出版，他为这本小册子写序言。兰波虽然给魏尔伦回了一封信，但语气冷淡，并强调他对文学对诗歌不感兴趣了。

这时，他听巴尔代公司原驻绍阿的业务代表、现在绍阿做军火生意的法国商人拉巴蒂描述起军火生意的暴利，就决定中止与巴尔代公司的合同，转而与拉巴蒂合作，做军火生意。他赶到法属索马里的塔朱腊港，组织起一支庞大的沙漠商队，准备把两千多支来自欧洲的枪运到绍阿；他还与另一法国商人索莱埃合作，准备跟索莱埃的商队一起穿越干旱酷热的沙漠运送军火。可是，在他一切准备就绪后，拉巴蒂被检查出患了脑癌，不得不回到法国治疗，数月后就逝世了。他想联系索莱埃，一直联系不上，不久就听说索莱埃因患脑血栓而倒毙亚丁街头。他悲哀不已，难道是老天爷要断自己这一条发财之路吗？

兰波很快振作起来，决定独自带领沙漠商队，闯进非洲腹地。这支商队十分庞大，有一百多名力夫、牵骆驼的人等，骆驼也有一百多只，除了军火外，还带上50天以上的食物和饮用水等。可是，出发前却传来一个恐怖的消息：之前的一支沙漠商队到达目的地在返程的途中，因放松了警惕，被当地土著人洗劫一空，留在地上的是一些被扔掉的废枪支和几具被打死后遭野兽撕咬的尸体。但兰波没有被吓倒，他坚决地出发了。商队除了要穿越炙热的沙漠、戈壁滩外，也要涉过湍急的河流、危险的沼泽，还要沿着悬崖绝壁走过很长的崎岖山路。而更使人害怕的是，商队要经过一处极为荒凉的路段，这是被称为“非洲最恐怖的地区”。当地部落的土著人十分好斗，他们觊觎着每一支过往的商队，如果商队没有配备枪支，又麻痹大意，那就可能遭到他们的长矛大刀的袭击。而且他们的传统是青年男子只有杀死一个以上的敌人，并割下敌人的阴茎，才会被部落认可为成年的男子汉。好在兰波的商队在经过这里时，大家都警惕地端起枪，对着商队四周可能出现的歹徒，这才平安地通过了这一令人毛骨悚然的地段。

两个月后，军火运到绍阿。虽然与国王做成这一笔生意，但与兰波早先的期望值相差甚远；况且在此前后，他还不得不代他的合伙人拉巴蒂偿还其生前在绍阿的欠债。这样，兰波长途跋涉，历尽辛苦，备受磨难，冒着危险而贩运的军火，并未给他带来巨大的财富，他有点气馁。他只得带着商队返回，但不是按原路，原路有一处“非洲最恐怖的地区”，他们害怕出问题，就开辟了一条新的道路，顺便进行地理考察和探险。两个多月后，他重新拿起久违的笔，写了一篇长长的探险旅行笔记，投寄给《埃及海峡报》而被分期刊载出来。

兰波回到了亚丁,他感觉身心疲惫,全身不适。上一次军火买卖令他失望,他心情也感到抑郁。不多日,他感觉腰部难受,接着左膝也疼痛了,继而整条左腿也疼痛起来,走路都感觉困难。晚上,他睡不着觉,头晕头痛逐日加重。好在经过一段时间调养,他逐步恢复正常,于是抛开烦心事,到埃及的开罗等地旅游散心。

回到亚丁后,他无所事事,一度想从事新闻,但最终还是选择了军火贸易,为在红海一带活动的法国军火商萨乌勒当中间人。他组织了一支200只骆驼的大型沙漠商队,费尽周折,耗时半年多,才做成这笔买卖。自己搞运输太劳累太冒险了。他决定在哈拉尔设立商号。于是,他招回在哈拉尔为巴尔代公司打工时雇佣过的仆人佳米,一起打造商号,开展贸易业务。他先做货物需求调查,开辟当地物产收购渠道,既做钱物交易,又做易货贸易。同时,他也组织沙漠商队,雇人把象牙、麝香、树胶、咖啡、兽皮和黄金等运送到亚丁,再转运至欧洲;又购进欧洲的商品,如布匹、棉纱、丝巾、棉线、绸缎、珍珠、香烟、雪茄、化妆品、提包、皮鞋、皮箱和蜂蜜水罐等,运回哈拉尔,再批发给当地的和来自非洲的其他商人。兰波的生意越做越大,不到一年,他就成了当地的商界名流,以至像象牙、麝香等的定价都是参考他的估价来进行的。但一段时间后,他的流动资金减少。因为当地由英国派驻的军人常常要主动护送商队,他们强吃强拿;而当地政府又决定对进城商品和出城商品分别征税,同时还征收附加税。还不仅此,一支从泽拉至哈拉尔的沙漠商队在半途遭到土著人的袭击,杀害了几个法国人和希腊人,抢走货物,劫去2.5万塔勒(当地货币)现金,其中有1万塔勒是交给兰波的货款。这些都让兰波的生意变得困难。他感到烦恼,感到郁闷,美好的希望也黯淡下来。而且身体也总感觉不适,左膝关节甚至整条左腿直至腰部时时隐痛,继而又明显地疼痛。肠胃也开始不适,几天后既疼痛又饱胀,后就拉起肚子来了。接着眼睛周围和头部也疼痛起来,有时还发烧,直感到是神经突突地跳痛。不多日,他又发觉右臂有些麻木,像风湿那样的酸痛。他显得有点憔悴,人瘦了一圈,白发苍苍,原本颇具魅力的蓝眼睛已没有了神采。

不过,在他忧郁的心境中突然又投来一抹亮光。他接到一封从法国驻亚丁领事馆转来的信,信是《现代法国》杂志编辑部主任加沃迪写给他的。加沃迪在信中把他尊为法国象征派和颓废派的领袖人物，请他与杂志合作，并期待着他的赐稿。兰波心中不免一阵兴奋，脸上也浮现一片喜色。但很快他冷静下来，把信扔到一边，决定不回信，彻底地与文学告别。

生意越来越不好做了。趁手头还有一点钱，赶紧关掉商号吧，否则，在非洲经受苦难而辛苦挣的这一点血汗钱就要打水漂了。他现在要做的，就是盘点库存，把存货卖出去，就是降价也要卖出去。为此，他四处奔忙，辛苦劳累，疲惫不堪，两条腿禁不起折腾，很快就有反应了。这一次，除了左腿像以前那样似乎是风湿性的疼痛外，右腿更痛得厉害，特别是髌骨，像被铁锤击打似的一下一下传到脑神经。几天后，右膝关节就僵硬了，基本上不能弯曲，走路很是困难。有时候，他痛得叫唤起来，就自己捶打着髌骨。他看到右膝关节附近的软组织有些变形，周围的血管暴凸出来，以为是静脉曲张，就托人从亚丁带回弹性袜，紧紧地箍在腿上。

兰波尽管疼痛难忍，仍然由仆人佳米扶着他四处推销库存商品；有时遇到外地商人需要新的商品，他还得去山区帮助采购。他以前是步行去，后来拄上拐杖，现在只能骑马去了。但上马和下马时，右腿特别是右膝，痛得他直冒汗珠，忍不住大叫起来。到了晚上，他痛得难以入睡，就只有请佳米给他按摩，或者用热水袋热敷。这时他想起远在法国的母亲、妹妹和哥哥，感到特别孤独，心里不免凄凉悲哀。他索性披衣下床，坐在写字台前写起家信来。

兰波的母亲获知儿子的病况后，立即咨询医生，医生根据所描述的症状，给兰波开了药。兰波的母亲关切地给儿子回了信，并寄上药，祝他早日恢复健康，回到她身边。兰波收到母亲的信和药，不禁热泪盈眶。天下还是母亲最好，但过去为什么总是不听从母亲的意见和劝告呢？他决定清理完存货，尽快回到家乡。

兰波不顾病痛，加快清理账目和清空存货的速度。他甚至叫佳米把床从里间移到外间的窗下，半躺在床上与窗外的商人进行交易。他对存货实行大甩卖，哪怕价格低于成本也毫不犹豫地出手。这样一来，附近的商人闻讯纷纷前来买他的货。兰波松了口气，但他松弛下来后，病魔似乎就更肆无忌惮地钻进他的体内，使他更感觉到钻心的痛。他的右膝关节及其周围已明显肿胀起来，而大腿和小腿瘦得简直是皮包骨头了，并且膝关节已经僵硬，整条腿已不能迈步，疼痛在继续加剧。

兰波决定随一支前往泽拉的沙漠商队出发，争取早日回国。同行的有照顾他的佳米等人。他请人做了一副帆布帘子，罩在担架上，防雨防晒，又雇了16个力夫，轮换着抬他走。1891年4月的一天早晨，当他经过哈拉尔的城门时，回望了这座非洲腹地的城市，心中不免一阵酸楚。道路坎坷不平，力夫们抬着他也是颠来簸去，折磨得他痛苦不堪。特别是上下坡时，他的头或脚直往下滑，他只得两手紧紧抓住担架两边的架子，以防继续下滑，但却把腿也带上了劲，这一来他的腿特别是膝关节痛得万箭穿心，人几乎昏死过去。后来，人们用绳子把他绑在担架上，加上前后的力夫各腾出一只手来护挡着他的头部或脚部这才好一点。但是，在经过崎岖山路时，担架仍然继续颠簸着，有一次差点把担架连同人一起抛了出去。于是，人们把他身体连同右腿绑在骡子上，慢慢地牵着骡子走。但是稍微多走一会儿，腿的疼痛又起来了，而且由于腿部下垂，疼痛变得越来越剧烈。人们就轮流背着他走，但也只一会儿工夫又不行了。人们只得轮流抱着他的后背和腘窝前进。可是这也不能持久，因为腘窝的正面就是髌骨，这正是疼痛的核心区，抱着腘窝挤压了髌骨，疼痛自然加剧了。后来，力夫们只得托着他的肩背和大腿小腿，避开腘窝，这样他似乎才好受一点。力夫们抬着他，他也只得忍受着痛苦的折磨，这样反复折腾地艰难前行着。

兰波还得忍受昼夜温差大的折磨。4月天，沙漠里白天炎热，夜晚寒冷，乍热乍冷，使这个抵抗力微弱的人难以适应，他很快就感冒了，头痛头昏，咳嗽鼻塞，全身难受，鼻子发炎堵得他无法呼吸，他只得张嘴呼吸。路途上，他们又遇到两次下雨，一次小雨，一次大雨。下大雨那一次，由于骆驼不肯走，载有货物、食品和水的商队落在后面，兰波他们吃不了东西，一个个在风雨交加的夜晚又冷又饿。而且帆布帘子挡不住大雨，佳米给上面加盖了牛皮，但雨仍然要漏一些进来，加之地面上的水聚积起来，几乎湿遍了兰波全身，冷得他牙齿打战。好在佳米站在外面给他挡了大部分斜脚雨，才使他好受一点。直到第二天中午，雨停了，佳米给兰波换上了干衣服，下午商队赶上来，又吃了食物，他才感到舒服一点，于是沉沉地睡去。

但是，最使他难受和痛苦的是大小便。当担架放下来，他不能像正常人那样走到较远处去方便，只得翻下担架，尽管有佳米等人帮助他，但仍然要使劲，特别是解大便，用力更大，这样使他痛不欲生，几次都差点昏死过去。

就这样，跋涉了300公里的沙漠，二十余天后，他们到达了海边的泽拉。兰波立即被送上开往亚丁的船，这时他已被折磨得骨瘦如柴，而且又发起烧来。船到达亚丁后，他立即被送进医院。这时他的膝盖已肿得非常大，一位英国医生诊断后认为是急性滑膜炎，他与其他几位在场的医生商量后，建议做截肢手术。兰波听后如五雷轰顶，激烈地表示反对。医生只得给他开了一些消肿止痛的药，并说观察一周以后再说。但是一周后，病情并没有好转，他不得不勉强接受截肢手术。可是，在即将手术前，他突然要求出院，说要回到法国动手术。于是，他的脚绑着上了药的绷带，被送上一艘法国邮轮。佳米要回到哈拉尔，不得不与他挥泪告别。

经过近半个月的痛苦折磨，邮轮抵达了马赛。兰波住进了马赛的圣胎医院，他心中掠过一丝欣慰：祖国的医院医术高，药物好，设备精，或许腿还能保住。但他很快就失望了。医生们说出的一串串医学术语，如关节积水、滑膜炎、滑膜结核等等，他知道凶多吉少，因为他的大妹妹维塔丽就是患滑膜结核病在17岁时死的。难道这是家族病吗？而且他还听到医生们讨论他的腿时说到“肿瘤”一词。他陷入了绝望之中，心想只有截肢的命了。不能等了，他接受了截肢手术的方案。接着，他给家里发了一封“我将做截肢手术，恐生命不保”的电报。两天后，兰波的母亲赶到圣胎医院，看着分别了11年的面无血色、头发灰白、鸠形鹄面、虚弱不堪的儿子，悲从心来，泪流满面。

5月27日，截肢手术做得十分成功。没有了右腿，兰波心灰意冷，整天唉声叹气，沉默寡言。母亲见状，心里十分难受，她向医生讨教。回到病房后，她就按医生的说法安慰儿子，并开导儿子：普法战争后，咱们罗什村，以及整个夏勒维尔，不是有很多截了肢的伤兵吗？他们不是也可以像正常人一样生活得快活吗？兰波听后，嘴角似乎露出一丝苦笑。医生也配合着母亲，说以后可以给右腿安一个假肢，那样就可以像原来一样走动，一切又可以恢复到以前那样。兰波没有关于假肢的足够知识，医生的话使他一下子兴奋起来，他脸上露出一丝笑容，精神状态也好起来，心如止水的他一下子又幻想起工作和生活来。他想，装上假肢后，又可以到非洲去做生意，想着想着，他给非洲的几个生意伙伴和朋友写了信。

兰波的病情在好转，伤口也在愈合，母亲要回罗什村，家务事和农活等着她回去安排，妹妹伊莎贝尔也离不开她。兰波眼泪汪汪地求母亲留下，母亲留下了。在医生、护士的医护和母亲的照料下，兰波的伤口愈合了，身体也恢复得不错，医生说他很快就可以拄着拐杖行走了。

母亲还是回罗什村了。为此，兰波对母亲有些怨恨，认为母亲不怎么爱他。他从病友处了解到更多的假肢方面的知识，他觉得装上假肢他仍然是一个残疾人，行动当然也不会像正常人那样方便。而医生对他也不那么关注了，也许是他伤口逐渐愈合。他重又陷入孤独和苦恼中。他烦恼不堪，无所事事，于是拿起笔来，一连给妹妹写了好几封信，又分别给在非洲的同事和朋友写信。写完信后，他就独自坐在病床上，呆呆地望着窗外，想象着装上假肢后行走的姿态。

在这种孤独寂寞中，他收到了几封来自哈拉尔、亚丁和泽拉等地的信。朋友和同事们都向他问好，同情他的不幸，祝愿他早日恢复健康，盼望他能回到他们身边，再与他们一起做生意。其中有几位同胞还特别附言，待回到法国时，一定前来看望他。兰波读着这些海外来信，想到朋友和同事们还没有忘记他，心中颇感欣慰，眼泪就不自觉地流了出来。

伊莎贝尔来信，说母亲和她都盼望他早一点回家。于是，他请人用担架把他抬到火车站，并租了一个软卧间，经过两天的旅程，到达了罗什村附近的火车站。家里为他准备好的马车停了多一会儿了。两个用人从车厢里把瘦骨嶙峋的兰波抱上马车。站在眼前的大龄姑娘，就是妹妹伊莎贝尔了。嗬，离家11年，都认不出她了。而她呢，恐怕也认不出曾经那么英俊潇洒的哥哥了。

回到罗什村的家，村民们都既好奇又吃惊地围着他看。兰波心下猜想，他们一定是在议论他这个过去顽劣和高傲的人也落到残疾人的悲惨下场。在最初几天与母亲和妹妹等人聊了医院、病情和少许生意的情况后，他就闭门谢客，回忆过去，或者拉一拉手风琴。天气好时，他在妹妹或用人的陪伴下，拄着拐杖在村里转悠。只是转悠不了多久，他就疲倦了，而且麻木过的右臂使不上劲，现在似乎又麻木了，他只得回家躺在床上休息。夏勒维尔的一些同学和朋友得知他回家后也陆陆续续来看他，与他聊天，一起回忆过去天真快乐的少儿和青年时代。8月份，雨水不知怎么多了起来，他感觉左腿阴痛起来，走路十分费劲，右臂也更麻木了。紧接着，被截掉的右腿残肢也疼痛起来，而且逐渐扩散至腰臀直至全身。头昏头疼也向他袭来，他总感到是神经痛，特别是眼睛周围更厉害。好在医生要定期回访，对他诊治，开药。家人也带回一些偏方，试着对他用药，母女俩从园地里挖来一些罂粟，每天熬水给他喝。

他又不时收到哈拉尔和亚丁的朋友及同事们的来信，信的内容大多仍是祝他早日恢复健康并重新与他们一起做生意。进入8月下旬，他感觉病情好转，人也舒服了许多。他给朋友和同事们回信表示将回到也门和阿比西尼亚，与他们团聚。

又过了两三天，他进一步觉得好转，他认为自己可以再做人生的最后一搏，于是向母亲和妹妹宣布：他要再闯非洲。他的这一决定当然遭到母亲和妹妹的反对。但他去意已定，母亲的话对他从来都没有约束力。由于他行动不便，他听从了让妹妹一路陪他的建议。于是，他们上路了。他们从夏勒维尔到达巴黎，原打算在巴黎休息过夜，但兰波改变了主意，他们就马不停蹄地赶往里昂，在里昂车站，又直接乘上驶往马赛的火车。这样紧张的旅程对健康人也是够戗的，何况对一个病人和残疾人。在火车上，兰波的病和伤痛再次发作，而且越来越剧烈。他又被送进了马赛圣胎医院。

伊莎贝尔就这样听完了哥哥讲述的他在国内外的传奇经历。她后来把在医院里听到的这些经历告诉了她的丈夫贝立雄，贝立雄就成了第一个为兰波立传的作者。

兰波在医院又住了两个月。他的病痛的每一次新的发作，疼痛就更加厉害，而且离死亡更近了一步。医生们对兰波的病痛又做了几次会诊，比较一致的看法仍然是癌细胞扩散。兰波获知了医生的诊断，已不惊惧了，因为他知道这是不治之症，他已无所谓了，他随时准备迎接死亡。但当他有一次隐隐约约听到有医生提到“梅毒”等一系列病况时，他还是像被当头一棒击打了似的，一下崩溃了。

他又被抢救过几次。人变得有些痴呆，似乎说话有些困难。几天后，他眼睛开始有神，气色好看一些了，也能与妹妹和医生说话了。晚上，他辗转反侧，不能入睡。他开始咀嚼起医生关于“梅毒”的话来。他记起他在哈拉尔时曾雇了一位阿比尼西亚女子帮他打理家务。这个女子身材修长，肤色不是很黑，有几分姿色。他与她同居了一两年。但她不像是那种带菌的女人。那会是谁呢？他想起他到哈拉尔不久，人们就开玩笑地告诉他哈拉尔是出“黑牡丹”的地方。确实，在哈拉尔的街头巷尾，不时会碰到一个个的阿比西尼亚美女。于是，在他工作安定并对环境熟悉之后，就顺便采摘了几次野花。也许，这就是染上梅毒的原因。

他又隐隐约约听到医生说的梅毒会导致他的疼痛和麻木的发生，而且加重他的治疗难度。他想来想去，看来只得认命了，这是咎由自取哟。

兰波从医生们断断续续和忽轻忽重的议论中，猜到了他这个残忍的病痛的根源，除了癌症外，还有梅毒的原因，他所受的痛苦，是这两个病魔折磨的叠加啊。他的右臂更肿了，缠着浸上药水的绷带，左臂瘫痪得毫无知觉，除了腿及腰臀部疼痛外，前胸和后背也既痛又有灼热感，眼睛周围疼痛加剧，高烧一连几天不退，心跳加快，并出现衰竭，整个人被折磨得更不成形了。医生在给兰波注射最大剂量的吗啡后，将伊莎贝尔叫到病房外，告诉她，到了为哥哥准备后事的时候了。

兰波当然也意识到自己没有几天了。他让妹妹记下并执行他的遗嘱。他从非洲带回了3.7万法郎，除一部分用于医药费外，大部分留给伊莎贝尔，也包括母亲。他还留下3000法郎给仆人佳米，这个年轻人任劳任怨服侍他多年。可惜天不假年，伊莎贝尔把钱寄给他不久，他就突然去世了，远在法国的伊莎贝尔了解不到他的死因。

兰波又一次注射吗啡后，神态有一点模糊，但他执意向妹妹口述一封给法国邮船公司的信。信口述完后，他抽搐了一下，然后陷入谵妄中。口述的这封信伊莎贝尔觉得莫名其妙，后人至今也未能完全弄懂。但是，信的大意人们猜测是兰波还想乘坐法国邮船公司的船（该公司的航线是马赛至亚丁）回到西亚和东非去做生意。看来，也门和阿比西尼亚，亚丁和哈拉尔是他心中的圣地。他忘记了文学，忘记了诗歌，但忘不了他心中的圣地。

1891年11月10日，兰波在经受癌痛近一年的折磨后，走完了他37年的一生。

王尔德：
同性恋引发的牢狱之灾和苦役之痛

王尔德(1854—1900年)，英国唯美主义代表剧作家、小说家和诗人。出生于爱尔兰都柏林。父亲是名医，母亲是诗人。1871年入都柏林三一学院学习。1874年入牛津大学莫德林学院学习。在大学期间，深受佩特和罗斯金两教授的美学思想的影响而奠定其作为唯美主义作家的基础。王尔德在伦敦社交界以奇装异服、机俏谈吐和特立独行为人瞩目。1882年赴美巡回演讲和次年造访巴黎，为他赢得国外声誉。两年后结婚，育有2子，家庭幸福。1895年，在一系列剧作上演获得巨大成功而达到事业顶峰时，同性恋事件导致他被捕入狱，服劳役两年。1897年出狱后迁居法国。1900年在巴黎死于脑膜炎。代表作有剧本《认真的重要性》、《温德米尔夫人的扇子》和《莎乐美》。主要作品有剧本《无足轻重的女人》、《理想丈夫》，长篇小说《道林·格雷的画像》，长篇书信体散文《狱中记》(即《从深处》)，长诗《雷丁监狱之歌》，童话《快乐王子故事集》和评论集《意图》等。

1882年2月20日晚，伦敦的圣詹姆斯大剧院欢声雷动，掌声不息，人们高声呼喊着"王尔德"、"王尔德"、"王尔德"。原来，王尔德的剧作《温德米尔夫人的扇子》刚刚谢幕，人们以狂热的欢呼和激情的簇拥把王尔德推向了荣誉的高峰。此后两三年，王尔德的剧作《莎乐美》在巴黎的上演，《无足轻重的女人》、《理想丈夫》和《诚实的重要性》在伦敦的上演，又一而再、再而三地在伦敦文艺界和社交界掀起热潮，并一波又一波地把王尔德推上了事业的顶峰。可是，在王尔德享受到艺术带来的天堂般的快乐和荣誉时却出现一个阴影，这个阴影开始尾随着他。

1895年2月14日晚，王尔德的《诚实的重要性》在圣詹姆斯大剧院首演又取得辉煌的成功，可是，在辉煌的成功背后却也上演着一幕阴谋剧。伦敦有一个著名的侯爵，叫昆斯伯里，他曾为拳击比赛规则制定过一个“昆斯伯里标准”。他在王尔德的《诚实的重要性》上演前预订了前排座位，打算在演出时搅局，并攻击王尔德。幸好，阴谋被泄露出来，剧院取消了他的预订，并请了20个警察把守剧院的入口。侯爵没能进入剧院。他在外面徘徊寻隙了两个多小时，仍未能如愿，才悻悻而回。离开时，他把一束象征着男根的红萝卜和白萝卜留在剧院门口，这是他打算在王尔德登台谢幕时用来投掷到王尔德身上的一种侮辱性道具。

照理说，昆斯伯里侯爵是一个绅士，但他为什么不顾绅士的体面而要对王尔德实施侮辱和攻击呢？原来，他是为自己儿子的事来找王尔德算账的。

将近四年前的1891年的六七月间，昆斯伯里侯爵的第三个儿子道格拉斯勋爵在牛津大学读书时看到刚刚出版的长篇小说《道林·格雷的画像》，立即被这本书吸引了，并注意到书的作者王尔德。正好，他的同学约翰逊是一个业余作者，与王尔德认识，于是他在约翰逊的带领下，来到王尔德的家里拜访了王尔德。道格拉斯的来访，使王尔德眼前为之一亮。道格拉斯21岁，相貌如少女般俊美，肤色白里透红，身材修长匀称，浑身洋溢着青春的活力，这使一贯自我感觉良好的王尔德也自感垂垂老矣，尽管他这时才36岁。3人在一起喝茶聊天。王尔德了解到道格拉斯出身贵族，爱好文学，喜欢写诗，而且与自己还是校友。他被眼前这个英俊帅气而又出身高贵的青年吸引住了。他侃侃而谈，把以前在大学和文艺沙龙的机俏幽默、令人迷醉的谈吐再现给两位青年听众。而道格拉斯也被眼前这位学长倾倒了，他不仅钦佩他的文才，也叹服他的口才，他称王尔德是“世界上最有骑士精神的朋友”，而此前他在学校却是那么自负和傲慢。

这次见面使两人一拍即合。此后，道格拉斯频繁出入于王尔德家中，王尔德也乐见道格拉斯对他的造访。不久，两人开始一起逛街，看戏，进餐厅，同吃同游同住。道格拉斯虽然出身贵族，但九流三教都有一些朋友，他不时把社会底层的一些青年引荐给王尔德，这引起人们对王尔德的非议。同时，道格拉斯贪图享乐，追求虚荣的本性也显露出来，这使原来消费适度的王尔德很快也奢侈享受、铺张浪费起来。王尔德是名人，关于他的流言在伦敦自然不胫而走。但他对此似乎显得若无其事，他与道格拉斯照常出双入对，形影不离，有时还结伴旅游，甚至多次醉态蒙眬地从酒店出来，东倒西歪、勾肩搭背地走在街头巷尾，完全没有了才子和绅士的风度。这自然让人们猜想：兴许王尔德陷入同性恋之中。

可是，王尔德对此加以否认。这不，道格拉斯恰好在两人关系受到人们诟病时被任命为赴埃及任职的外交官克洛莫勋爵的随从。他的离去使王尔德不辩自清，王尔德的朋友们也为王尔德松了一口气，王尔德也可以专下心来写剧本了。但是，王尔德的朋友们也许忘了王尔德与道格拉斯是可以通信的啊。而且，道格拉斯在埃及待了一段时间，就与克洛莫勋爵发生矛盾，他又回到伦敦。于是，王尔德与道格拉斯重又聚首，并且不见面时两人还继续了以前两人各自东西时的通信。渐渐地，王尔德竟喜欢上了给道格拉斯写信，而且写给道格拉斯的信越来越像男女恋人之间的情书：

> 我的宝贝……你那玫瑰叶似的红唇不仅生来是为了唱歌的，而且也是为了疯狂的热吻的……我对你的爱是永恒的。（1893年1月）

> 我最亲爱的男孩……我宁愿（让伦敦的每一个男妓）敲诈我，也不愿接受你激烈的不公正的恼恨。我必须尽快见到你，你是我想要的圣物，是优雅和美的化身……我亲爱的，我奇妙的男孩。（1893年5月）

> 亲爱的宝贝……让我们一直这样无限亲爱吧。（1893年12月）

> 我最亲爱的男孩，送给我那首诗说明你是多么甜蜜可人呀……你对我的价值是别的任何人都想象不到的；你就是美的氛围，我就是通过这种氛围观察生活的；你是一切美好事物的化身……我日日夜夜都想你。快给我写信吧，蜜糖似的人儿！我一直属于你。（1894年8月）

如前所述，王尔德是名人，他的一举一动都受到公众的关注。由于道格拉斯把一些底层社会的人物也引见给他，故两人的关系也为这些人略知一二。这不,一个叫伍德的闲杂人员,趁道格拉斯不注意时,偷走了王尔德写给道格拉斯的一些信。这些信中恰好包括了1893年1月的几封信。于是,在王尔德彩排《无足轻重的女人》之后的一天晚上,伍德来到王尔德的住处,提到了王尔德写给道格拉斯的那些信。王尔德花了一笔钱将那些信赎了回来。可是不久,又有两个闲杂人员来找王尔德,他们提到1893年1月那封令人想入非非的信,原来这封信没有包括在当时赎回来的那些信中。两人自然又从王尔德这儿敲诈到一点钱。信的原件倒是赎回来了。但是这封信是否还有副本或抄件呢?

信件失窃又赎回来的信号无疑是一个凶兆,但它却在王尔德巨大的成功和显赫的名声中给淹没了。王尔德依然我行我素,甚至有点得意忘形。他继续高调地出入沙龙、宴会,常常垄断话坛,淋漓尽致地发挥他的演讲才能,有时也对包括政界、文艺界甚至将升任首相的名人在内的上流社会人士进行揶揄。这使他的戏剧在大受欢迎的同时,其本人也遭到很多人的忌恨。同时,他继续与道格拉斯打得火热,把好友的与道格拉斯交往要谨慎的劝告抛到脑后。特别是他的《无足轻重的女人》上演再次引起轰动并好评如潮之后几个月,他听不进朋友的规劝,而且也无视社会上对他的负面议论。在这其间,他买了一套房子,不久就邀请道格拉斯住了进去。这样一来,他就用不着经常与道格拉斯去进高档宾馆了,人们就不容易看到他与道格拉斯在一起了。道格拉斯住进他的房子后,他感觉到真是方便和自由多了。但时间一久,道格拉斯又要寻求新的刺激,于是他把王尔德带到背街陋巷中的MB俱乐部,让王尔德接受MB的服务。事后,王尔德也感到自己真的是堕落了,他想还是尽可能少地与道格拉斯在那些地方亮相。可是,在这套房子一直待下去就心安理得吗?

一天,天很热。道格拉斯走进花园,脱光衣服,让王尔德用水管向他身上喷淋。之后,道格拉斯也向王尔德身上喷水。洗完身体后,王尔德裹上浴巾,与道格拉斯嬉戏了一会儿。可这时教区牧师有事来找,他看见道格拉斯白嫩的裸体,一下脸涨得通红。不久,王尔德买房与道格拉斯同居的信息就传开了。其实,恰恰是牧师看到的这一次,两人并没有越雷池的举动。可是,一点微风被夸大成了风暴。

昆斯伯里当然也获知了这个消息。他几次告诫儿子,后来又警告儿子,不许儿子与王尔德在一起，但没有什么效果。父子俩的关系从来都不好，现在为了王尔德的事，两人更是形同水火。他后来叫儿子回家，以了解儿子和王尔德的情况并极力要拆散他们。但儿子根本不理不睬，更不回家。他只得给儿子发出措辞强硬的信：

> 你不负责任地离开了牛津大学……我绝不想再供给你的生活费。你正在朝着绝路上走去，你和王尔德之间的那种亲密关系，是最使我难受的了。你们俩的这种关系必须断绝，否则我就与你断绝父子关系，当然也就没有了义务给你钱。你们这种关系是一种罪过，我曾亲眼看到你们俩在一起，神情和举止表露出的是最肉麻、最猥琐的那种关系。我有生以来从没见到过这样丑恶的关系，难怪人们要议论纷纷，嗤之以鼻。另外，我最近听到一个消息，说王尔德的妻子因为王尔德追逐男色和干了一些其他不雅之事，要与王尔德离婚。
>
> 这件事属实吗？不晓得你知不知道。如果我得到这件事的确凿证据，真相将大白于天下，我就会当面一枪把他打死，以表明我的义愤。

这么一封严肃的信到了道格拉斯手里，他只是轻蔑地一哼，随即把信纸扔到地上。可过了一会儿，他将信纸捡起来，又匆匆看了一遍，就立即赶到邮局，急急地给父亲回了一封电报："你是一个多么可笑的小人呀！"

昆斯伯里被儿子的这封电报气得暴跳如雷，他恨得咬牙切齿，决定对王尔德实施报复。他到王尔德和儿子经常出入的餐厅、酒店等处，大肆渲染王尔德的不道德行为；他还带了一位拳击冠军朋友去找王尔德，警告王尔德说：再见到他与自己的儿子在一起，就让王尔德挨一顿老拳。可王尔德也不示弱，他回敬道：如果有谁对他动武，他就让谁挨一颗枪子。昆斯伯里悻悻而归。他回到家里，怒火不息，立即又给儿子写了一封十分粗鲁的信，咒骂儿子"你这个爬虫"，说"你不是我的儿子，我也从来不认你这个儿子"云云。道格拉斯被父亲的信激怒了，他提起笔来，也给父亲写了一封粗野的信：

> 我完全不会把你滑稽可笑的威胁放在心上。自从你到王尔德家表演了你的拙劣伎俩后，我就决定更要与他共同出入于各个酒店、餐厅、

剧院、皇家咖啡厅和各位朋友家。我什么时候到什么地方去，与谁一起去，全凭我高兴。作为成年人，凡事我自我做主。作为父亲，你抛弃作为儿子的我十几次了，而且狠心地抛弃了父亲抚养儿女的义务——停止了我的生活费。你抛弃了做父亲的义务，在道德和法律上不仅要受到谴责，而且无权对我提出要求。如果王尔德对你的诽谤提出起诉，你就得为此坐上几年牢。我虽然恨死了你，但念及在血缘上你是我的父亲，所以还不愿意你落个悲惨的下场。如果以后你再要侮辱我，我就会拿起枪来保卫自己。我们会用实际行动来反抗你的恐吓和暴力。如果哪一天，我或者王尔德，对你开了枪，那也是正义的行为。即使你真的死了，也没有人会觉得惋惜。

可以想象，父亲接到儿子的这样一封信，整个心理和神经系统会有什么样的反应。终于，在王尔德的《诚实的重要性》首演当晚，昆斯伯里就到剧院来对王尔德实施报复。但如前所述，这次报复以流产告终，昆斯伯里当然不会善罢甘休。

两个星期后，王尔德到一家常常光顾的俱乐部参加活动，一个侍者交给他一封信。他拆开信封，里面是一张明信片，上面写着“交鸡奸者王尔德”的字样，落款人是昆斯伯里。王尔德脸色一下阴沉下来，他活动也不参加就回到家里，思考怎样来应付昆斯伯里。第二天，王尔德会见了他的律师汉弗莱斯，准备以诽谤罪起诉昆斯伯里，征求律师的意见。律师请他就所说的事情完全属实对天发誓。王尔德发誓后，律师对他说：“如果像你所说的这样，你肯定会赢。”他答应王尔德向法院申请逮捕昆斯伯里。

1895年3月，法院签发了对昆斯伯里的逮捕证。随后，他被捕，旋即以诽谤罪对他起诉。王尔德的律师请王室的著名法律顾问克拉克爵士等人为原告起诉人。克拉克要王尔德以绅士的名义向他保证所述案情完全真实后，才接这个案子。王尔德向克拉克做了保证。于是，克拉克开始着手这个棘手的官司。而王尔德以为有这样的高手为他辩护，胜算把握很大，就约上道格拉斯到法国南部旅游去了。

在开庭前一个星期，王尔德回到伦敦。他与几位朋友谈到即将开庭的官司时，大多数人劝他离开英国，到宽松的法国去。可是道格拉斯却极力怂恿他打这场官司，说难道就忍下昆斯伯里对他的极端侮辱吗？王尔德于是又请来好友哈瑞斯，哈瑞斯也是一位作家。两人详细交换意见后，哈瑞斯不赞成他起诉昆斯伯里，认为法院难以对一个竭力要阻止儿子走向歧途并尽量予以保护的父亲做出有罪判决。哈瑞斯的看法得到也是王尔德的朋友的著名小说家、剧作家萧伯纳的赞同。可是，道格拉斯却插上一句硬邦邦的话："你们这样的看法说明你们不是王尔德的朋友。"弄得哈瑞斯颇为尴尬。他以询问的目光转向王尔德，王尔德也沮丧地说："你这样说不太够朋友。"说着，王尔德就要离开。哈瑞斯继续劝道："不能去起诉！你的那些信件将会作为有害于你的证据，而且你的解释也没有人会相信的。你将会输掉这场官司的。"同时，哈瑞斯也极力劝王尔德带上妻子出国去。王尔德似乎听不进朋友的劝告了，他在离开时丢了一句"我不能那样，我只能任其发展"的话。

1895年4月，王尔德控昆斯伯里诽谤案在伦敦的中央刑事法庭开庭了。王尔德身穿一件时尚大衣，大衣的扣眼里插着一朵鲜花，他显得自信，嘴角流露出一丝俏皮，意欲借此一役把昆斯伯里送进监狱。而昆斯伯里身穿一件蓝色的猎装，大拇指、食指和中指捏着一顶帽子，站在被告席上，好像不时做出向人们致意的样子。辩护律师入庭。人们认为克拉克出庭为王尔德辩护，王尔德胜算的可能性较大。昆斯伯里的辩护律师卡尔森也是王室法律顾问。这位昔日牛津大学三一学院的高才生，是比王尔德高一年级的同学。审判长、审判员和陪审团入庭后，克拉克开始宣读起诉书。进入庭审，王尔德神情自若，以敏捷的口才赢得了听众的注目。他的表现有些与众不同，常常以俏皮和无礼的回答来引发听众的笑声，他是用风趣和调侃来把庄严的法庭变得轻松，希望听众倾向他这一方。例如，当卡尔森宣读一首他认为不利于王尔德的诗时，问道："王尔德先生，这首诗是你写的吗？"王尔德回答道："不，卡尔森先生，那是莎士比亚写的……"听众哄堂大笑。王尔德以自己的睿智和机敏占据了庭审的主动，似乎有点胜利在望。

可是，卡尔森十分沉着冷静，完全不受王尔德机智的回答和听众的哄堂大笑所影响。他开始从昆斯伯里作为父亲必须为儿子尽到责任这一辩护点着手来扭转颓势。他说，一个父亲，为了阻止儿子与一些不合常规的人和事交往而尽自己的本分，即或有时在言行上失去一点分寸，也是爱子心切的一种体现，因而这应为陪审团和听众所理解。听众席上有人点头，人们开始仔细地听他为昆斯伯里辩护。他接着说,“但作为两个孩子的父亲的王尔德先生却不是这样。他先后与十来个不太体面的应称着男孩的青年亲密接触,他送给他们时尚的服装、镶银的手杖和一些其他礼品。”这时卡尔森出示了这些东西,这令王尔德有点吃惊。他继续说道,这十来个与王尔德先生有亲密接触的青年大多是社会底层的仆人、马夫、报童或失业人员。他开始一一列出他们的名字。然后他就询问起王尔德与这些青年的关系,并直指王尔德与他们的性接触。这时,王尔德只有招架之功,没有还手之力,他开始擦起额头上的汗来,勉强而尴尬地回答着卡尔森咄咄逼人的提问。卡尔森还意欲进一步提请传唤这些青年出庭作证。同时,他还当庭念了如前所述的王尔德1893年和1894年写给道格拉斯的几封肉麻的情书,以证明王尔德与道格拉斯之间的同性恋关系。这一下,整个法庭犹如炸开了的锅,而王尔德则已汗流浃背,狼狈不堪。当卡尔森进一步直捣他隐秘的痛处时,王尔德只得向卡尔森认输:“你刺痛了我,你侮辱了我,你想让我信心尽失。有很多时候,当人们必须严肃地说一件事情时,他往往会轻率地将之说出。我承认……”

克拉克早已意识到自己的当事人王尔德的危险处境——根据1885年刑事法修正草案,任何带有粗俗倾向的行为都是犯罪,这包括了同性之间的任何形式的性活动。他已不相信王尔德以绅士的名义向他做出的保证,他知道王尔德对他撒了谎,不过他还是尽律师维护当事人的权益的本分,仍然尽力保护王尔德。于是,他与王尔德交换意见,强调说陪审团一般不会判决拯救自己孩子的父亲有罪,因此昆斯伯里在很大程度上会被宣判无罪。这样,王尔德就最好撤诉,因为陪审团发现昆斯伯里对王尔德的指控是对的,王尔德就会面临牢狱之灾。王尔德只得听从克拉克的意见。克拉克于是面向审判长说:“我代表王尔德先生请求撤诉。”接着,审判长在与审判员和陪审团商议后宣判:昆斯伯里侯爵无罪释放。法庭里爆发了一阵欢呼声。而当昆斯伯里离开法庭来到街上时,在周围的人们中又响起了一阵阵的欢呼声。

克拉克不失为一个尽心尽力而又富有同情心的好律师。他在案子结束后立即建议王尔德不要再纠缠在法律和法院上了,赶快离开英国,到其他适宜的国家去。这种出国逃脱英国法律的惩罚,似乎已成了英国司法界的一种惯例。这之前就先后有勋爵、牧师和记者等多人在被判有罪且遭逮捕前分别逃离英国,逍遥法外。因此,王尔德的律师汉弗莱斯,王尔德的挚友罗斯和他的法律顾问，还有他的好友哈瑞斯和特纳，以及他的妻子康斯坦丝和道格拉斯的表叔温德海姆等人，都劝他尽快出国。但他这时处于一种不知所措的伤感状态，似乎没完全意识到问题的严重性，有点迟疑不决。而当《星报》的一位记者马洛来通报已收到一条王尔德正被签发逮捕令的电讯稿并也劝他快逃离时，王尔德反而镇定下来，但脸色铁青，他平静地说："我还是留在伦敦，看它怎样判决。"

果然，一个多小时后，王尔德被上门来的两个刑警带走。原来，在王尔德撤诉诽谤案时，昆斯伯里的律师向检察官提交了一份要传唤到庭的一些青年的证词副本。于是，检察官要求法官布里吉签发逮捕证，逮捕王尔德。布里吉对此延宕了一个多小时，而在这一个多小时的时间里，王尔德完全可以乘坐开往多佛尔的最后一班火车，然后从多佛尔渡过海峡到法国的加莱。但他精神上似乎被击垮而分辨不清利与害，致使机会丧失。

王尔德案在中央刑事法院开庭审理。王尔德被指控犯有"有伤风化罪"。一个个二十岁上下的青年被传唤出庭作证，他们承认为满足王尔德的癖好而提供过性服务。几家宾馆的服务员也被传唤出庭作证，证实王尔德确有同性恋行为，并出具了留有精斑的床单。这些人证和物证令王尔德无地自容，痛楚不已。王尔德完全没有了昔日的风采，只是委顿地回答法官的问题，但他对有关他猥亵青年的指控和证词一一加以否定。克拉克为他作了激烈的辩护，这使王尔德感动得泪流满面，他悄悄写下一个衷心感谢的纸页，递给自己的律师汉弗莱斯转给克拉克。克拉克最后提请并要求陪审团"鉴于王尔德是英国最著名的作家、剧作家之一，他对现代社会和文明世界作出了巨大的贡献，请宣判他无罪，这也将会消除社会的一个阴影"。陪审团经过商讨后，认为不少对王尔德的指控不能成立，但不认同王尔德杰出的文学成就与此案有关，也不同意保释王尔德。

王尔德遭牢狱之灾，震惊了整个伦敦。他在道德和法律上全盘皆输，他成了众矢之的，十之八九的媒体和公众都谴责他，咒骂他。有朋友出来为他说几句公道话，就会受到人们的起哄；有文朋诗友写稿对他的作品做一些正面评价，各个报刊也不予刊登。而且，这场官司使他很快成了一贫如洗的破产者。更让人痛心的是，他的很多手稿在混乱中莫名其妙地失窃和遗失了。

但克拉克和汉弗莱斯以及王尔德的朋友们并未放弃保释王尔德的努

力。终于，几天后，议院的一位审判员同意了保释王尔德的申请。道格拉斯的哥哥哈威克·道格拉斯和教会牧师海德莱姆愿意做王尔德的保人。在交付了2500英镑保证金后，王尔德获得保释，但3 周后要再次出庭受审。

王尔德获保释后，没有旅馆愿意让他住宿，他不得不住进他母亲的住宅，他的哥哥也住在这里。这时，他的好友哈瑞斯已做了让他出逃到法国的策划。哈瑞斯在离王尔德住处稍远的僻静街道准备了一辆马车，又在离此几公里的泰晤士河准备了一艘汽船。王尔德获保释后的一天晚上，哈瑞斯邀请王尔德外出，告诉了出逃计划。他拽着王尔德往马车方向走，说只要上了马车，驶到河边，再上船驶离泰晤士河河口到了公海，就安全了，明天早晨就可以在法国加莱吃早餐了。可是，走着走着，王尔德就不肯走了，他脸上露出胆怯和软弱的神色，“不，哈瑞斯！我不能走，我会被警察抓去的，你太不了解伦敦的警察了。”哈瑞斯让他放心，说绝不会被警察看见，而且他已在巡逻的警察和可能遇到的有关人士身上花了小费。但王尔德仍然不愿出逃。他说他今夜不回家，他的哥哥马上就要报告警察厅，否则哥哥会受牵连；而且，他出逃后，置两位保人于何地呢，他俩也要受牵连。王尔德继续说，他已为第二次审判做好了准备，一位粉丝赞助他所需的费用，那位粉丝是一位贵妇人，她说她赞助1000英镑不足以报偿她从王尔德的作品和演讲中所得到的美和快乐的享受。哈瑞斯感受到王尔德的善良，就再也没有强求他出逃了。

几天后，王尔德离开了母亲的住宅，住进了一位朋友家。在这里，他的心情有所放松，渐渐地他有点担心起道格拉斯来，怕他受牵连而承受不该受到的压力。第二次出庭受审即将来临，他知道蹲监狱是难以避免的，只是道格拉斯还令他挂念。他终于忍不住了，在第二次开庭前的一天，给道格拉斯写了一封信，看来，他还未接受教训，这封信仍然像一封情书：

> 我甜美的玫瑰，我柔美的花儿，我百合花中的百合，或许正是在监狱里我才能检验爱的力量。我要看看自己是否就不能用对你强烈的爱把酸苦的水变成甜美的琼浆……即使有人将污泥扔到我的脸上，我也要赞美你；即使身处地狱的最底层，我也要向你哭喊。在我的孤独里，你与我在一起……只要我的灵魂中能一直有你，那就让我的肉体声名狼藉吧！对我来说，从你柔美光滑的头发一直到你优美的双足，你全身都

是完美无瑕的……你对于我，就如智慧之于哲学家，上帝之于圣徒那样。把你留在心里，这就是人们称作生活的痛苦目标。噢，我的爱，你是我最珍爱的，是鲜花盛开的原野上的白水仙花……我爱你，我爱你，我的心是一枝玫瑰，是你的爱促使了她的开放；我的生活是一片沙漠，受着你甜美的呼吸的吹拂，它清凉的春季就是你那双美丽的眼睛；你小巧的双足所至之处，都给我踏出阴凉的山谷，你头发的香气就像没药（热带的一种树脂，可作香料、药材——笔者注），无论你走到哪里，哪里就发出肉桂的芳香……

噢，最甜蜜的男孩，一切爱中最可爱的爱人，我灵魂紧贴你的灵魂，我的生命就是你的生命，在所有痛苦和欢乐的王国里，你是我崇拜和快乐的理想偶像。

1895年5月21日，王尔德案第二次开庭审理。这次审判的背后有了政府官员的意志。昆斯伯里在此之前活动频繁，他写信给首相罗斯伯里，威胁说：若不判王尔德有罪，就要揭发他见不得人的丑事。原来，罗斯伯里在任外交大臣时，与昆斯伯里的第二个儿子产生过同性恋。

第二次庭审控辩双方经过5天激烈的交锋后，陪审团认定对王尔德有伤风化罪的指控成立，并对他做出监禁两年并服苦役的判决。法官的声音一落，王尔德的脸色一下就变得煞白，同时听众席上响起了一阵“可耻”的嘘声。而法庭外，响起一片欢呼声，不少人在哄笑，也有人在跳舞。据说，首相罗斯伯里一直患有严重的头痛失眠症，而当王尔德被宣判有罪的当天夜里，他就睡得如死人一般，从此后他的头痛失眠症就不治自愈了。

有趣的是，在王尔德案庭审时发生了一个令人捧腹的插曲。昆斯伯里在大街上碰到大儿子哈威克·道格拉斯，他指责大儿子做王尔德的保人并在法庭上站在王尔德一边。哈威克·道格拉斯则指责父亲给自己的妻子写了一些污蔑贬损自己名誉的信，并要求他停止写信。两人互不相让，最后在大街上打了起来。这事很快被媒体报道出来，并配上两人打架的漫画，成了伦敦人茶余饭后的谈资和笑料。

王尔德入狱后，昆斯伯里出尽风头。他的一帮上流社会的朋友几十人为他举行了一个宴会，庆贺他的胜利。但是，也有人为王尔德鸣不平。一次，哈瑞斯参加一个贵妇人的午宴，当他提到在王尔德出狱时将为他举行一个宴会时，立即有两位女士请哈瑞斯一定要邀请她们，而且她们说能认识王尔德这样杰出和有魅力的男士，是她们的骄傲。

王尔德开始入狱服刑。在将近半年的时间内，他在转换了3个监狱后于1895年11月被押往雷丁监狱。他一下从享受和快乐的天堂堕入受苦和悲哀的地狱。他刚入狱时就被洗了这样一个“澡”：脱光衣服，进入浑浊的脏水里，洗完后，用一块黑黢黢的破湿布擦了身子，穿上脏兮兮的耻辱的号衣。他被单独关在一间气味十分难闻的狭窄牢房里，看守几乎每天都要用石碳酸来消除这个气味。简陋的硬板床只高出地面几英寸，他就睡在这个没有床垫的光木板床上。吃的面包又霉又臭，那气味闻着令人恶心，根本无法下咽。饥饿和失眠摧残着他的身体，孤独和痛苦折磨着他的精神。在监禁前期，他每天被强制踩踏车6个小时约6千步左右，连续踩踏20分钟可休息5分钟。此外，他每天还要干整理麻絮的苦活。这些苦活对于长期养尊处优的王尔德来说，简直是受刑。入狱仅仅半年多，王尔德就瘦了15公斤，黑发中夹杂了不少白发，背也显得有些佝偻，不过人似乎比以前结实了，但精神状态给人感觉不佳。当时，一位监狱的牧师这样描述到王尔德：

> 他似乎希望自己能够毫不畏缩地面对判决。但这一切很快就烟消云散了。法庭审判所激起的兴奋一旦消退，他就不得不面对监狱的日常生活，他的毅力开始崩溃，很快便彻底崩溃了。他现在变得十分颓唐沮丧。通常来说，犯人在一个方面崩溃了，就非常不幸地意味着他在其他方面也被击倒了……他绝对是一个有病态性格的人。事实上，有的老看守都公开表示，他们认为他无法度过这两年时间。

在这位牧师对王尔德做出了这样的描述以后，一天，一个看守命令王尔德脱掉靴子跟他走。王尔德仅穿着袜子跟着他走到走廊。他又命令王尔德面壁而立。王尔德的脚接触到冰冷的地面，忍受着走廊的冷风，冻得瑟瑟发抖。不知过了多久，在王尔德的脚冻得失去知觉的时候，他才把靴子扔给王尔德穿上，让其回到牢房。还有一次，是一个星期天的早晨，王尔德因病无法起床。但狱医并未检查他的身体，就说他装病。他只得起床，与其他犯人上教堂唱赞美诗。突然，王尔德眼前一黑，一下晕倒在地。由于是耳朵触地，耳朵受伤形成脓肿，而且耳膜摔破，出了一些血。从此他的耳朵经常疼痛，听力下降，最后耳病加上其他疾病导致了他的早逝。这是后话。尤其令他不能忍受的是，他被转雷丁监狱的途中，换乘站的成人和孩子们认出穿着狱衣的王尔德，大家全都鄙视地叫他的名字，朝他面前的地面"呸"、"呸"地吐着唾液。他这时感觉的痛苦如万箭穿心，恨不得立即钻到地下。

好在王尔德的妻子康斯坦丝和好友罗斯、哈瑞斯、谢拉德等人到监狱探望他，安慰和鼓励他，并为改善他狱中的条件甚至减刑而努力。王尔德十分感激，心情一天天好起来。可是，当妻子再次探望他并告诉他母亲去世的消息时，他重又回到悲哀沮丧的谷底，精神陷入崩溃。是啊，他一直以他的作家母亲自豪（当然也以他的名医父亲为荣），而在母亲病重时，他不能守候在她身旁，在她逝世后又不能为她送终。这种痛苦是怎样撕扯着他的心啊！他日后在信中强烈地表达了这种丧母之痛：

> 母亲去世了，这是多么可怕的噩耗啊！尽管我曾经出口成诵，也无法言说我内心的悲痛和愧怍。就是在我艺术创作的顶峰时期，也找不出什么词汇，能载动这千钧重负……她与我父亲留下一个高贵而荣耀的姓氏，不但在文学、艺术、考古和科学上，而且在我祖国和民族的历史中留名。可我却让这个姓氏永远蒙羞，让它沦为下贱人流传的下贱笑柄，让它蒙上了耻辱的污秽。我把它丢给恶人使之成为恶名，我把它丢给蠢人使之成为愚蠢的代名词。我当时和现在承受的悲苦，用笔写不下，用纸记不完。

王尔德从骄傲、自大走向了谦虚、自责，苦难开始使他懂得为人处世之道。入狱初期，王尔德不能看书、写作。经过朋友们向监狱主管部门争取，他后来可以看书、写作了。朋友们还为争取让他提前获释而四处活动，他们找到主管监狱的内政部负责人布里斯，也找到伦敦文化界的名人，如小说家、诗人梅瑞狄斯等人，以求得他们的签名来使王尔德减少刑期。但除个别人外，这些文化界名人均拒绝在请求减少王尔德刑期的报告上签名。王尔德只有老老实实地蹲满两年的监狱了。好在在布里斯的干预下，监狱长被撤换了，王尔德可以获得书籍和纸笔了，狱方还允许他延长熄灯时间，监禁条件也大为改善，看守们对他的态度也好多了。于是，王尔德急不可待地给妻子、律师和朋友们写信。之后，他又给道格拉斯写信，他认为这是他一生中最重要的一封信。在王尔德死后4年，这封长信由他的挚友罗斯以《从深处》为名交由出版社出版。在《从深处》中，可以看到王尔德对与道格拉斯交往的悔恨和对自己弱点的剖析，还可以看到他在狱中的刻骨铭心的感受：

我身受牢狱之灾快两年了。在我心灵深处升起狂乱的绝望，哀绝的情状不忍卒睹：无力的暴怒，苦涩的鄙夷，欲哭无泪的哀伤，欲唤无声的苦痛，欲说无言的悲怆。人间的苦情我一一尝遍了……但是，想到我的苦难无穷无尽虽然有时会觉得痛快，我可不想自己无端去受苦。现在我发现，藏在心灵深处有什么东西在告诉我，世界上没有什么是无意义的，而受苦是最不可能没有意义的。这个东西藏在我心灵的深处，就像野地里的宝藏，它就是谦卑。

1897年5月19日，王尔德出狱了。出狱时，他穿上哈瑞斯送的两套新衣服中的一套，哈瑞斯还赠送他一张支票。他在衣服的扣眼上又插上一朵鲜花，嘴上叼着雪茄，与人开着玩笑，显得轻松自然。他回望着这座阴森的监狱说：“如果我在监禁18个月时获释，我会憎恨这座监狱和它的全部工作人员。而当我再被监禁6个月走出监狱时，我将永远记住这里每一个给予我关照的人，我向他们表示深深的感谢。同时，我要让自己值得他们记忆。”

王尔德出狱后，当夜就乘船前往法国。此时的王尔德，如前所述，已被苦难教会了为人处世之道，他也学会了关心人，同情弱势群体。出狱后才10天，他就根据自己的亲身经历，给《每日纪事报》寄了一封长信，呼吁英国监狱当局改善少年儿童在监狱的处境。同时，他也给友人们写信，对他们两年来对他精神和物质上的关心、帮助，表示衷心的感谢。后来，他更是在《每日评论》上发表文章，抨击英国监狱普遍存在的被合法化的饥饿、失眠、疾病等痼疾和摧毁犯人意志的体制，强烈要求当局改革监狱体制，对犯人实施仁政。

朋友们常常来看望王尔德，道格拉斯也给他写信，要求见面。王尔德口头上答应几位好友和法国作家纪德，说他再也不会与道格拉斯发生任何关系了。他潜心创作,很快完成了优秀长诗《雷丁监狱之歌》。这时朋友们劝王尔德的妻子康斯坦丝与王尔德破镜重圆,康斯坦丝也表示原谅王尔德,但她的家人还有反对意见。可是,王尔德禁不住道格拉斯的反复恳求,到底还是与来到法国鲁昂的道格拉斯见了面,抛弃了对几位好友和纪德的承诺。大半个月后,他又听从道格拉斯的召唤,来到意大利的那不勒斯,住在道格拉斯租下的别墅里。此后四五个月,两人虽为经济和道格拉斯的不履行承诺而发生龃龉,但并未分离。他们同游意大利的名胜古迹,还一起去了卡普里岛和西西里岛。

朋友们原先相信了王尔德不与道格拉斯再来往的誓言,认为他悔改了。但是他们却不了解他意志薄弱的一面。其实,王尔德出狱仅半个月,就忍不住给道格拉斯写信,向他表示爱意:"不要以为我不爱你了,我爱你当然远胜于其他任何人。"这当然就导致他与道格拉斯在鲁昂见面,而且见面才两三天,王尔德又忍不住给道格拉斯写信:"只属于我自己的亲爱的宝贝……我真希望我们上次在鲁昂见面后就再没有分开过。现在我们中间横亘着一条那么宽阔的时间和空间的深渊。但我们彼此相爱。"在鲁昂的这次见面,是王尔德再次堕落的转折点。道格拉斯在后来的"自述"中对此作了生动的描述:"当我在火车站见到他时,可怜的王尔德大哭起来,整整一天,我们手拉手,或手挽手地走着,感到极其幸福。"

当康斯坦丝得知王尔德故态复萌并去了那不勒斯时,她原本快要与王尔德重归于好的心顿时冷了下来,她只有苦涩地摇了摇头,把自己正要向王尔德释放的善心收了回去。但尽管如此,她仍然是善待王尔德的。在之前她与王尔德的分居协议上,她同意给王尔德每年150英镑的生活费,但一旦王尔德与道格拉斯住在一起,这笔费用就取消。现在王尔德没有了钱,就请好友罗斯说服康斯坦丝继续供给这笔钱。心软的康斯坦丝就通过罗斯给王尔德寄钱,条件是罗斯不得说出钱是她寄的。王尔德回到法国后,罗斯也每年资助他150英镑。

美丽善良的康斯坦丝最终还是永远离开了王尔德。她按照律师哈格佛的建议,为了彻底摆脱王尔德丑闻罩在她及孩子身上的耻辱,她带着孩子远走意大利,并把孩子的姓由王尔德改为霍兰,隐居在热那亚。她含辛茹苦地抚育着孩子。但王尔德给她带来的精神上的伤害,使她郁郁寡欢,长此以往,积劳成疾，在1898年4月她年仅40岁就病逝于意大利。令她死不瞑目的是，她还未将孩子带大，就离开了孩子，两个孩子只有13岁和12岁。

由于恢复了与道格拉斯的关系，王尔德的一些不良习气重又抬头。他酗酒、挥霍，而且好吃懒做起来。朋友们劝他重新拿起笔来，创作剧本，那样一定会再现昔日的辉煌。但他的意志不知怎的被消磨殆尽，他成了扶不起的阿斗。后来，连道格拉斯也看不起他了，因为他除了向好友借钱外，也多次向道格拉斯要钱，他说他过去常常送钱给道格拉斯。两人为此有所不快，并时有分合。王尔德的酗酒、挥霍，使他入不敷出。本来，康斯坦丝留给他的钱，完全可以维持不差的生活，但他只出不进的奢侈习性，使他频频告贷于人；而不劳而获的生活习惯，既损坏了自己的形象，也戕害了自己的健康。

就这样，王尔德的健康每况愈下。医生已多次警告他不得饮酒了，可他仍一杯接一杯地饮个没完，甚至一醉方休。他的免疫力迅速下降，过去的疾病，新的疾病，纷纷找上门来。1900年10月，他的耳朵疼痛突然加剧，他胸前的弥漫性红斑越来越严重，很快又发高烧，头痛剧烈，伴有恶心呕吐，甚至出现了颈项强直现象。他被诊断为脑膜炎（一说是梅毒性脑膜炎），因而必须施行手术。手术后，有一段时间，王尔德似乎有所好转。但到了11月底，他的情况急转直下。每天来给王尔德包扎伤口的护工亨尼首先发觉他不对劲，脸变形了。前来看望和照看他的好友罗斯与拉盖也惊异于王尔德的惨相：一脸痛苦，瘦得脱了形，脸呈青黑色，呼吸沉重，而且喉咙发出的痛苦哮吼声令人恐怖。罗斯和拉盖握住他的手，观察他的反应。他的眼睛开始对光没有了感觉，一会儿嘴里涌出泡沫，接着是一口一口的血，床边的护工不停地擦去这些泡沫和血。又过了一会儿，他的脉搏跳动已不规则，呼吸也越来越微弱。终于，他突然发出一声深深的叹息，被握着的手似乎收缩了一下，继而整个身体连同四肢似乎不自觉地伸展了一下，然后又瘫软了下来。

1900年11月30日下午1时50分，王尔德因脑膜炎（一说是因中耳炎），病逝于法国巴黎阿尔萨斯旅馆，享年46岁。

弗吉尼娅·伍尔夫：
疯病再次袭来前的沉河自尽

弗吉尼娅·伍尔夫(1882—1941年)，英国意识流小说家、散文家，20世纪现代主义与女性主义的先锋。生于伦敦。父亲是著名的学者、作家和编辑家。母亲为其父的第二位夫人，故弗吉尼娅的异父和异母兄弟姊妹较多。弗吉尼娅未进过学校上学，但接受家庭教师和父母的教育。自幼受到文学的熏陶，且因就读于剑桥大学的兄弟的关系而与一批青年才俊交往密切。弗吉尼娅神经系统不健康，1895年母亲逝世后，便开始出现精神病症。但她在精神病的折磨中仍钟情于文学创作。1904年开始发表文学作品。1912年与作家兼经济学家伦纳德·伍尔夫结婚。1917年夫妇俩创办霍加思出版社。1941年，担心再发精神病无法康复而投河自杀。代表作有长篇小说《到灯塔去》、《达洛维夫人》和《海浪》。主要作品有长篇小说《出航》、《夜与日》、《雅各的房间》、《奥兰多》、《岁月》和散文集《普通读者》、《飞蛾之死及其他论文》、《自己的房间》等。

1941年3月28日，临近中午，一位已近老境的瘦弱女士，拄着手杖，不紧不慢地朝着乌斯河走去。她走到河边，停了下来，把手杖扔在地上，用手指捋了捋额头上夹杂有一些银丝的头发，回过头来望了望远处的一幢房屋，她正是从那幢房屋——她的家——走出来的。望着、望着，她的眼睛湿润了。四周阒无人迹。她迟疑了一下，很快又挺了挺腰身，似乎是决定了什么事情。她又转过身来，面朝着河边。她朝着四周搜寻，然后向左前方走了几步，突然弯下腰来，双手颇为费力地捡起一块较大的石头，好不容易把它塞进了外套右边的口袋；她又捡了几块石头，放进了左边的口袋。她休息了一会儿，又捋了捋因弯腰而垂落下来的头发。这时，她的脸色苍白而严峻，眼神凝滞但坚定。她用手垫着口袋里的石头，深一脚浅一脚地慢慢朝河里走去。河水很凉，但她毫不在乎。水浸湿了她的鞋子，她仍不停地向河心走去；水没过了她的膝盖，她仍继续着向河心挪动；水漫过了她的脖子，她仍艰难地向河心漂移。水终于淹没了她的头顶，她没有明显的挣扎，也没有大的声响，只有一串一串的气泡从水下蹿了上来，发出轻微的咕噜咕噜声，然后就什么都没有了，河流和大地又恢复了平静。

死者就是英国著名的女作家弗吉尼娅·伍尔夫。

弗吉尼娅·伍尔夫是丧夫后的朱丽娅嫁给作家和编辑家拉斯利后生的女儿，她来到世间纯粹是她的父母避孕不成功的产物。在她之前，父母已生下一个姐姐范妮莎和一个哥哥索比，在她之后又添了一个弟弟阿德里安；而且更有4个同父异母和同母异父的哥哥姐姐。弗吉尼娅的同父异母的姐姐劳拉患有精神病，她常常出入医院，最终进了伦敦北面近三百公里远的约克郡的一家精神病院，就再也没有出来，她悲惨地老死和病死在那里。弗吉尼娅的堂哥杰姆也患有精神病。他被车上扔下的东西砸中头部而致疯，他冲入还是儿童的弗吉尼娅兄弟姐妹中，拔出刀来，幸好他把刀刺进了面包里。他认为自己是大画家，让战战兢兢的弗吉尼娅做他的模特儿。疯病让他狂热地爱上了弗吉尼娅的同母异父的姐姐斯特拉，吓得斯特拉到处躲藏。他在疯病的折磨中年纪轻轻就痛苦地死去了。此外，弗吉尼娅的父亲也有精神异常，他的“狂暴突发症”时有发作。

弗吉尼娅从小就有一副天然的美貌，脸蛋圆圆的（不像后来瘦削下来）、红润润的，眼睛大大的、蓝莹莹的。但她似乎有点与众不同或者有点怪异。两岁多的她就敢用指甲去抓她4岁的哥哥；又用铁皮之类的东西刮墙壁发出的刺耳声音来折磨比她大3岁的姐姐；或者说出一些令大人感到莫名其妙、哭笑不得的话。小弗吉尼娅很会讲故事，每到夜晚，姐姐和兄弟们就围着她听她用稚嫩的童声讲出的故事。她也很会写作，6岁时就给教父写过文从字顺的信，9岁时还自编了一份报纸，刊登自己写的文章，甚至还写出最初的小说习作。不过，小弗吉尼娅数学差，从小到大她都只能靠扳手指来计数。

弗吉尼娅在度过了十多年幸福的童年时光后，经受到她人生的第一次灾难性打击：她母亲病逝了。此后，她虽有众多姐姐和兄弟，也有父亲，但总感到不安和缺少了依靠。这不,她二十多岁的同母异父的哥哥乔治在母亲在世时是那么友爱，现在却把这种友爱变成了猥亵：他常常趁弗吉尼娅看书时,突然拥抱和亲吻她,还把手伸进她的衣服里,乱摸乱捏她的乳房和身体其他部位,弄得她羞愧不已,恐惧不已,大气都不敢出;而且,另一个同母异父的哥哥杰拉尔德在此前后也抚摸过她,扭弄过她,吓得她惊恐不安,紧张压抑,终至在她目睹了两起车祸的惨景刺激了她的神经后,她变得抑郁或狂躁。而同时,照顾她的同母异父的姐姐斯特拉的病死进一步刺激了她,她终于患上了精神病。患病后,她受到哥哥姐姐的照顾,哥哥姐姐让她多休息,常常哄她睡觉,但她尖声叫嚷,手乱抓,脚乱蹬,歇斯底里地折腾着。医生给她服镇静剂,哥哥姐姐轻抚她,呵哄她,她才逐渐安静下来,进入梦乡。

药物和时间并未治好弗吉尼娅的病。在多数时间里,她看来虽然是健康的,可以与人正常交往,可以无异常地生活,可以和其他作家或文学作者一样地写作,但有时候发起病来却令一家人忧心忡忡,不得安宁。在弗吉尼娅出落成美丽的大姑娘后,她又经受了人生的第二次灾难性打击:父亲经过两年胃癌的痛苦折磨,终于在1904年2月去世了,弗吉尼娅与她的兄弟和姐姐顿时成了孤儿。弗吉尼娅悲痛难忍,她感到彻底失去依靠,好像陷入一片黑暗之中。一段时间里,弗吉尼娅睡不着觉,神经紧张,头晕头痛,烦躁不安。她家的一个老朋友维奥莱特和她的姐姐范妮莎等家人怕她再次发病,带她到意大利的几个城市和风景名胜地旅游,让她欣赏风光旖旎的山川、森林和湖泊,陶冶性情,舒解郁结的心情。旅游分散了弗吉尼娅的注意力,她除了有一两次短暂的烦躁和恼怒外,心情变得好多了,脸色也显得红润,精神也变得饱满。

可是,国外旅游并没有从根本上消除她的心理疾患,只是把它掩盖得深一点罢了。回到伦敦后,弗吉尼娅睹物思人,眼前似乎晃动着父亲备受癌症煎熬和在痛苦中挣扎的惨景,她的不健康的神经又被触发了。她又失眠、头痛、疲乏、紧张,甚至出现突发性的精神痉挛——她终于又跌入一种癫狂状态。她出现幻视、幻听和幻象。她说她的姐姐和兄弟是敌人,护理她的女佣是魔鬼,客人和来访者是幽灵。她听到上帝的声音,上帝叫她驱使一切人,要成为大家的主宰;要她劳其筋骨,饿其体肤,潜心修炼,早成圣贤。她有时捶胸顿足,尖声叫喊,说她成了孤儿,被大家弄丢了;她有时扯着自己的头发向上提拉,说要飞到上帝那儿当他的女儿。姐姐范妮莎看着可怜的妹妹,承担起照顾她的义务，长姐如母似的呵护她，对她关心备至。她家的老朋友维奥莱特也帮着范妮莎照顾弗吉尼娅。不久，她与范妮莎商量后，把弗吉尼娅带到她的位于森林中的房子，那儿远离容易使人烦躁的喧嚣市井，四周宁静、秀美、景色宜人。可是，就是在那里，弗吉尼娅还是差一点酿成了一出悲剧：她趁维奥莱特不注意，翻出窗台，向下跳了出去。幸好，这是一间平房，窗户离地面很近，没有造成多大的伤害。维奥莱特惊恐不已。范妮莎随即带了一个女佣来，对弗吉尼娅实行24小时监护。

在亲朋好友的护理下，在绿色的大自然的怀抱中，弗吉尼娅的病情减轻了，她可以听取森林中小鸟的啾鸣和山泉的琤玐，也能够欣赏森林中花卉的美丽和树木的茁壮。她又可以读书、写字和与人交流了，还可以写信了。她在亲友的陪伴下，在森林散步，在草地躺卧，在山涧戏水，在屋旁打羽毛球。她除了与范妮莎、维奥莱特和女佣交谈外，也与前来看望她的哥哥索比和弟弟阿德里安交流见闻。终于熬过6个月的苦难，她的理智恢复了，又可以与正常人一样生活和工作了。只是这时她显得身体虚弱、瘦小。她回到家里后，就投入到文学创作中；同时，她还写了一封信，向维奥莱特表示深深的感谢。

弗吉尼娅开始参加一些社交活动。在她病好后不久，姐姐范妮莎带着她到剑桥大学三一学院见她的哥哥索比，索比这时正在攻读法律专业。在那里，羞涩的弗吉尼娅见到了她生命中最重要的男人——伦纳德·伍尔夫。

弗吉尼娅还在哥哥索比举办的一次宴会上见到过伦纳德·伍尔夫。伍尔夫是索比的剑桥朋友，他赴宴是向索比和剑桥的其他朋友告别，他马上要赴锡兰（即现在的斯里兰卡）去任职。他给弗吉尼娅的印象是一个严肃、正直、强壮有力而又带点神秘色彩的人。而弗吉尼娅给他的印象则是一个清秀、端庄、瘦弱和不甚健康的人。

弗吉尼娅与姐姐范妮莎就这样融入了索比（还有弟弟阿德里安）和他的朋友中。这群剑桥朋友每星期四的晚上在索比的主持下聚会一次。他们是英国文化艺术和经济社会的青年才俊。这批学识卓异的青年，日后大多成了名人和大师，如经济学家凯恩斯、历史学家斯特雷奇、作家福斯特和加涅特、画家兼艺术评论家罗杰·弗莱和贝尔等等。这些人因聚会在伦敦的布卢姆斯伯里而被人们称为“布卢姆斯伯里集团”。此外，剑桥大学的哲学大师摩尔和哲学兼数学大师罗素也与这群青年才俊有交往。这种交往，正如摩尔所说的，

“最可宝贵的是……人类交往的快乐和美的事物所带来的愉悦”，他还把它们看作是“社会进步的合乎理性的终极目标”。弗吉尼娅在“布卢姆斯伯里集团”中大受裨益，她的成长和创作也受其很大的影响。

可是不久，弗吉尼娅与姐姐范妮莎、哥哥索比、弟弟阿德里安和维奥莱特从希腊旅游回来后，姐姐、哥哥和维奥莱特都病倒了，而索比的病情更为严重。医生说索比得了疟疾，最后诊断是得了伤寒。索比在病魔的折磨下衰弱不堪，最后于1906年11月病逝。弗吉尼娅对哥哥的死悲痛万分，可她还得对维奥莱特隐瞒哥哥的死讯，并写信告诉维奥莱特：哥哥病情一天比一天轻。因为这时的维奥莱特也处于严重的伤寒病中。直到一个多月后维奥莱特病况好转并偶然知道索比已死后，弗吉尼娅才写信对她进行了解释。

索比之死对弗吉尼娅又是一次灾难性打击。她爱哥哥，并想多了解自己的哥哥，她对哥哥的许多方面都不甚了了，她甚至感到哥哥在某种程度上有点神秘莫测，但现在这一切都成了泡影。于是，“索比为什么那么年轻就走了”和想探索一下索比的内心世界的两个念头始终纠缠着弗吉尼娅，使她食不甘味，夜难安寝。她还写信给索比的好友斯特雷奇和远在锡兰的伦纳德·伍尔夫等人，希望他们提供索比的一些不为她所知的文字资料，但他们爱莫能助。纠缠在弗吉尼娅脑中的两个念头无法摆脱，想要探索的问题无法得到解答和完成，这使得她时而郁郁寡欢，时而冷漠不语，时而又发起脾气来，她似乎将陷入抑郁症中。幸好，弗吉尼娅的莫名其妙和反复无常没有发展下去，或许姐姐范妮莎与索比的好友贝尔的婚姻感染了她，冲淡了她脑中那两个很拧的念头，她从忧郁中走了出来，并恢复了正常。

确实，姐姐与贝尔的爱情和婚姻对弗吉尼娅多少有些影响和触动。没有任何迹象表明弗吉尼娅恋爱过，但这时她与一位母亲生前的朋友哈德兰产生了一种事业和感情的共鸣。哈德兰比弗吉尼娅长16岁，是一个诗人、翻译家和希腊文学专家。弗吉尼娅尊敬并喜欢他，特别是对他作为希腊文学专家的身份表示崇敬。她告诉好友：她要把自己未发表的文学作品寄给哈德兰，请他批评指教；而哈德兰则把自己关于希腊文学的著译献给她。渐渐地，两人通信频繁起来，而且也经常见面。他们在一起喝咖啡，谈文学，聊艺术，有时也天南海北地随意交谈。她不时到剑桥去看望他，他也不时带她看戏剧，听音乐。可是，哈德兰觉得弗吉尼娅热情不够，甚至时冷时热，摸不透她的心思，这搅得他苦恼不已。他的自尊心很强，觉得自己的社会地位和经济地位都很高，放不下架子狂热地追求弗吉尼娅。弗吉尼娅心中萌动的似乎是初恋的情愫没有被哈德兰未达炽烈的热度点燃。交往一段时间后，两人的来往渐渐稀少以至中断。大半年后的1908年夏，弗吉尼娅突然获悉哈德兰得暴病逝世。她十分震惊，她对他十分惋惜，不过没有太大的伤心。

星期四之夜的聚会在索比病逝后似乎快要解体。这时阿德里安和弗吉尼娅腼腼腆腆地承担起索比的担子，主持起星期四之夜的聚会来。于是，剑桥的老朋友们又聚会在弗吉尼娅开办的沙龙。他们高谈阔论，时而就当下社会的政治和经济热点发表看法，进行辩论和争辩，时而就王政复辟时期和伊丽莎白时期的文学作品进行讨论和赏析，时而轮流朗诵自己创作的诗歌、散文和剧作。

朋友们一来二往多了，除了对弗吉尼娅的美丽早有印象外，对她的人品和才华也十分倾慕。在这群朋友中，人们发觉弗吉尼娅的堂表兄利顿·斯特雷奇最有可能向弗吉尼娅求婚。斯特雷奇是一个诗人，他写了不少抒情诗和艳情诗，而且还拿给范妮莎看，范妮莎又抄下来给弗吉尼娅看。同时，弗吉尼娅的姐夫贝尔也把斯特雷奇的诗拿给她看。她很欣赏这些诗，认为写得很精美，心里想斯特雷奇也许会与自己情投意合。不出朋友们所料，斯特雷奇果然向弗吉尼娅求婚了。弗吉尼娅还没有意识到自己是否真的爱他，就接受了他的求婚。但是，斯特雷奇的怪诞行为难以让人忍受，而且他是一个同性恋者，弄不好他还要爱上弗吉尼娅的弟弟阿德里安。因此，两人不久就理智而平和地分手了——解除了婚约。但两人承诺要做终生的朋友，互相关心，互相帮助。

其实，朋友们认为另一个人恐怕是最适合弗吉尼娅的人了，他就是比她大3岁的希尔顿·扬。希尔顿·扬的父亲与弗吉尼娅的父亲是朋友，两家门当户对，而且双方的孩子常常在一起玩耍和嬉戏，近乎于一种青梅竹马的关系。只是由于希尔顿·扬入读剑桥大学并当上学生俱乐部的主席后，才与弗吉尼娅疏远了。他后来入伍参战，又从事政治活动，还出版了几本诗集和散文集，声名鹊起，获得了勋章和贵族头衔。星期四之夜开办不久，希尔顿·扬又恢复了与弗吉尼娅一家的来往。希尔顿·扬性格好，智商高，温文尔雅。他经过好几年的时间，才从对弗吉尼娅怀有的好感发展为一种温情的爱。1909

年5月，两人在剑河上划船游玩时，希尔顿·扬才向弗吉尼娅表达了爱情，并向她求婚。但这并没有在弗吉尼娅心中引起激情，她觉得希尔顿·扬的人品和性格都很好，家庭也优裕，但她感到他温吞，不机灵，擦不燃她心中爱的火花，她确实还没有爱上他。她为了不伤他的自尊心，顾全他的面子，就借口说已与斯特雷奇恋爱。其实，这时她已与斯特雷奇解除了婚约。

喜欢和爱上弗吉尼娅的人还有她的姐夫。她的姐夫贝尔与她的姐姐范妮莎婚后应该说是幸福的。但贝尔是一个情种，对姨妹的美貌和才智也心生爱意。因此，他一有机会，就要与弗吉尼娅套近乎，与她谈文学，谈自己和她的作品，他确实也能对她的作品的修改提出较好的建议。他还尽可能做到关心她，体贴她，使她不致因姐姐的关系而警惕他。他甚至为了达到爱她的目的而不惜做点自我牺牲。一次，弗吉尼娅在准备上火车回家时，忘了带一本传记，她本来是想在车上阅读，并为此书写评论。贝尔知道后，立即跑回她住的旅馆，拿了书，追赶着已开动的火车，想把书从窗户塞进她乘坐的那节车厢。可他运气不好，他滑了一跤，伤了手和膝盖。弗吉尼娅见到缠着绷带的姐夫，十分过意不去，也很感动，她这时对他也动了怜爱之情。可贝尔得寸进尺，开始与弗吉尼娅调起情来。他露骨地问她："你猜，我在这个世界上最想做的事情是什么？""猜不到。"弗吉尼娅回答说。"就是吻你哟！"贝尔说罢高兴地大笑起来。弗吉尼娅与姐姐的关系很好，她觉得不应该伤害姐姐，因此她把贝尔对她的越来越高的热度控制了下来，再也没有让姐夫的调情发展下去。后来，当弗吉尼娅与伦纳德·伍尔夫订婚时，贝尔对姨妹的无望之爱终于让位于对她的气恼和对伦纳德·伍尔夫的妒忌。

1911年夏，伦纳德·伍尔夫从锡兰回国休假。他想念近七年前离开的那些剑桥朋友，他很快就融入到布卢姆斯伯里集团中。在剑桥大学时，伦纳德·伍尔夫与斯特雷奇是最要好的朋友。他受到斯特雷奇关于弗吉尼娅良好的看法的影响，特别留意起弗吉尼娅来。不久，他就频繁地出入弗吉尼娅和范妮莎的家里。他甚至得到弗吉尼娅的邀请，来与她的男女朋友们聚会，度周末。伦纳德·伍尔夫与弗吉尼娅在乡间散步，谈文学，谈他在锡兰的故事等。他感到与她在一起心情舒畅，精神愉快。弗吉尼娅对伦纳德·伍尔夫也有好感。于是，伦纳德·伍尔夫回国3个月后，就搬到弗吉尼娅住宅楼的顶层，与她成了邻居，两人见面的机会就多了。到了这一年冬天，伦纳德·伍尔夫发觉自已爱上了弗吉尼娅，而弗吉尼娅也喜欢伦纳德·伍尔夫，但她尚未理清这种喜欢是不是爱的初级阶段。

1912年年初，伦纳德·伍尔夫在外出拜访老朋友后，一个人孤零零地独行于乡间寂静的小道上，他突然感到一种孤独、落寞和冷寂。于是，他决定应该向弗吉尼娅求婚了。他向弗吉尼娅发了一封电报："我于1月11日（星期四）中午抵达伦敦，希望能在下午见到你，请抽出一个小时的时间好吗？谢谢！"这是一封已支付了回电费的电报。伦纳德·伍尔夫在与弗吉尼娅见面时，表示了对她的深深的爱意，并向她求婚。弗吉尼娅说谢谢他的美意，她会认真考虑他的求婚，并表示两人彼此再相处一段时间，更好地互相了解。伦纳德·伍尔夫欲再言语，不巧被前来拜访的一个老朋友打断了。

伦纳德·伍尔夫意犹未尽，他回家后提起笔就给弗吉尼娅写了一封情意绵绵的求爱信：

亲爱的弗吉尼娅，我必须在睡前给你写这封信，否则我将彻底失眠。我今天下午说了些什么，想必你知道：我深深地爱上了你。在此之前，我想你也喜欢我，但可能仅仅是喜欢而已。你不知道我是多么爱你啊！这一段时间，你的音容笑貌老是浮现在我的眼前，除了你之外，我无法做其他事情。可今天下午你和我被老朋友来访中止了的谈话让我陷入了一种无望的不确定之中。我在心中问你：你爱我吗？你会喜欢我直到永远爱我吗？

我不想再经历给你发电报前的那段惶惑不安的日子。我本想给你写信，信太慢，得在1月15日（星期一）才能见到你，这要多等4天。但是，天啊！再多等4天见你，我怕我会疯掉哟。所以我改发了电报。从你的话语中，我感到这正是我所了解和认识的你。我过去没有爱过，现在我爱了。但我爱的不仅是你的美丽，尽管这是重要的原因；我也爱你的性格和才智，在这一点上，我很少见到有能与你媲美的人。

现在，我无条件地想你之所想，做你之所做。我想象着，你不希望我离开。我非常爱你。而你，我等着。到了你觉得你爱我的时候，请告诉我！

爱你并忠于你的伦纳德

第二天早晨,伦纳德·伍尔夫觉得仍意犹未尽,就又给弗吉尼娅写了一封情书。弗吉尼娅回了一封信,但仍未确定她对他的爱。

可弗吉尼娅的姐姐范妮莎是喜欢伦纳德·伍尔夫的,她希望他能够成为她的妹夫。她热情洋溢地给他写信:

> 如果你能够追求到你的幸福,我将是多么高兴,而且我会衷心地祝福你。在我所认识的青年才俊中,你是我心目中唯一可以做我妹妹丈夫的人。

范妮莎还邀请他参加她家的乔迁喜宴。正当伦纳德·伍尔夫高兴又可以见到弗吉尼娅时,弗吉尼娅病了。她头痛,心绪不佳,忧心忡忡,她说她精神要崩溃了。她只得被家人呵护着送进去休息。范妮莎告诉伦纳德·伍尔夫暂时不要见她的妹妹,也不要给她写信。直到2月底,范妮莎才允许他给她的妹妹写信。不久,弗吉尼娅好转了,给伦纳德·伍尔夫回了一封信:

> 我给你讲一个关于疯子的故事。疯子们选举我当上了国王。我召开了秘密会议,发表了关于基督教的宣言。我从事冒险活动,遭遇到了灾难。我既躲避爱也躲避恨。我现在头脑清醒,而行动像一只巨兽一样。编织活计拯救了生命,它把斯蒂芬人变成了萨克逊人,那可怜的老怪物觉得自己被模仿了,到了这种程度,以致他怀疑我们抱有恶意。

伦纳德·伍尔夫看完信后,心中不禁产生一丝悲凉,这是一封精神异常者的信。他有些怜惜起弗吉尼娅来,他觉得有责任帮助她,为她的健康做一点什么。

这时,伦纳德·伍尔夫近一年的假期快结束了,而弗吉尼娅对他的态度仍不明朗。他感到有些焦虑,他开始着急了。他对锡兰是有感情的,他为此还写有一本关于它的小说《丛林里的村庄》。要不要回锡兰呢?他拿不定主意,因为弗吉尼娅还没有明确表态是否爱他。经过痛苦的思想斗争,他决定放弃在锡兰的行政管理工作,辞职留在国内。在辞职前,他给弗吉尼娅写过一封长信,向她表明了爱她的不变心迹,并流露出对她态度的担忧和徘徊在希望和绝望之间的痛苦心情。弗吉尼娅在回信中表达了对有无性爱的担心;她希望的是一种生机勃勃、鲜活炽热的婚姻。她还说:我们需要的是一种丰富多彩的生活,只要在我的生活中出现了能点燃我激情的人,我就会与他结婚。

伦纳德·伍尔夫能点燃弗吉尼娅的激情吗?她还心存疑虑。不过她给了他机会:她让他靠近她生活。两人共同做出工作和生活的日程安排:两人每天上午端坐在各自的书房里,写出几百字的小说,并互相交流、修改;之后自由活动,然后共进午餐。下午,两人上街,在林荫道上散步、聊天。

不久,贝尔和范妮莎夫妇出国旅游,这让弗吉尼娅和伦纳德·伍尔夫有了机会采取更无所顾忌的接触方式。伦纳德·伍尔夫傍晚与弗吉尼娅在广场散步时,开始试着点燃弗吉尼娅的激情,他不仅用男性那种雄浑的声音来撞击她心中的想法,并激发出她真诚的话语,而且他以他宽厚的胸怀拥抱她苗条的身材,用他性感的双唇吻她娇嫩的红唇。

两人的关系越来越亲密,感情也逐渐升温。到了1912年5月,伦纳德·伍尔夫终于用真心点燃了弗吉尼娅的激情:弗吉尼娅爱上了伦纳德·伍尔夫,并答应与他结婚。两人于6月初订婚并于8月10日举行婚礼。婚后,两人关系十分和谐。他们总是出双入对,一起散步,一起骑马,一起听歌剧,一起看舞剧,一起饮咖啡,一起进饭店。之后,两人又到法国一些风景胜地和意大利、西班牙的多个城市旅游,度蜜月。弗吉尼娅那颗孤独和烦闷的心被伦纳德·伍尔夫充实了,抚慰了。她再也不会因孤独、烦闷和无聊而与她的弟弟及朋友干出一些荒唐事来了。

她想起两年前,她的弟弟阿德里安和朋友科尔、巴克斯顿等人约她去戏弄皇家海军。她戴上包头巾,穿上长袍,腰身系上金链,脸面涂黑,嘴唇上粘上胡须,装扮成阿比西尼亚(现埃塞俄比亚)皇帝的随从。阿德里安装扮成翻译,科尔装扮成外交部官员,而巴克斯顿则装扮成阿比西尼亚的皇帝。另一个朋友给英国舰队总司令发了一封来自外交部的电报,声称阿比西尼亚皇帝一行将对英国大无畏号军舰进行访问。几个假扮的非洲黑人皇帝及随从来到军舰上,受到热情友好的欢迎。他们检阅了仪仗队,参观了军舰的各个部位,听取了舰长对炮塔、枪械、测距仪、医务室和无线电报室等的介绍。当然这些都经由阿德里安用蹩脚的斯瓦希里语"翻译"出来。舰上唯一懂斯瓦希里语的军官恰巧休假，阿德里安的拙劣演技才没有被揭穿。他们谢绝了21响礼炮和茶点的待遇，一是担心时间久了会露馅，二是怕弄掉了假胡须会现原形。当弗吉尼娅与在军舰上服役的表哥费希尔中校握手并用程度不够粗的嗓子寒暄时，差一点笑出声来。幸好一闪而过，她立即离开了他。这事原本可以平静地过去。但不久科尔向媒体透露了这次对皇室海军的戏弄，于是引起轩然大波。无畏号军舰的官兵要求对这伙假皇帝及其随从作出惩罚，他们后来还对他们中的一个朋友实施了恫吓和绑架。

当然，这种荒唐事或恶作剧阿德里安和科尔等人是预演过的：科尔装扮成桑给巴尔苏丹的叔叔，阿德里安和另外3个朋友装扮成扈从和翻译。他们受到了剑桥市市长的隆重接待，观看了慈善义卖，参观了剑桥大学的主要学院等等。还是科尔把这件事透露给了媒体，引起人们的惊诧。市长要求剑桥大学开除科尔和阿德里安等人。不过，剑桥大学并未满足市长的要求。

弗吉尼娅与伦纳德·伍尔夫婚后的欣悦不久就变成了郁闷。也许是在童年受到过同母异父哥哥乔治和杰拉尔德的侵扰，也许她有过同性恋倾向甚至同性恋，弗吉尼娅对性生活有一种厌恶感，自然就在性生活中缺乏激情，她患了性冷淡症。于是，伦纳德·伍尔夫在与她同床共枕时“性趣”索然，“性福”大减。好在伦纳德·伍尔夫不是唯性主义者，他谅解了弗吉尼娅，仍然爱着她，给予她更多的拥抱、接吻、情话和亲昵动作。同时，由于弗吉尼娅的原因，生孩子的希望也破灭了。可伦纳德·伍尔夫反而安慰她，说服她不要冒风险生孩子，尽管两人都想要孩子。

这时，弗吉尼娅又失眠、头痛、厌食和躁狂起来，她又一次濒临疯狂。她被送到宁静的乡间，后又根据医生的建议被送到精神病疗养院。她被限制了通信、读书和被访问，强迫吃药，有时因躁狂发作而被限制在单间的病床上。她愤怒，想反抗，但无效，只得接受了医院的安排。但是，她对医生和护士随便发火，她骂他们是黑色的毛茸茸的魔鬼，要合伙谋害她，把她孤零零地禁锢在这个该死的地方，她吼叫着要为自由而奋斗，而且还进一步发出威胁：她要跳窗奔向自由。但经过治疗，她的病情减轻，她平静下来。她的吃穿住行和休息在医生和护士的照顾和监护下，限制大为减少，以致变得自由。她可以披着毛毯随意在院子里走动，与护士一边散步，一边聊天。不久，她的病基本痊愈并回到家里。

可是，过了一段平静日子后，她又遇到麻烦。1913年春夏，她回到伦敦，于是又恢复了大量的社交活动。她与伦纳德·伍尔夫接待文朋诗友的来访，一起参加宴会和舞会，一起观赏戏剧和听音乐会，有时也与朋友一起远足、骑马和聊天。7月初，她在骑马奔跑中突然不慎跌了下来。幸好，她只受了皮肉伤。但她却又失眠、头痛、厌食和沮丧起来，并因连累了伦纳德·伍尔夫而产生负疚感，以至在一天晚上她又产生了自杀的冲动。她又被送到精神病疗养院。刚入院时，她抱怨甚至责骂她的丈夫无情地把她扔到这个冷酷的地方；但她清醒时看到丈夫疲倦而又可怜的样子，又深感内疚和自责。

伦纳德·伍尔夫对弗吉尼娅的病情开始做记录。记录用词较多的是“忧虑”、“焦躁”、“失眠”、“痛苦”、“幻觉”、“拒食”等等，有时也出现“安静”、“睡眠尚可”、“神态清楚”等用词。待病情稍好后，他们回到了伦敦。

9月的一天，范妮莎来陪弗吉尼娅并一起喝茶、闲谈后，与伦纳德·伍尔夫出去咨询医生。突然，他们接到女仆的电话：弗吉尼娅失去了知觉。他们立即带上医生和护士赶回来，弗吉尼娅服了一百多粒安眠药——这是一个致命的量。送到医院，医生感到病人活过来的希望渺茫。但是，最终还是发生了奇迹：弗吉尼娅被抢救了过来。

伦纳德·伍尔夫面临着是否把妻子送进精神病院的难题。经对几个精神病院的考察和与医生磋商后，他决定还是把她留在家里，由他和护士轮流护理。在医生的治疗下，在他和护士的精心照料下，弗吉尼娅逐渐好转，忧郁少了，头痛少了，幻觉少了，睡眠多了，进食多了，体重增了，气色好了。经过近一年的治疗和护理，虽有反复，甚至出现过多次自杀的威胁，但弗吉尼娅最后还是康复有望。只是伦纳德·伍尔夫带她到野外、乡间和海边进一步松弛神经时，她遇到陌生人会感到恐惧，有时又会产生亢奋或绝望的情绪，而且影响到进食。好在这种状况很快就过去了，而且越来越微弱和稀少，以至最后消失。弗吉尼娅基本上走出了病魔的阴影。病好后，伦纳德·伍尔夫与妻子订了一份协议，协议规定弗吉尼娅的入睡、起床、午休，吃早、中、晚餐及饮食的种类，在哪里走动或散步，以及保持平静和愉快的心情等等。弗吉尼娅痛快地签了字，表示接受丈夫这些关爱性的条款。

弗吉尼娅又活跃起来。她开始做家务，上烹饪学校学厨艺，与朋友喝茶，外出会见文朋诗友，上剧院看戏，去图书馆借书，甚至还参加了一次朋友们的派对。到了1914年年底，她又恢复了记日记的习惯，而且拿起她搁置已久的笔，又开始写小说了。

1915年1月25日，是弗吉尼娅33岁的生日，伦纳德·伍尔夫送给她两件生日礼物：一个是绿色的钱包，一个是包着她喜爱的作家司各特的小说《修道院院长》的褐色小包。她非常高兴。她建议他们俩一起去看电影，看完电影后又去茶楼喝茶。傍晚回到家里，两人决定买一台印刷机，办一家出版社。

但是，好景不长。2月中旬，弗吉尼娅又牙痛伴头痛。伦纳德·伍尔夫带她去治疗了牙痛，就去选购印刷机。可是妻子的头痛不止，他只得让她卧床休息，并给她服巴比妥，让她入睡。他对她的病况又开始作记录。第二天，他送去早餐，发觉她边吃边说着话：她是在跟自己死去的母亲说话。她突然紧皱眉头，感觉痛苦，逐渐亢奋起来，并且越来越语无伦次。她还要丈夫拿纸和笔来，十分急躁、潦草和用劲地写起信来，信也有点语无伦次，显然她的病又发作了。到了下旬，她更显得沮丧、疲惫和呆滞；精神好一点时则喋喋不休地唠叨个没完，甚至狂言乱语；有时整日整夜都睡不着觉，兴奋，发怒，最后昏厥过去。

她又被送进疗养院，由4个护士护理她。最初，她不愿见任何人，特别是不愿见到男人，她说她讨厌他们，她连自己的丈夫也不见。她对人们说着刻薄甚至恶毒的话，有时恐惧地尖叫，有时又手舞足蹈，让人们难以控制她。好在医生做了一些治疗方式的改变，加之4位护士精心地护理，到了6月，她慢慢地从精神错乱中恢复了过来。

1915年，弗吉尼娅的处女作《出航》出版了，受到朋友们和评论界的好评。有几个评论家甚至称弗吉尼娅是一位天才的作家。只是她当时正在病中，直到6月她才读到这些好评。她为此十分高兴，心情十分愉悦，这也是使她病情好转的原因之一。伦纳德·伍尔夫这时也深感欣慰，他大大地舒了一口气，美美地笑了。

但是，第一次世界大战已进行了7个月。战争需要补充大量兵源，伦纳德·伍尔夫完全有可能被征召入伍，这对弗吉尼娅来说是一个灾难，她若再次发病则没有了依靠，她将会从精神到肉体整个儿崩溃。不过，伦纳德·伍尔夫患有双手颤抖的毛病，他不能像正常人那样端茶倒水，有时签写自己的姓名都困难。伦纳德·伍尔夫向熟悉他们夫妇俩的奈特医生讲明了妻子的病况和自己的小疾，奈特医生给他开出了医疗证明，经医疗委员会审核，他获准免服兵役。

弗吉尼娅的心情放松了，她的身体和精神状况更加好转。她开始在家里主持沙龙，每月一次请文艺精英和社会贤达前来聚会。同时，丈夫与她又购买了一台印刷机，并在1917年夏天创建了自己的霍加思出版社。出版社创建后，出版的第一二本书就是她写的《墙上的斑点》和丈夫写的《三个犹太人》。她现在开始放手从事自己的小说创作，也辅助丈夫经营印刷出版业务。几年后，1925—1928年，她的创作进入佳境，前后写出《达洛维夫人》、《到灯塔去》和《海浪》3部长篇小说，获得了评论界的好评，被认为是她创作的最高成就，她就这样进入了英国著名作家的行列。

可是，劳累的写作和出版社的一些杂务将她击倒了。她精疲力竭，只想躺在床上，但又无法入睡，白天和夜晚都感到烦躁、恐慌、焦虑、头痛、牙痛，接着她的背部也疼痛起来，心动过速，持续发烧，心脏也出现了毛病。几天后，当她拿起笔时，又出现了幻视、幻听，而且遭遇了一次精神的莫名癫狂和心理的异常震颤：

那个奇怪的晚上，我去与伦纳德碰头，但老是碰不到他。在风雨交加的这个夜晚，强烈的情潮袭击着我。当我穿越漆黑的泥泞的田野时，我撞见了昔日的魔鬼，它耸耸肩，穿过了波浪。我的身体僵硬起来，“真实”被揭掉了面纱。这种感受是悲剧性的，但绝不猥琐。寒冷的白光掠过田野，又消失了。我站在大树下，等待公共汽车的灯光。它不停，我孤独极了。一个男人瞧着我，推着车向小镇走去。最后一班乘坐有伦纳德的火车到站后，我感到呆坐着是无法忍受的。我迎着风雨骑上车驶向伦敦。我与强有力的风雨和黑暗相匹敌，我很自豪。我的电筒掉了，捡起来，又掉了，没有亮光了。我是被抛弃的人，手拿车票，还剩3分钟。在车站的楼梯角，伦纳德钻出来了，弯着腰，穿着雨衣，飞快地走掉了。他恐怕很冷，我恐怕麻木了，就去摆弄自己的自行车。我走到售票处，说道，“没事了，我丈夫赶上了最后一班火车，把车费还给我吧。”他把钱还给了我，我与其说是为了钱，还不如说是为了与伦纳德紧挨在一起。回去时，我们谈论着办公室的争吵。嗬，它结束了，我真轻松、愉快。但后面隐藏着可怕的东西——那就是痛苦和不幸。它持续了几天，我如果晚上再走那条路的话，我又会感受到它，它变得与矿工之死和下议员之死有了瓜葛。噢，不，我还没有把它记全。

幸好，弗吉尼娅把这次精神的莫名癫狂和心理的异常震颤用笔发泄了出来而未郁结于心，因此她很快就抚平了自己的情绪，恢复了正常。从此后，她遭遇到痛苦和不幸时，就用写作来舒缓；在遭受到精神异常和癫狂时，就用写信来排解。

弗吉尼娅现在自我感觉良好。她又开始了大量的社交活动，例如1925年整个7月，几乎每天甚至晚上都要接待邀请的客人或者自行来访的客人。她与他们一起饮茶、吃饭、散步、聊天、看戏、听音乐会，参加生日宴会或派对。同时，她还在自己的出版社做排字和包装的活计，长期与工人一起待在地下室。这弄得她精疲力竭，身体严重受损。这不，在8月下旬的一次宴席上，弗吉尼娅刚发出一串俏皮话并引起大家的欢笑时，她突然感到胸闷头昏，她只得起身离席，踉踉跄跄走向外面，人们发现她脸上失去血色。伦纳德·伍尔夫和范妮莎立即上前扶起她，先让她呼吸新鲜空气，然后把她安顿到床上。头痛、心悸、麻木、颤抖、幻觉、谵妄重又向她袭来，直到大半年后的1926年春才痊愈。

接下来的两年多时间，弗吉尼娅的健康状况较好。她与丈夫和姐姐决定到柏林去旅游，她的好友维塔这时正与作为驻柏林使节的丈夫在一起。在渡北海时，她服了一点姐姐提供的防晕船的药。可她不胜药力，很快就陷入一种昏死状态。到港口后，丈夫把她像麻袋一样放进火车里，她在火车上完全处于无知觉的状态。回到伦敦，她不得不卧床休息。剧烈疼痛，心动过速，背部放射痛，头晕脑痛，胡言乱语，抑郁忧伤，兴奋躁狂，她就这样一连在床上躺了几个星期，直到1929年春才好转。

弗吉尼娅病一好，就立即投入到紧张的创作中。为此，她还减少了与朋友的应酬和社会交往。但她对文艺批评十分敏感。1935年10月，当她的小说受到一个叫刘易斯的评论家的批评时，她就心慌意乱，头昏头痛，魂不守舍。她感到老毛病又将复发，于是搁笔休息，卧床静养。

病愈后，她与丈夫到芬兰、德国和意大利旅行了一圈。当她回到家，发现她最喜爱的宠物狗死了。她一下子感到怅然若失，心里难过，不多久又感到一阵剧烈的神经痛，而且心里烦躁不堪。稍好一点后，她想强力支撑起来写小说，但一个字也写不出来，于是她大声吼叫："我想死！"吓得丈夫立即把她逮住，他抚慰她，用温言软语平复她躁狂的心。她听了丈夫的话，静静地躺了几天，尽管她继续头痛，虚弱不堪，无法写作，但表示再也不会有自杀的念头。

稍好后，弗吉尼娅把完成的《岁月》手稿翻检了一下，她觉得没有写好，又忧虑起来。手稿付印校样出来后，丈夫选读了其中一部分，他没有表示意见。这让弗吉尼娅更为忧郁和沮丧，丈夫不说好歹，意味着小说真的没有写好。她又开始头昏和失眠，意志陷入消沉，她感到疯病又要袭来。但丈夫极力安慰和支持她，于是她又振作起来，忍着病痛和不适，修改起小说来。她费时费力终于修改完了全部校样，交给丈夫审读。而她在等待丈夫的审读过程中，忧心忡忡，惶恐不安，度日如年。她在心里决定，如果丈夫对小说评价不好，她就烧掉全部校样，任疯病袭来，然后自杀。伦纳德·伍尔夫读完了校样，他感到确实不如她前几部作品好，但也远不像妻子说的那么糟。他立即愉快地告诉妻子："我认为这部小说写得非常成功。"显然，他在一定程度上撒了一个善意的谎言，他制止了妻子疯病的发作以至自杀。

弗吉尼娅长长地舒了一口气，她心情一下变得轻松愉快起来，身体状况也好多了。可是，就在她为自己的小说做具有市场前景的发行准备时，伦纳德·伍尔夫病了。这又让她心烦意乱起来，不多时，她感觉眼前一片恍惚，人像是要昏迷过去，手也有些麻木，她认为是供血不足所致。伦纳德·伍尔夫看了医生，医生说像是肝病，似乎还有糖尿病和前列腺病。后来，他做了仔细的检查，身体并无大碍。可是，一年后他又出现了类似的病情，而且更严重更持久。这又把弗吉尼娅吓了一跳，差一点又引发了她的疯病。好在结果与上次一样，没有大的问题，这让她放心了。但伦纳德·伍尔夫是不是患了病，患了什么病，始终没有确诊，这令弗吉尼娅心有牵挂。

可是，在弗吉尼娅感到宽慰而开始过上正常的生活时，亲人和朋友的灾难一个个向她袭来。1937年7月，她的外甥、范妮莎的儿子朱利安奔赴西班牙战场后被炸弹炸死。她的姐姐为此悲痛欲绝，卧病在床。她每天守候在姐姐的病榻前，安慰她，想尽一切办法来减轻她的痛苦。而在一个月前，她20岁前就开始交往的好友詹妮特因病逝世了，詹妮特教过她希腊文。她为詹妮特在《泰晤士报》写了一则沉痛的讣告。又在一年半前，她的亲友斯蒂芬·汤姆林和她的出版社的职员维斯特小姐先后去世了。而更在5年前，她的好友并与她订过婚的斯特雷奇，因重病也逝世了。她为这个曾经的恋人、终生的好友悲痛不已。可是斯特雷奇之死留下了后患：他的情人、朋友帕特里奇的妻子卡琳顿为他殉情而开枪自杀。这令弗吉尼娅十分震惊。但是，与斯特雷奇之死相比，画家兼艺术评论家罗杰·弗莱之死，是更令弗吉尼娅失落和悲哀的事情。罗杰·弗莱是一位成就卓著的艺术家，弗吉尼娅对他颇为倾慕；而她的姐姐更是与他志同道合，两人曾是情人，后来彼此理智地成为好友。

弗吉尼娅还没有从这几年悲伤的回忆中摆脱出来，突然又接到她的好友奥托琳和凯·考克斯分别在1938年4月和5月病逝的消息。她有点震惊了，她们的死深深地触动了她，她赶到《泰晤士报》为奥托琳写了沉痛的讣告。紧接着，到了年底，她的又一个朋友杰克·希尔斯也病逝了。第二年6月，那位叫马克·格特勒的朋友自杀了。她强忍住这些不幸对她的打击，专心写作已经逝去的罗杰·弗莱的传记。但是，伦纳德·伍尔夫的母亲在这一年即1939年的3月又逝世了，这暂时中断了她的写作。她既为老太太难过，又惋惜，同时陪伴着丈夫，安慰他，减轻他的痛苦和悲伤。

丧母的悲痛刚过，9月，第二次世界大战爆发了。不久，从德国和欧洲大陆传来的消息，犹太人到处被追捕，被屠杀。而德国军队已攻占了好几个国家，伦敦也被德国空军地毯式地轰炸。弗吉尼娅和伦纳德·伍尔夫悲观地认为他们的国家可能会输掉这场战争。他们已做好准备，如果德国法西斯军队攻占了英国，他们俩，还有弟弟等一起自杀，因为伦纳德·伍尔夫是犹太人，丈夫落在德国人手里，其惨景是不堪设想的。

但是，随着战争的进行，弗吉尼娅受到同胞们抗击德国法西斯的英勇战斗精神的感染，她与丈夫不再悲观了，也不会考虑自杀了。尽管德国飞机扔下炸弹有时在她家附近爆炸，令人恐惧，但她仍然过着正常人的日子，而且是舒适的日子。早晨，丈夫把早餐递到坐在床上的她的手里，就像他多年来所做的那样；她下床后，安排一下家务，就去看书，然后开始写小说；午餐后，她休息一会儿，然后散一圈步；晚些时候，她就会见一下朋友和客人；晚上，她洗一个澡，然后入睡。一天就这样美美地过去了。

可是，战火最终还是光顾了她的家。德国飞机炸掉了她与丈夫一手创建的出版社和印刷厂，又炸毁了他们在伦敦的宅邸，也炸毁了她姐姐的宅邸和画室。她十分悲愤，那些黑压压的德国飞机在她心中投下了驱之不散的浓重阴影。她十分抑郁，呆呆地坐在屋角，不发一言；而且茶饭不思，失眠和头痛又伴随着她，她显得十分瘦弱和苍白。伦纳德·伍尔夫着急了，带着她到一个医生朋友奥克塔维娅处诊治。医生朋友安慰她，鼓励她，说她只是一点小病，无大碍，要她树立起治好病的信心。第二天，医生朋友又给她写了一封非常和善、非常熨帖的信；到了晚上，又给她打电话。可是，这一切都晚了。

弗吉尼娅进一步出现了幻听、幻视，她的感觉很不好，她预感到精神病又要向她袭来，而且她觉得这一次会更严重，不会康复。1941年3月28日，天气晴朗而寒冷，她走进花园里的工作室，给她最爱的丈夫伦纳德·伍尔夫和姐姐范妮莎各写了一封信。她对丈夫写道：

最亲爱的：

我确信我又要发疯了。我觉得我们不应该再经历一次可怕的精神崩溃时期，而且这一次我是再也不会康复了。我开始产生幻听，思想无法集中。因此，我将采取一个看来是恰当的行动。你已经尽其可能地给了我最大的幸福。你已经在各个方面做到了一个人所能做到的一切，因而没有任何两个人比我们更幸福的了，直到这可怕的病魔降临。

我再也支持不下去了。我知道我在毁掉你的生活，如果没有我，你可以工作，我知道你愿意工作。你看我甚至不能在信中恰当地表达我的意思。我不能阅读。我要说的是，你给了我一生的幸福，你对我体贴入微，十分耐心，好得令人难以置信。我还要说的是，人人都知道这件事。如果有人能拯救我的话，那就是你了。我已经失去了一切，但仍然有你确定无疑的慈爱。我再也不能毁掉你的生活了。

我想，再也没有任何两个人比我们更幸福的了。

弗吉尼娅

弗吉尼娅封好信，把它放在桌子上。11时半左右，她走出自己温馨的家，来到乌斯河边，沉河自尽。

卡夫卡：
“最瘦的人”的恐惧心理和病态爱情

卡夫卡(1883—1924年)，奥地利表现主义和荒诞派小说家。出生于奥匈帝国统治下的布拉格一个讲德语的犹太商人家庭。父亲是一个白手起家的百货批发商。卡夫卡从小爱好文学、戏剧。他进德语中学学习，后入布拉格日耳曼大学学习德国文学等，因屈从于父亲的意志而改学法律。大学毕业后，又获法学博士学位。在一法律办事处工作后，又先后在一家意大利保险公司和一家半官方的劳工工伤事故保险公司任职员。卡夫卡一生3次订婚，又3次解除婚约，终身未娶。这使他不得不终生生活在痛苦、孤独和恐惧之中。他因肺病严重而辞职疗养。但病情仍极度恶化，不治而死。卡夫卡在遗嘱中要求挚友勃洛德将他的全部手稿通通付诸一炬，但勃洛德没有照办。代表作有短篇小说《变形记》和长篇小说《审判》。主要作品有短篇小说《判决》、《在流放地》、《乡村医生》、《司炉》、《饥饿表演者》和长篇小说《美国》、《城堡》等。

1924年6月11日，尽管已是夏天，但天气却十分阴沉，并间或下起雨。下午4时左右，一辆灵车驶入布拉格的施特拉施尼茨新犹太人墓地。葬礼开始了。灵柩从车上抬下来，徐徐放入阴雨浸润的墓穴。墓地周围雕塑一般凝神伫立着的一百余人，顿时沉重地晃动起来，人们鞠躬志哀，一些人在胸前画十字，一些人掩面低声哭泣。突然，从哀恸的人群中挣出一个姑娘，她泣不成声地喊道：“亲爱的，亲爱的，我的好人儿啦！”就冲着墓穴往下跳。几个人急忙把她往回拉，好不容易抱住了她，并轻轻拍打着她战抖不已的身体和抚摩着她神志恍惚的面容。这时，一个医生模样的年轻人对着人们感叹道："只有认识她的人才明白什么是爱情。我们的朋友拥有这样全身心爱着他的这个姑娘，也死而无憾了。"

他所说的这个葬入坟墓的"我们的朋友"就是奥地利的表现主义和荒诞派的代表作家卡夫卡。这个要跳入卡夫卡墓穴的姑娘就是在卡夫卡贫病交加的生命的尽头不离不弃的情人朵拉。卡夫卡的爱情真是凄美动人和可歌可泣啊！但是，纵览卡夫卡的一生，他又是怎样的一个人呢？

1912年8月中旬的一天傍晚，29岁的卡夫卡像往常一样来到同学和好友勃洛德的家。进屋后，卡夫卡发觉在一张桌子旁边坐着的光着脖子、披着外衣的青年女子。勃洛德对两人作了介绍，眼前这位青年女子是勃洛德的妹夫的表妹，叫菲莉丝，刚从柏林来到布拉格。菲莉丝似乎并不漂亮，骨感而无表情的脸上透出一抹粉红，但她身材苗条，给卡夫卡的感觉甚好。于是，卡夫卡对菲莉丝有点儿一见钟情，她印入了卡夫卡的脑海中。而菲莉丝对眼前这个有点内敛、羞怯的瘦高个儿的业余小作家也有一定的好感。晚餐后闲聊了一段时间，卡夫卡主动陪勃洛德的父亲把菲莉丝送回了旅馆。

在勃洛德的鼓励下，卡夫卡在迟疑不决了一个月后，终于试着给菲莉丝写了一封信。在惶惑不安中等待了很久，卡夫卡终于收到菲莉丝的回信。收到回信时，卡夫卡感到极大的满足，但之后又不知所措。他对即将到来的是否会发展成爱情的两人关系感到胆怯，甚至有点恐惧。他努力使自己镇静下来，心想：我是有过恋爱甚至性经历的人，怎么会对菲莉丝产生这样不可思议的恐惧心理呢？

确实，卡夫卡在十七八岁高中毕业前夕，就与一个叫赛尔玛的高中女生恋爱过。她是卡夫卡一家借住的邮政局局长家的女儿。两人分别时，卡夫卡还在女孩的纪念册上题下了"有一种活的思念，它温柔地掠过一切值得回忆的事物"的动情话语。这是卡夫卡的柏拉图式的初恋。5年后的一个夏天，卡夫卡在一个叫楚克曼特尔的小城的疗养院认识了一位不太年轻的女子，并与她发生了性爱关系。卡夫卡说，他从来没有体验过同女人的这种亲密无间的关系。7年后，卡夫卡获取法学博士后在司法部门实习时认识了一个到公园游玩的姑娘。姑娘叫赫德维希，19岁，个子娇小，眼睛近视。她是卡夫卡正式确定恋爱关系的第一人。卡夫卡给她写了不少情书。两人关系持续了两年，最终还是无果而终。此外，1911年10月，一个意第绪语巡回剧团到布拉格演出时，卡夫卡被女演员玛利亚的性感迷惑而强烈地爱上了她。他说，“当我听到她的声音时，我就禁不住颤抖。”1912年6月，卡夫卡和勃洛德去参观歌德故居时，被管理员的漂亮女儿玛格丽特吸引住了。在勃洛德的怂恿下，卡夫卡向姑娘发起了爱情进攻，并与她开始了交往。卡夫卡还特意送给姑娘一盒周边缠绕着鸡心项链的巧克力，而且两人还一起照了相。只是，卡夫卡觉得这场爱情游戏不会有什么结果，就中止了双方的关系。不仅只此，卡夫卡在20岁读大学期间还与住家对面一个服装店的女店员发生过性关系。他说进入旅馆前，他觉得“是那么迷人、激动、恐怖”；完事后，他又觉得“既不恐怖，也不下流”。此外，在朋友的带动下，卡夫卡还不时光顾布拉格的一些咖啡馆并结识了舞女甚至妓女，他也逢场作戏地与她们周旋，并且接受他所称的“印第安舞女”等人的性服务。

但是，这些爱和性的经历并没有在卡夫卡与菲莉丝的关系中使卡夫卡信心十足、从容面对和娴熟交往。他过去在游泳池与高大魁梧的父亲一起游泳时，看到自己瘦骨嶙峋的身材，感到自己是“最瘦的人”，是一只“翅膀已经萎缩”的“寒鸦”。而一些朋友在提到他时，又觉得他胆怯、敏感、压抑、病态和分裂。因此，当这一次心仪的姑娘来临时，他就畏首畏尾，不敢大胆追求爱情且心怀恐惧。

不过，经过白昼的反复思考和夜晚的失眠折腾后，他到底还是勇敢地拿起笔来给菲莉丝写了第二封信。

菲莉丝是一个有着一半犹太人和一半普鲁士人血统的德国女孩。她出生于一个保险公司代理人的家庭，25岁。她当年因父母分居而在中学毕业后就谋职挣钱，与母亲一道负担起4个弟弟妹妹的生活。她现在是柏林一家生产录音机的公司的执行秘书。菲莉丝平易单纯，务实干练，喜欢时装、旅游和舒适的家居。她在卡夫卡笔下与其说是一个“快乐、健康和自信的女孩子”，不如说是一个性格坚韧的具有母性色彩的女子，尽管她比卡夫卡小4岁。

两人就这样开始了信纸上的往来。菲莉丝的来信点燃了卡夫卡对爱情的渴望，以至在布拉格的卡夫卡开始整日整夜地思念起在柏林的菲莉丝，并盼望她天天来信。卡夫卡对菲莉丝的称呼也从“菲莉丝小姐”到“亲爱的菲莉丝小姐”再到“最亲爱的菲莉丝小姐”，最后就只称“最亲爱的”了。在菲莉丝的生日来临时，他除了写去情书外，还送上祝福的鲜花。他向她倾诉："最亲爱的！上帝啊，我是多么爱你！"他的信也增加到了每天2封甚至3封，有时还有加急信或电报。而他只要一天没收到菲莉丝的信，就坐立不安，就要在自己工作的保险公司或回家查个究竟。收到菲莉丝的信后，他常常要读上一二十遍。就这样，卡夫卡在短短一年多时间里就给菲莉丝写了四百来封信。他从一个爱情的怯懦者变成了"20世纪上半叶无名的骑士爱情歌手"。

与菲莉丝的爱情也激发了卡夫卡的创作灵感，他这段时期文思如泉涌。在给菲莉丝写出第一封信后的第三天晚上，他熬了一个夜，就完成了他的第一个短篇小说代表作《判决》。小说于第二年正式发表，并题有"给菲莉丝·B·小姐"的献辞。在这种爱的神奇力量的驱动下，他又完成了短篇小说《司炉》和最具代表性的短篇小说《变形记》等。

可是，随着爱情的进展，卡夫卡一些隐性的性格缺陷、病态心理显现了出来，这是否与他从写作的欣悦感急转到经营的不适感产生的厌恶的刺激有关呢，尚未可知。卡夫卡在完成了他十分满意的《判决》后，他的妹夫要出差半个月左右，父母忙于商店经营，而且父亲又在病中，于是父母令作为石棉厂的股东的卡夫卡暂时主管厂务。这使得处于创作高峰期的卡夫卡十分不快，他对经营工厂事务十分反感，也无经营管理能力。他为此心烦意乱，精神紧张，头痛失眠。他给勃洛德写了一封信，倾诉了内心的痛苦。他说："我被令人战栗的恐怖攫住了……或者在每个人都入睡后纵身跳下窗子……"勃洛德收到信后十分震惊，立即给卡夫卡的母亲写信。母亲接到信后，在震惊之余立即让家族以外的一个股东代替卡夫卡，这才结束了这个令人惊吓的事情。

在这以后，卡夫卡与菲莉丝的通信就呈现出阴暗、恐惧和不正常的色彩，他频频地向菲莉丝展示自己丑陋的不健康和病痛的一面："我是我认识的人中最瘦的，我是疗养院的常客。"又说："我通常感到心脏隐隐作痛，胃部肌肉抽搐，身体十分虚弱，又常常失眠，还有自恋的忧郁症。多么不可救药的可怜虫啊！如果我在这方面宽恕自己，我所做的恰恰就不是宽恕自己，而是慢性自杀，我的痛苦就无法忍受了。"他还把以前写给勃洛德的关于自己病痛的信复诉给菲莉丝："我感觉令人作呕的东西要涌出来。最近两肩又患上了风湿，接着又窜到腰背部，然后是腿部。我所有的一切都在反对我。在我身体里，除了无数把我穿透的长钉外，别无他物，我一使劲，它们就越扎越深，使我痛苦万分。”

而且，卡夫卡更深一步地挖掘自己病态的灵魂和分裂的自我，字里行间呈现出阴暗和恐怖不安。如“我的生活中有某种来自精神病医院的成分。我是无辜的，当然也是有罪的……而我可怜的姑娘在经受着痛苦的煎熬”。“难道你不知道我此刻是多么虚弱、可怜、需要有人依靠吗？”“在恐惧和自责中，爱被窒息了，被埋葬了”。“你必须了解你永远不会从我这里获得纯粹的幸福，我只有纯粹的痛苦。”“我的内心世界是可怕的不安！”“在床上痛苦地辗转反侧直到凌晨，看到唯一的出路，那就是跳出窗外……”

此外，卡夫卡还不合时宜地告诉菲莉丝：“我是因写作而活着的，因此写作是第一位的，是生活的源泉，爱情只能排在第二位。”他更对她说曾与一个朋友打赌，说自己永远也不会结婚。他还向她诉说自己不能承担婚姻和家庭生活。而在菲莉丝建议他到布拉格与柏林之间的德累斯顿旅游时，却被他拒绝。他拒绝的理由是他患有顽固性头痛，但写给菲莉丝的信却又莫名其妙：“到德累斯顿旅游是一件大事……家人给我安排的是黑暗的房间，而不是明亮的起居室。”

这些阴暗、病态和不合时宜的文字及谈话，在菲莉丝原本还明净的心中投下了浓重的阴影。她本来是想尽快谈婚论嫁，组建家庭，所以虽然越来越觉得卡夫卡不正常，但还是打算容忍。她决定找勃洛德谈一下，听取他对卡夫卡的异常言行的看法。勃洛德请菲莉丝善待卡夫卡，宽容卡夫卡有些病态的多愁善感的言行。他后来还专门给菲莉丝写了一封信，信中说卡夫卡有写作天赋，一个将要成为天才作家的人或多或少都有一些与一般人异常的不合情理的超乎常规的言行。这是需要人们理解的，否则天才就会被扼杀在萌芽状态。

于是，菲莉丝的脑海里浮现出两个卡夫卡：一个是献身于伟大的文学事业的孤独天才，一个是常常处于忧郁、恐惧和异常的病弱者。菲莉丝的父母对她与卡夫卡的交往感到某种程度的不安，她自己也觉得两人的前景不容乐观。但她是一个善良的姑娘，明知对自己不利，也不愿意提出来并伤害卡夫卡。

1913年3月，卡夫卡要去见莱比锡的一个书商，谈出版自己的《变形记》

等事宜。他决定先到柏林见菲莉丝。通信了7个月，两人终于又见面了。卡夫卡邀菲莉丝到附近的一处森林散步，走累了，就坐在林中草地聊天。卡夫卡还带菲莉丝拜谒了德国著名戏剧家、小说家克莱斯特的坟墓。这次见面看来颇为融洽，遗憾的是第二天他要离开柏林去莱比锡。卡夫卡回到布拉格后给菲莉丝写了一封信，信中说："我在柏林短短的一天中同你在一起，是多么亲近啊！只有你才能给我带来活力。"但他在后面又补充道："你仍然不够了解我——你所要爱的人。"同时，他又写信给勃洛德，说菲莉丝"是一个受害者，她同周围的人与事和谐相处，但我却在破坏她赖以生存的基础"。在美好动情的话语中又罩上了病态的阴影。

两个月后，卡夫卡愉快地接受了菲莉丝的邀请与她和她的父母见面。但在见面之前，卡夫卡又焦虑和恐惧起来。他在日记中写道，见面"让我焦虑不安"，"我心中存在着可怕的不确定性"，"内心又缺乏安全感"。他又说他的身体"患神经衰弱、忧郁症"，"消化不良"，而且还有"皮疹"，又经常"头痛"，还有"风湿"等等。卡夫卡没有爽约，他到柏林与菲莉丝及她的父母见了面。他亲近地向菲莉丝表示，"我十分爱你，没有你，我活不下去。"又取悦于菲莉丝的父母说，"你们的女儿是一个善良、积极、活泼和自信的好姑娘，她是我活在世上的唯一目的。"可是，两天后离开柏林回到家，他对这一次与菲莉丝的见面却喃喃自语道："与你在一起，我也活不下去。"他还觉得自己在他们面前"自惭形秽"，并认为"给菲莉丝的父母留下了丑陋的印象"，"仿佛他们围着我像看一个侏儒或小丑似的"。他给菲莉丝发了一封信，对自己两天来在她父母面前表现不佳道歉，说"一个人分裂成两个人确实是令人无法容忍的"，"我被禁锢起来，成为最不幸的人，尽管我们俩分别在两个城市各自生活，但我们离得非常近，亲爱的，你是我生活的全部"。可是，紧接着，他又写道，"与我在一起，你兴趣索然，把头转向一边，不理会我那些愚蠢和疯狂的话而保持沉默，不愿意了解我的痛苦、痛苦和痛苦。"

虽然，两人关系有这样一些不祥的预兆，但两人仍然继续通信。在两人认识10个月和见过3次面后，卡夫卡终于还是给菲莉丝的父亲写了一封求婚信，请他把他的女儿嫁给自己。可是在焦急等待回信的时候，他读到一本书——丹麦存在主义哲学家克尔恺郭尔的《法官之书》，他立即为之倾倒，认为自己应心无旁骛地献身于文学事业。于是，他改变主意，立即写了第二封信，说自己已属于文学，无意求婚。但信尚未寄出，就收到了菲莉丝的父亲答应他求婚的信。他只得径直写信给菲莉丝。在信中，他问她是不是真的愿意做他的妻子。他为此列出几条她拒绝的理由，如他的不愿交往的孤僻性格，他的体弱多病、呆板、神经质的表现和与她喜欢孩子的天性相反的不想要孩子的意愿。他请她考虑与他结婚将带来的风险，还说为了对她负责，他请她的父亲找一个医生为他检查身体等等。

菲莉丝对这封信有些迷惑而又感到隐忧。卡夫卡等了很久，不见菲莉丝的回信。他这时又害怕起来，甚至觉得菲莉丝回信中的不满情绪哪怕只有只言片语，也会引起他的身心战栗。他这时反倒盼望菲莉丝用回信来打消他的无意求婚的念头，同意与他结婚。菲莉丝终于回信了。她没有正面回答他信上列出的理由，而是劝他不要自责，不要有自戕心态，要振作起来；她还说不担忧他的体检，他会是“一个好丈夫”的。

到了秋天，卡夫卡出差到维也纳。他处理完公务后，来到意大利的威尼斯、维罗纳和的里雅斯特等地旅游。最后他住进了里瓦的一家疗养院，并在那里邂逅了一个被称作“瑞士人”的十八九岁的德国姑娘格尔蒂和一个年轻的俄国女子。他们相谈甚欢，相处甚洽。卡夫卡认为他与格尔蒂的交往虽然短暂，但却享受了一次甜美的“艳福”。关于格尔蒂，他写了“甜蜜的忧伤和爱。她在船头上对我微笑，那是一切事物中最美丽的”这样短短的语句，一扫与菲莉丝通信中的阴暗、恐惧和病态，而洋溢着健康的情调和爱的快乐。后来，他坦诚地把这段“甜蜜的忧伤和爱”告诉了菲莉丝，并说“虽然这有点荒谬，但这让我清楚地感到我对你的爱”。

在这一个多月里，菲莉丝没有了卡夫卡的音讯，于是托她的同事和好友格莱特到布拉格时顺便看望卡夫卡并了解一下他的近况。结果这一来二往，两人发生了恋情。据说23年后，也就是卡夫卡逝世16年后，格莱特在给她的朋友的信中，承认她与卡夫卡在1914年有了爱情的结晶，但孩子在7岁时不幸死于慕尼黑。格莱特后来在1944年死于德国法西斯的奥斯威辛集中营。

也许是在格莱特的劝说下，卡夫卡在11月又来到柏林。但菲莉丝既没有到火车站接他，也没有在旅馆等他。他好不容易接到她的电话，只见面一个多小时，她有事就急匆匆走了。整个下午，他再没有接到她的电话，他只得闷闷不乐地离开了柏林。他感到屈辱。此后，他一连写了好几封信，但都没有回音。他感到沮丧,并对生活丧失了信心。

圣诞节来临,他托朋友韦斯到柏林时给菲莉丝带去贺信和礼物。元旦期间,他又发了一封信给菲莉丝。菲莉丝继续沉默着。他只得通过与格莱特的通信来了解菲莉丝的情况,他这时与格莱特的关系已相当亲密和随和了。直到2月上旬,他才终于收到菲莉丝寄来的明信片,他高兴得不知所措,就像收到菲莉丝的第一封信那样欣喜若狂。而在这之前,他经受着精神上的煎熬,他痛苦、失眠、心神不宁、无法工作,甚至想象着自杀的情景:写下"我的自杀是因为菲莉丝小姐,没有她我活不下去,而与她在一起也活不下去"的遗言,就冲到窗边,纵身一跳,一切都完了。

卡夫卡急不可待,几天后他就来到柏林。这一次菲莉丝很客气也很友好地在自己的公司接待了这位不速之客。她带他参观了她的办公室和她的公司,共进了午餐和晚餐,下班后又一起在街头巷尾散步、聊天。第二天,是星期日,她约他逛公园,又进咖啡厅边饮咖啡边交谈,再共进午餐。下午,卡夫卡与她分别了,她因事不能到火车站送行,专门发了电报致歉并表示善意。

在两人这种阴晴相间、若即若离和犹豫不决的交往中,卡夫卡和菲莉丝还是在复活节宣布订婚了。6月初,订婚庆典在柏林举行。这是两人相识二十余个月来取得的一个阶段性成果。

订婚后,两人忙于拜访和答谢亲友,又在布拉格挑选婚房。而此时,格莱特却黯然神伤,开始对她的好友与卡夫卡的爱情嫉妒起来。她要求卡夫卡烧掉她写给他的所有信件。而卡夫卡却告诉她:"订婚和结婚不会改变你与我的美妙的不可缺少的关系。"

7月中旬,卡夫卡再次来到柏林。当他一走进下榻旅馆的房间时就傻眼了:菲莉丝、菲莉丝的妹妹、格莱特和韦斯像法官等待罪犯入场一样等待着他。原来,格莱特把他写给她的信全部给菲莉丝看了,卡夫卡与格莱特的暧昧关系暴露了,菲莉丝气恼不已。卡夫卡信中有关对菲莉丝持保留意见和对格莱特持火热情感的内容都一一标注出来。当菲莉丝对着4人念出这些不宜公开的内容时,卡夫卡知道他与菲莉丝的关系结束了,他只能无言以对。尽管韦斯为他作了一些辩护,但既不有力,也不令人信服。这次旅馆里的"审判"结束后,两人就各奔东西,婚约旋即解除。

卡夫卡似乎从结婚恐惧症的梦魇中解脱出来,他原来所谓的"我对人的基本情感的恐惧”和“对婚姻的恐惧可能使我变成危险的疯子”的担心均不存在了。他沉下心来，全身心投入到写作中，这再次掀起了他文学创作的高潮。两个月后，他意外地收到格莱特的来信，对方向他表示歉意，并暗示菲莉丝与他的关系有解冻的可能。他回信说他并不恨她，对她也表示了原谅。同时，菲莉丝的妹妹也写信给他，信中对他进行安慰，希望他振作起来。他当然也礼尚往来地一一回信。在这种回暖的气氛下，他鼓起勇气，给菲莉丝写了一封交往以来最长的信，这离解除婚约过去了3个月。

12月初，当他完成短篇小说《在流放地》并把长篇小说《审判》写到第八章时，又接到了菲莉丝的妹妹的来信，告知她们的父亲因心脏病发作去世了。卡夫卡立即陷入内疚和自责中，认为“是我造成了菲莉丝的不幸，是我削弱了她们抗拒不幸的力量，是我对她们父亲的死起了不好的作用”。一种负罪感又开始侵入他本来就具有的恐惧心理，并重重地折磨着他。

1915年2月，正值第一次世界大战期间，在两人解除婚约七个多月后，重又见面了。为了这次约会，卡夫卡带上他刚完成的一些作品；而菲莉丝费力办了一个战时旅行护照，因为约会地点选在捷克边境城市博登巴赫。见面时，卡夫卡对菲莉丝的父亲表示哀思，并向菲莉丝表示慰问。稍后，他们沿着铁路沿线边散步边交谈。在一个地方停下来后，卡夫卡掏出他的《在流放地》手稿，给菲莉丝朗读起来。卡夫卡感到菲莉丝的反应有点淡，心中不快。作为一个非文学爱好者，菲莉丝对像卡夫卡这样的独特作家缺乏了解，是令人遗憾的，但也是正常的。好在卡夫卡读完后，她表示将手稿带回柏林，让她誊写，这对卡夫卡失望的心带来些许暖意。

两人回到各自的城市后，卡夫卡又与菲莉丝通信。夏天，他俩又见面了，但闹起了一点别扭。菲莉丝表示愿与他在布拉格生活，他却说“再也无法在这个城市待下去了”；可后来他又矛盾地在信中对菲莉丝抱怨：战争结束后如果迁居柏林，他“将要被失眠和头痛毁掉”。他在日记中责骂自己“无能、多病和愚蠢”，并找公司负责人请假或解雇他或让他参军，因为他再这样下去，就将会丧命于脑膜炎、精神错乱或其他类似的疾病。公司不会解雇他，因为他是一位好职员，最后准假让他治病。卡夫卡这一段时间确实身体出现了问题，头痛、失眠十分严重，以致他认为辞职或遭解雇对他是很公平的。

不过到了1916年5月，他到玛利亚温泉市出差，顺便享受了那里宁静的森林、温暖的矿泉和清新的空气，并与到这里来游玩和泡温泉的六七个姑娘相处甚欢，病情似乎大大减轻了。在这种情况下，他回到家后见到菲莉丝邀请他到疗养地度假的来信，他立即就答应了。卡夫卡又来到玛利亚温泉市，他与菲莉丝各自住一个房间，但中间有一扇门相通。他俩在这里住了10天。卡夫卡的病情进一步减轻，头痛、失眠完全消失。而且两人在这里又表示要重新订婚，并且以两人的名义写信告诉菲莉丝的母亲，同时还一起去告诉也到这里来旅游的卡夫卡的母亲和妹妹。卡夫卡这时心情是少有的好。他写信告诉另一个妹妹，说“情况比我想象的要好得多，也比菲莉丝想象的要好”。他后来又写信给勃洛德：“经过几个恐怖的昼夜之后，我同菲莉丝的交流逐渐多起来，在我们相互通信的最美好的时期，我们结成了一种我以前从不了解的人际关系。”不过，在他好的心情中，仍然时隐时现着往日的那种病态：“当菲莉丝向我走来接受订婚之吻时，我禁不住战栗起来……我害怕在婚礼之前与她单独在一起，我以前从来没有这样害怕过。”尽管如此，卡夫卡与菲莉丝的苦涩爱情到底还是朝甜美的方向发展了。两人考虑定居柏林，并准备租房和置办家具，等战争一结束就举行婚礼。

可是，不久两人在婚后是否要孩子的问题上发生分歧。卡夫卡不想要孩子，这引起菲莉丝的不安。到了这一年11月，两人分歧加大。卡夫卡到慕尼黑去参加一个书店举办的朗诵活动，他本可借此向读者广而告之，扩大自己的作品的影响。菲莉丝也专门来听他的朗诵。但他的朗诵不成功。他有点闷闷不乐。因此当菲莉丝与他在一家小店用餐提到今后的生活时，他心情更糟糕，两人为此争吵起来，互相指责对方只考虑自己不为别人着想。还好，这没有太大地影响到两人此前要重新订婚的约定。

1917年7月，菲莉丝来到布拉格，两人再次宣布正式订婚，并举行了订婚仪式。之后，两人一起旅游并拜见亲友。旅游中，两人又发生摩擦，弄得十分不愉快。这其间，卡夫卡还为他的《乡村医生》等作品的出版忙碌着。他打算辞掉工作，从业余作家转为专业作家。一位书店老板还表示将给予他物质上的支持，他为此感到高兴和兴奋。他开始为与菲莉丝结婚并建立家庭操劳起来。可是，就是在这种心情不错的情况下，仍有一些莫名其妙的神经质的想法冒出来：“如果我过一段时间死了，或者丧失了生活能力……那我会说，是我自己撕碎了自己……这个世界——菲莉丝是它的代表——与我不停地冲突，这个冲突是避免不了的，它撕碎了我的身躯。”卡夫卡显然是在矛盾的病态的心理状态下写下这些话语的，可这却不幸成了他日后生活和命运的谶语。

就在第二次宣布订婚后的8月的一个凌晨，卡夫卡突然吐起血来，起床后仍然咯血不止。第二天晚上，他又吐了一些血。当侍女见到卡夫卡吐的血后，忍不住惊叫起来：“博士先生，您的日子可能不长了。”可卡夫卡仍像往常一样去上班。他看病后，医生诊断他是支气管炎之类的上呼吸道感染。以后数日，他感到呼吸困难，而且咳嗽、发烧、出虚汗等。卡夫卡联想到7月底8月初的一次游泳中也吐了一点血（他当时不太在意），他的直觉告诉他：可能是肺结核而不是支气管炎。在病情一天天恶化的情况下，加之勃洛德的劝告，他再次走进医院。他被资深医生确诊为肺结核。经过几天的考虑，他写信告诉了菲莉丝：他患了可怕的肺结核。3天后，他在小妹妹的陪同下，来到一个叫楚劳的村庄疗养。他后来称这段时间的疗养是他“一生中最幸福的8个月”。菲莉丝接到信后，不顾30个小时的旅途劳顿，赶到楚劳看望卡夫卡。但是两人无言以对的时间居多，而卡夫卡又不善于调节这种不正常的气氛，以致他在内心不得不谴责自己：“我是个冷血动物，毫无感情。我犯了罪，却让她受酷刑，而且我还是施刑者。”

两人在一种抑制不住的悲情中离别了。菲莉丝乘坐的马车缓缓地绕着村庄的池塘转了一圈，她伸出头来朝卡夫卡凄苦地笑了笑，并挥了挥手。而卡夫卡心中涌出百感交集的悲凉，他抄近路向马车追去，也挥手向菲莉丝致意。黄昏来临，卡夫卡怔怔地目送着逐渐消失在薄暮中的马车。

卡夫卡在咨询了多位医生后，知道肺结核是一种难治之症。当时在布拉格患肺结核死亡的人数就占全部死亡人数的30%。卡夫卡面对这个严酷的事实，心中已作出决定。圣诞节前夕，卡夫卡回到布拉格。而菲莉丝也从柏林来到他的身边，并表示要同他一起生活。可卡夫卡却一反迟疑不决、惴惴不安的怯懦性格，坚决表示不接受菲莉丝对他作出的这一牺牲。他说，鉴于他现在这种状况，只能放弃与菲莉丝的婚姻，以免增加对她的负罪感。

卡夫卡与菲莉丝第二次解除了婚约。用欢乐、苦涩、甜蜜、恐惧、和谐、冲突浇灌了5年的畸变的爱情之花枯萎了，卡夫卡终于可以沉浸在自己的“患病情结”中并享受着自己的“病态”的自由。而且就他以克尔恺郭尔为师并且两人都具有相似的病态和分裂的人格而言，他抓住自己患这种“致死之病”的时机来步克尔恺郭尔的后尘也未尝不是一种善意和崇高呢？克尔恺郭尔当年也是这样经过思想和感情的搏斗后，痛苦地结束了与恋人的爱情。

1917年12月下旬，卡夫卡执意与菲莉丝分手并把她送上火车后，立即来到勃洛德的办公室。他一进门，就忍不住失声痛哭起来。他呜呜咽咽地说道：“非要这样不行吗？实在是太可怕了！”勃洛德后来谈到对当时的卡夫卡的感受是“我所经历过的最恐怖事情”，“我还从来没有见过他这样张皇失措过”。卡夫卡第二天在写给他的小妹妹的信中也忍不住他的悲痛：“昨天下午我哭了，把我成年以后所有的哭泣加在一起，也没有昨天下午这么多。”

一年零3个月后，菲莉丝嫁给了柏林的一个富商。卡夫卡为此甚为欣慰，并为之祈福。菲莉丝后来生下一子一女。菲莉丝一家于1931年迁居瑞士，又于1936年迁居美国。她于1960年在美国逝世。菲莉丝一直保存着卡夫卡写给她的五百来封情书。后来随着卡夫卡的声誉日盛，在勃洛德和她身边的亲友的劝说下，加之她生病需要支付昂贵的医药费，她将这些情书出售并授权纽约的出版商斯乔肯独家出版。这些情书的出版是卡夫卡唯一的一部真正完成了的“长篇小说”。

与菲莉丝分手一年后，第一次世界大战结束了，但西班牙流感却肆虐全球。卡夫卡不幸感染此病。病好一些后，他在母亲的陪护下来到布拉格以东的一个山庄休养。一天，卡夫卡在走廊上碰到也来自布拉格的一位姑娘。姑娘叫尤丽叶，28岁，犹太人，父亲是一个鞋匠，也兼干犹太教堂的勤杂活。她原有未婚夫，是一个犹太复国主义者，但却不幸死于这次大战中。尤丽叶的美貌和爽朗笑声感染了卡夫卡，以致最初的几个夜晚他失眠了。他虽然记着给他治病的医生的话“你不结婚的决定是正确的”，但他的意志战胜不了人的本能的欲求，因此他与尤丽叶开始交往并谈情说爱起来。与尤丽叶的恋爱使卡夫卡的心情十分愉快。他写信告诉勃洛德：“我与尤丽叶在一起只有短短的几个星期，但大笑的次数比过去5年大笑的次数还多。”可他又莫名其妙地补充道：“尽管这种笑并不欢畅，也并非发自内心。”

返回布拉格后，两人仍经常见面。春天来了，两人常常在黄昏时分到林荫道和公园散步，而且不曾浪漫过的卡夫卡还摘下公园里盛开的花朵给尤丽叶戴在头上。夏天来了，尤丽叶邀卡夫卡游泳，卡夫卡也顾不了自己是“最瘦弱的人"而接受邀请与她一起游泳。卡夫卡投其所好,带她看电影,与她一起欣赏轻歌剧或喜剧。很快,两人就谈婚论嫁了。这一年夏天,卡夫卡与尤丽叶订婚了。他们为结婚做准备,费了一些力找到一处房子,接着又在报上刊登结婚启示,打算在11月上旬举行婚礼。可是临近结婚前几天,房主告诉他们房子已被租出。于是,两人的婚礼暂不举行,结婚一事就搁置下来。

事有凑巧,勃洛德邀卡夫卡在11月也来到卡夫卡养病的山庄。卡夫卡在这里又结识了一个犹太姑娘,叫闵泽,约十八九岁,十分苗条。卡夫卡与她交谈几次后,就被她的青春活力和活泼可爱吸引住了。但是,这时的卡夫卡有婚约在身,与其说他在两人的关系中是扮演的恋人角色,倒不如说是扮演的父兄般的角色。两人分别后,卡夫卡给闵泽写了很多信,而且通信保持了3年之久。

到了1919年12月,卡夫卡考虑从布拉格迁居慕尼黑,原因之一是已迁到慕尼黑的一个出版商愿意帮助他,他的短篇小说集《乡村医生》等就是这位出版商出版的。他还考虑将带尤丽叶一起到慕尼黑去。可是,恰恰在这个时候,他突然收到一个非犹太的捷克女作家的信,女作家在信中表示要把他的一些作品翻译成捷克语发表或出版。她的信和她随后的出现,也许还有健康等原因,改变了卡夫卡偕同尤丽叶迁居慕尼黑的计划,也使两人的爱情和婚姻变成了泡影。

这位女作家叫米伦娜,25岁,布拉格人,13岁丧母,父亲是捷克一所大学的医学教授。米伦娜中学毕业即成为妇女解放运动参加者。这位热情、张扬、聪明和美丽的姑娘十分爱好文艺,她学过音乐、医学等,出入于作家、音乐家和画家的聚会,并初尝恋爱的甜头。不久,她结识了犹太作家波拉克并欲与之结婚,但遭到父亲的反对,并被送进精神病院。可她离开医院后,选择了与波拉克私奔到维也纳,父亲遂与她断绝了关系。她与波拉克结婚后并不幸福,丈夫并不专情于她。孤独的她混迹于一些才情色情混杂的沙龙,一度用酒精并进而用毒品麻醉自己。在这种自虐的生活方式下,她的肺部受到病魔的侵袭。但她没有忘记自己高贵的祖上:17世纪时,她的先祖中的一员因反对哈布斯堡王朝对捷克民族的统治而被处死。为纪念这位先祖,米伦娜的祖姓被刻在布拉格市政厅的铜牌上。因此,米伦娜后来投身于反对德国法西斯的战斗就是顺理成章的了。在她不少的男朋友中,除了像卡夫卡这样的名人外，还有像《绞刑架下的报告》的作者、捷克社会主义者和民族英雄伏契克这样的名人。1940年，米伦娜被关进纳粹集中营，5年后瘐死狱中。

卡夫卡收到米伦娜的信后，终于想起了他与米伦娜和她的丈夫在布拉格的一家咖啡馆里见过面，不过她的模样在他的记忆中已不太清晰了。他决定让她的模样清晰起来，于是就给米伦娜回了信。

可是，卡夫卡左等右等，一直没有米伦娜的回音。这时他的身体又出现问题，他决定请病假到意大利的米兰休养。1920年4月，他来到米兰后给米伦娜又写了一封信。信中，他像告诉老朋友那样，说他先后两次与一位姑娘订婚又解除婚约；现在又与第二个姑娘订了婚，但并没有朝结婚的方向发展。他还希望米伦娜到米兰来与他一聚。

病假到期了，他原定到卡尔斯巴德与尤丽叶见面，现在他改变了主意，因为他6月下旬打算到维也纳与米伦娜见面。他对自己的变卦感到不安，在写给小妹妹的信中也对自己作了谴责："这件事也许就这样完了，我戏弄了一个活人……我对尤丽叶干了一件最糟糕的事情。"

6月底，卡夫卡与米伦娜见面了，他立即为眼前这个性感迷人和热情似火的少妇倾倒了。两人从咖啡馆出来，一同奔向维也纳森林，并在这幽静的林中散步。两人兴奋地谈起文学，谈起卡夫卡的小说和米伦娜的翻译，彼此一见如故，相见恨晚。到了第二天，两人就从文学谈到友谊并进而谈到爱情了。卡夫卡与米伦娜一起度过了4天惬意的时光，在过完37岁生日后才离开维也纳回布拉格，而这时的卡夫卡已经坠入对米伦娜的爱河中。至于往常的恐惧心理似乎也难见踪影，这正如米伦娜日后在给勃洛德的信中所说的："他的为人，我还未来得及认识，就已认识了他的恐惧……在他与我度过的4天中，他的恐惧不翼而飞，他和我对他的恐惧一笑置之……这些天，他的病症最多像一次极轻的感冒而已。"

卡夫卡回到布拉格后，就坦诚地告诉了尤丽叶他与米伦娜的爱情故事。尤丽叶听着听着，身体就哆嗦起来，尽管时值7月上旬的夏天。接着她抽泣起来，问卡夫卡："你要离开我吗？"卡夫卡沉默以对。她继续说："你要赶我走吗？我可不会走。"她责骂米伦娜抢走了她已订婚的丈夫，她要写信谴责米伦娜。卡夫卡自知理亏，他内心也同情眼前这个哭成泪人儿的姑娘，他说后天带她乘船旅游。可第二天，他有点发烧，而且咳嗽，只得写信给尤丽叶，待身体好转后再一起旅游，并请她暂缓给米伦娜写信。可尤丽叶已把信寄出，于是她赶到邮局，把信截了下来，并立即交给卡夫卡，以期唤回卡夫卡对自己的爱情。卡夫卡这时左右为难，一时不好处置。但最终他将这封信寄给了米伦娜。几天后，卡夫卡写信给尤丽叶，没有回音；他去寻她，却没有踪影。米伦娜告诉他，可能是她的回信破灭了尤丽叶对卡夫卡的希望。几年后，卡夫卡听说尤丽叶被送进精神病院，后又死在病院。卡夫卡一下陷入真正的恐惧中，他也像不正常的精神病人那样自言自语道："我是刽子手，我是侩子手啊！"

在布拉格，卡夫卡越来越强烈地思恋起米伦娜来。他在写给米伦娜的信中告诉她："短暂的肌肤相亲又长久的分离使我怅然若失，既给人安宁，又给人不安。"他开始恐惧和嫉妒她与她丈夫的关系，说"只有一件事使我恐惧，那就是你对你丈夫的爱"。精力充沛的米伦娜同孱弱有病的卡夫卡的爱情与米伦娜同她丈夫的关系陷入两难境地，她对卡夫卡说："我爱你，但我也爱他。"这让卡夫卡更加不安，他无法入睡，并对这种状态感到忧虑进而恐惧。他在信中告诉米伦娜："你不在我身边，只有恐惧整夜整夜地死死缠绕着我。"他请求米伦娜离开维也纳到布拉格来，并说"只有你才能平息我的恐惧"。但当他知道米伦娜不会离开维也纳，也不会离开她的丈夫时，他失望了，恐惧的心理更明显了。他只得退而求其次，约米伦娜在捷克和奥地利交界的格明特见面。可这次见面，两人没有了以前的激情，显然他们的爱情接近尾声了；而且卡夫卡的虚弱和疾病满足不了她的强烈需求，一弱一强的现实使他们很难走向婚姻。

从格明特回到布拉格后，卡夫卡在等待米伦娜的信中又焦虑和恐惧起来。他说："全天都沉浸在你的信中，怀着痛苦和爱情，怀着忧虑和恐惧。"后来他又告诉米伦娜："今天早晨起来，我害怕起来，怀着对你的爱害怕起来。"又说："不只是独有的格明特的恐惧，在布拉格也有这种恐惧。"之后一段时期，在写给米伦娜的信中，他简直坠入恐惧的深渊而不能自拔。如"您的信，一封令人吮吸不止，一封则令人恐惧"；"我的年龄，我的暮气，特别是我的恐惧与日俱增"；"这些信，结尾总是给我惊恐，而且恐惧阵阵加剧……一条条恐惧之蛇在你的头上伸出信子，而盘在我头上的则是更加凶险的恐惧之蛇"；"其实，我就是由恐惧组成的"；"你信中说我的话聪明得可怕……我的身体感到恐惧”;“没有你的帮助，我承受不了恐惧”;“人们对自身的迷是无法拆解的,没有别的,只有恐惧”。

读着卡夫卡的这些信和情书,米伦娜感到心里发憷和不寒而栗,似乎也跟着他“恐惧”起来。卡夫卡的身体每况愈下,咳嗽、发热越来越频繁,疲惫、衰弱越来越厉害，肺结核更严重了。他自己也感觉自己快接近于一个骷髅了,1.82米的高个子,体重从六十余公斤下降到55公斤,确实成了“最瘦的人”。于是,在1920年秋天以后,他出于现实的考虑,与米伦娜的通信就已没有多少情书的意味了。就连公司准他的假到维也纳森林疗养院疗养,在那里可以方便地看望米伦娜,他也下不了决心去看她,他痛苦和恐惧地告诉米伦娜,“我没有力量前来,一想起站到富有青春活力的你的面前,衰弱不堪的我就自惭形秽,这是我不能承受的。”

卡夫卡没有前往维也纳森林疗养院，而是去了斯洛伐克的马特利阿里疗养院。在这里,他结识了一位21岁的医科大学学生,匈牙利人,爱好文学,名叫克洛普斯托克。这位年轻的医生在卡夫卡生命的最后几年成了他最忠实、最亲近的两三个朋友之一。

疗养院对缓解卡夫卡的病情作用不大，有时他反而咳嗽、发热得更厉害,而且呼吸很困难。可恰恰在这个时候,他收到米伦娜的一封信。他有些紧张,他请勃洛德帮他注意米伦娜的动向,他怕米伦娜到疗养院来看他,如果见面,那会像血淋淋地撕咬伤口般的疼痛和绝望。他知道他俩不能结合的原因:他生命力微弱,而米伦娜生命力旺盛,米伦娜想得到包括他肌体之爱的全部爱情,这成了他致命的负担,因为委顿的他怎么能够给予强烈的她以任何身体上的爱呢？他不得不给米伦娜写信说:他们无法在一起生活,他请她别给他写信了,他也不会给她写信了。米伦娜接到信后,还是给他回了一封信,说是“最后的一封信”,并随即向勃洛德抱怨:“我让卡夫卡受苦受难了吗?这导致他的病情恶化了吗?他因此恐惧地逃离我,让我远离他的生活。这是我的过错,还是他的性格造成的后果呢？”她向勃洛德哀叹道:“卡夫卡永远不会好了,他生存不下去了,他很快就会死的。”

尽管如此,卡夫卡与米伦娜在心中仍然是彼此深爱着的。虽然都说是最后一次写信,但两人均未做到,直到卡夫卡逝世前半年,他们的通信才勉强中止。

卡夫卡从疗养院回到布拉格后，米伦娜始终忘不了他。米伦娜与父亲和解后在布拉格待了一段时间，因此从1921年秋到年底，再到第二年5月，米伦娜先后五六次到卡夫卡的父母家看望卡夫卡。卡夫卡心存感激、爱意，并引她为精神上的红颜知己，他把自己以前的日记都交给了她（米伦娜在卡夫卡死后将这些日记交给了勃洛德），还在这之前把《美国》和《致父亲的一封信》的手稿也赠给了她。后来，在1923年 6月，米伦娜再次看望卡夫卡，这是两人最后的诀别。

卡夫卡知道自己的病是难以治愈了，肉体的严重疾病导致精神的极度沮丧。他立下遗嘱，请勃洛德做他的遗嘱执行人，并在他死后把他的全部作品和日记信件等予以焚毁。幸好勃洛德没有执行卡夫卡的遗嘱，否则世界文学宝库中将失去这份瑰丽的珍宝。

卡夫卡作为保险公司的律师，工作尽职尽责，是保险公司的优秀员工，公司老板对他的病十分关心，而且多次批准他休假和疗养。卡夫卡感激不尽。但他的病太严重了，身体极为虚弱，他决定退休。公司一再挽留他，对他仁至义尽，最后还是尊重了他的意愿让他提前退休。卡夫卡这时刚满39岁。

刚退休时，卡夫卡感觉没有了工作压力，身体似乎轻松了一些。他抓紧在此之前就开始了的希伯来语的学习，还请了一位19岁的女大学生教他希伯来语。这样自己给自己加码，他的身体又出现了严重状况，他不仅咳嗽、头痛、发热、肠胃发炎，而且胸口疼痛厉害，他常常把胸口抵在硬物上来缓解疼痛。到了冬天，他病得更厉害了，只得卧床不起。直到第二年（1923年）春，他的病才缓解了。

夏天来了，卡夫卡的二妹建议他与她和她的两个孩子到波罗的海滨海城市米里茨度假。海边的美景和清新的空气振奋了卡夫卡的精神，身体状况也感觉较好。一天傍晚，他顺着海滩的汀线散步时，碰到也顺着汀线从对面散步而来的姑娘。这个非常年轻也十分漂亮的姑娘引起了卡夫卡的注意，她叫泰尔，16岁，是一个舞蹈爱好者，正在度假营做志愿者。此后数日，两人相约散步，一起聊天，相处甚欢。但泰尔马上就要回柏林。于是，卡夫卡送给泰尔一副玻璃餐具作临别礼物。而泰尔呢？第二天突然出现在他的房间门口，外面下着大雨，她浑身湿透，手拿一只雅致的花瓶，那是她作为两人离别赠送给他的礼物。卡夫卡十分感动，恨不得上去拥抱和亲吻这个女孩，但他控制住了自己。

其实，在此之前，泰尔把她的一个朋友朵拉介绍给了卡夫卡，她也在米里茨的度假营做志愿者。一天，卡夫卡无意识路过度假营的厨房，看见朵拉正在剖鱼和洗鱼，鱼血染红了一盆水。卡夫卡随意而无心地说道："好一双纤柔的手啊，却干着这么血腥残酷的活。"朵拉被卡夫卡的话羞红了脸，她认出了这位在海滩上见过面的泰尔的朋友，于是与他闲聊起来。她很快被眼前这个聪明、有教养、有风度但有点忧郁的瘦高个吸引住了。以后几天，两个人就常常在一起散步和谈天，卡夫卡的心情受到朵拉的感染也逐渐轻松和愉快起来。朵拉向度假营提出换一个工作，不再杀生。

朵拉也是一个犹太姑娘，25岁（一说19岁），出身于波兰一个享誉于犹太人中的工厂主家庭。她虽然不如泰尔漂亮，但也十分可爱和善解人意。她违背她父亲要她当教师的意愿和生活上的安排，离开犹太居住区，出来闯世界。她在举目无亲的陌生环境里自食其力，认识了泰尔，又认识了卡夫卡，并很快与卡夫卡相互吸引。

度假营志愿者的工作结束后，朵拉回到柏林的一家孤儿院，她住在那儿，并在那儿当裁缝。卡夫卡回到布拉格继续在家养病。很快，他就对朵拉思念起来，并不由自主地写起情书来。秋天，他抑制不住想见朵拉的念头，不顾虚弱的身体，来到柏林，并在柏林郊区先后租了两处房。朵拉从孤儿院搬出来与他同居。在与朵拉同居的这段时期，卡夫卡过着一种宁静安逸的田园式生活。他因病每天必须卧床休息一段时间，下午偕朵拉到公园游玩，晚上两人把手浸在大脸盆的水中嬉戏。这时的卡夫卡是笑口常开，容光焕发。当然，他的健康状况不可避免地要日益恶化，但在朵拉的陪伴和照顾下，这种恶化似乎来得缓慢一些了；而且重要的是他这一时期精神很好，心情也愉快。同时，卡夫卡对人的善良和体贴也感动了朵拉，朵拉愿意与卡夫卡长相厮守。

朵拉与卡夫卡有一次逛公园就看到了卡夫卡是如何安慰一个丢失了小木偶人而哭泣的小女孩的。卡夫卡告诉小女孩，小木偶人没有丢失，是旅游去了，她会写信回来的。于是，他每天模仿儿童的口气给小女孩写信，并在第二天来到公园念给小女孩听，小女孩信以为真。卡夫卡就这样持续了一个月。最后，卡夫卡在信上说小木偶人在旅途中遇到一个好小伙子，就嫁给了他，因此就不能回到小女孩身边了，请小女孩祝她幸福。小女孩相信了这个善意的谎言,就不再悲伤了。

这就是朵拉看到和认识的卡夫卡。而卡夫卡也觉得与朵拉在一起就像有了自己的家,他自立的理想也实现了。他的生活开始有规律,创作上又经历了一个小高潮。一些朋友也来看望他。每天早上,卡夫卡提着菜篮,拿着奶瓶,上街买菜,打牛奶。他看着蔬菜的价格飞涨,只得少买一点菜。路过阅报栏,他顺便看看报,因为手头拮据,订报的钱不够了。看电影和看戏太贵,电影院和剧院也基本上不去了。好在有时妹妹给他们寄一点日用品来,这让朵拉十分感动。朵拉有一手不错的烹饪技术,总是她做饭炒菜,卡夫卡打下手。冬天来了,卡夫卡一般闭门创作或休息,极少出门。朵拉静静地守在他旁边,从不打扰他。卡夫卡写好作品后,常常朗读给朵拉听。卡夫卡与朵拉在一起,很少有恐惧和病态心理。他终于感觉以前缺少的就是现在依偎在他身边的这个伴侣——朵拉。两人生活虽然清苦,但精神愉快幸福。他与朵拉还幻想以后移民巴勒斯坦,在那里租一个门面,用来开餐馆,朵拉做厨师,他当招待。卡夫卡逝世多年后,朵拉在接受媒体记者采访时,这样回忆到卡夫卡:“他完全不像一个病态的、性格忧郁的人,他心情愉快,富有魅力,关心和体贴身边的人。”

可是,尽管如此,卡夫卡还是无法抵御凶恶的病魔。1923年底,卡夫卡的病情加重,他剧烈地咳嗽、发烧,人不能离床,连电话也无法起来接听。朵拉心中开始有一种不祥的预感。1924年1月,卡夫卡的病情有所减轻,但高昂的医药费让他重又“恐惧”起来。此外,房租又涨价,他付不起房租,差一点被要求搬出。但当房租再次涨价时,他与朵拉还是搬到了另一处条件较差的公寓。至于答应与朵拉到维也纳旅游,也只得放弃。幸好,他的父母和妹妹不时寄一点钱和衣物来,勃洛德听说他的窘况后也及时寄来了大包食品。他的年轻的医生朋友克洛普斯托克也给他寄来了巧克力等食品。他工作过的保险公司也满足了他的补助申请。他写信给保险公司老板,向公司表示感谢。卡夫卡感到当“寄生虫”的可耻,就让朵拉把寄来的面粉做成大蛋糕,送到她曾经工作过的孤儿院。

2月底3月初,卡夫卡的舅舅应勃洛德之请到柏林看他。舅舅对他的病十分忧虑,极力劝他到疗养院疗养。3月中旬,勃洛德来到柏林,坚决地要把卡夫卡从柏林带回布拉格。克洛普斯托克也专门赶到柏林看望卡夫卡,并与朵拉一起到火车站为卡夫卡送行。朵拉与卡夫卡约定,4月再到布拉格陪伴他。

回到布拉格,尽管病重,卡夫卡仍不忘创作,他写了一篇短篇小说《女歌手约瑟芬或耗子民族》。他也给朵拉写了一些信。可惜这些信与朵拉手中一些卡夫卡的作品手稿和日记后来被纳粹分子查抄了,现仍不知所终。

卡夫卡的病愈来愈严重,身体愈来愈虚弱,结核菌深入他的喉部声带,他失声了,几乎说不出话来。4月初,他被送进维也纳森林疗养院,朵拉也赶来照顾他。看着他骨瘦如柴(他1.82米的高个子这时体重连衣服才49公斤)、病入膏肓的惨状,医生们也只能叹息地摇摇头。可才住十来天医院,他就被转到维也纳大学医院,因为疗养院对他嗓子红肿、发烧和止不住的咳嗽无可奈何,他的喉头结核太严重了。转院时,冷风大起,朵拉用厚毛毯把他严实地裹住,并紧靠在他背部为他挡风,而且一直在冷风中站了4小时。卡夫卡现在不能说话和进食,只能挨饿,靠输液维持生命,靠麻醉药减轻疼痛。

可是,维也纳大学医院对卡夫卡的病也回天乏术。一个星期后,卡夫卡又住进了离维也纳不远的奥地利南部的一个疗养院。克洛普斯托克也赶到疗养院来帮助和照顾他。医生们竭尽全力延缓卡夫卡的生命,减轻他的痛苦。他们给他的喉头注射高浓度乙醇,又让他服用阿片或吗啡。4月底5月初,卡夫卡感觉自己的病情有所缓解,他问医生,医生说他的喉头确实趋于好转。卡夫卡喜极而泣,高兴得对朵拉又抱又吻,他似乎对恢复健康抱有了信心,他渴望着与朵拉一起创建新的生活。

于是,他在一时兴奋之下,向朵拉求婚了。他写好求婚信,寄给了朵拉的父亲。朵拉的父亲收到信后,一时不好做决定,就去请教当地的一位德高望重的犹太长老,这位长老让朵拉的父亲不要答应这门亲事。朵拉父亲的回信使卡夫卡渴望与朵拉一起生活的幻想像肥皂泡一样破灭了。与此同时,疗养院负责人鉴于卡夫卡与朵拉的不是夫妻胜似夫妻的关系可能损害疗养院的声誉而要求两人结婚,并请朵拉去面见犹太人团体的负责人,让后者主持两人的婚礼。院方明知卡夫卡将不久于人世,仍要导演这幕荒唐剧,实在是令人匪夷所思。朵拉觉得院方做得不近人情,也不妥当,就没有就范。

卡夫卡求婚不成而受到刺激,他的全身脏器已极度衰竭。他挣扎着给父母写了一封信,说想与父母团聚,但现在在病中,请父母暂缓来看他,过一段时间再说。

1924年6月3日凌晨，卡夫卡几乎不能呼吸了。朵拉请克洛普斯托克和值班医生来到病房，先后注射了两针药液。卡夫卡向克洛普斯托克递了一个眼色，后者请朵拉到邮局为卡夫卡办事。这是他们商量好的，不让朵拉看到卡夫卡死时的样子。他请护士离开，拔掉了心脏助搏器的软管。卡夫卡要克洛普斯托克注射大剂量吗啡，说道："杀死我吧，不然你就是凶手。"又对克洛普斯托克说："请不要离开我！"紧接着他又说："但我要离开你了。"说着，他闭上了眼睛。朵拉带着一束鲜花回来了，她让卡夫卡一定要闻一下专门带给他的鲜花。人们以为已经死去的卡夫卡这时却微微抬起头来，对着鲜花深吸了一口气，而且左眼似乎也睁开了一下。多年后，守护卡夫卡的护士回忆卡夫卡的死时说道："他是我唯一一个无法忘记的病人，他的去世是那么单纯，那么动人心弦。站在他床边的所有人都泪如雨下。"

这位一生苦难、身心俱损的天才离开了人世，享年41岁差一个月。不过，他和他的父母作为犹太人逃过了纳粹的集中营。但他的3个妹妹却死在了纳粹的集中营里。朵拉后来嫁给了德国共产党的一个负责人，生下一个女儿，在纳粹上台后到了苏联。在那里，丈夫被捕而失踪。她携女儿移居英国，二战期间却被当作外敌关进监狱。1952年，她因肾病不治而死在医院。

庞德：
从意象派领袖到犯叛国罪和精神失常

庞德(1885—1972年)，美国诗人、评论家、意象派诗歌代表人物。出生于爱达荷州海利镇。父亲先后做过土地局职员和造币厂化验员。15岁入读宾夕法尼亚大学，后转入哈密尔顿学院，再后又回宾夕法尼亚大学学习并获得硕士学位。做过短期大学教师。1908年旅居伦敦后，先后发起意象主义运动和漩涡主义运动。1921年旅居巴黎。1924年侨居意大利。他还研究政治经济学和中国古代文化及文学。第二次世界大战期间，为罗马电台广播，宣传意大利法西斯主义，反对犹太人和美英等国。1945年被美国政府控以叛国罪，后因精神失常被送精神病院。1949年因《诗章》中的《比萨诗章》获美国首届博林根诗歌奖。1958年从精神病院获释，回意大利定居。代表作有诗集《诗章》及其《比萨诗章》。主要作品有诗集《休·塞尔温·莫伯利》、《献祭》、《面具》、《反击》、《人物》等，评论集《浪漫的精神》、《文学论文集》等和译著《神州集》、《大学》、《中庸和大学》、《论语》、《诗经》等。

1946年2月的一天，华盛顿特区的圣伊丽莎白精神病院，仍然是那么灰暗、陈旧、阴沉、森严。躁狂的病人在疯狂吼叫，痴呆的病人在四处游走，抑郁的病人在角落嘀咕。但与往常有所不同的是，在医院的走廊里、小路上或草坪边，时有三三两两的护士医生在交头接耳地谈论着什么。后又有几个好奇者来到一间单人病房前，他们看到昨天新送来的一个疯子，花白的头发凌乱不堪，诡异的目光正盯着一本书看，瘦削的面孔下蓄着也已花白的山羊胡子，他脸上有时露出一种怪诞的笑容，似乎有点兴奋，面对捧着的书咿里哇啦起来，谁也听不懂他的话。多日后，人们才知道他看的是一本汉英对照的中国典籍《四书》，而且他还常常伏在一台旧打字机上不停地敲打着——他在写诗哩。

医护人员对各种各样形形色色的精神病人早已见惯不惊，甚至眼皮难得张一下，手脚难得抬一下，却为什么对这个病人格外关注，一连数日穿梭往来地观察他，喋喋不休地谈论他。

原来，他就是不久前在全国各大报纸上了头版的被控犯有叛国罪的大诗人庞德，这在全国引起了轰动。“叛国罪”对老百姓来说是一个较为陌生的罪名，因为在美国历史上被判犯有这种罪行的人极少。但是，作为享誉美国和欧洲的意象派诗歌领军人物的一介书生庞德，怎么竟会沦为叛国贼，并又被作为疯子送进精神病院呢？这，就要从庞德的经历特别是在欧洲的经历谈起。

庞德很小的时候，他一家就从爱达荷州的海利迁居到宾夕法尼亚州的温科特。庞德十分早慧，15岁即考入宾夕法尼亚大学。但他不按常规学习，而是凭兴趣选学自己喜欢的课程，因而受到老师的批评。两年后，他转入纽约州的哈密尔顿学院，主修罗曼司语言和文学，也研究西欧的古典文学。可三年后，他又回到宾夕法尼亚大学攻读研究生。那里有长他两岁的同学、好朋友威廉斯和小他一岁的女朋友希尔达，这两人后来随庞德参与了意象主义诗歌运动。

希尔达出身书香之家。她受到良好的家庭教育和高等教育，是庞德的梦中情人，庞德真心实意地爱着她。可是，当庞德向希尔达的父亲提出求婚时，那位数学和天文学教授父亲尚未把他看在眼里，认为庞德配不上自己的女儿，他说庞德像一个流浪汉。爱情的失败，尽管对庞德是一个打击，但他并非儿女情长之人，况且求婚不成友情在，希尔达后来还是他的女友，她佩服他的事业心和创新精神。一两年后，庞德到了伦敦。希尔达后来也来到伦敦，以H.D.为名，从事诗歌创作，参加文学活动。她到达伦敦的第二年，与诗人奥尔丁顿相恋，两人的恋情维持了6年。与奥尔丁顿分手后，她又与音乐家格雷闪电相恋，后育有一女。希尔达也是一位同性恋者，她先后与弗朗西斯和布莱相恋；特别是布莱，始终忠于她，在她中风并逝于瑞士时，布莱不离不弃，陪护左右。希尔达是一位颇有成就的诗人和小说家。

此外，庞德还与另外两个女人有恋情：第一个是上面提到的弗朗西丝，她与希尔达一度是同性恋人，同时她与希尔达又都爱上庞德，庞德也爱上她们俩。这使她与希尔达均很痛苦。尽管庞德与她订了婚，但两人也没有步入婚姻的殿堂。第二个是玛丽，庞德与她的恋情虽然也不长，但在庞德的人生道路上也留下了印迹。他们的交往不仅是在山川野外，他还去造访了玛丽的家，并且在他出版诗集《人物》后，立即就题签了"谨以此书献给特伦顿的玛丽"的话。不过，庞德与这两个女子的恋情，他的朋友和熟人几乎无人知晓，而且玛丽是谁，也是一个谜。

1906年，庞德在他的两位拉丁语老师皮尔斯教授和伦纳特教授的帮助下，获得奖学金赴法国研究和翻译西班牙剧作家、诗人、小说家维加的作品。他游历了10—15世纪曾在罗马帝国版图内的普罗旺斯，并开始了对中世纪诗歌的研究和创作了他的第一批诗歌。

庞德回国后，受聘于印第安纳州的华巴斯大学。但他只教了4个月的书，就被校方解雇了，解雇的原因是"受欧洲不良风气的影响，行为有失检点"。原来，他一天逛街，碰到一个舞女，庞德与她搭讪起来后，相谈甚欢，而且他见她楚楚可怜，又颇有姿色，就请她共进晚餐。饭后，庞德把她带回自己租住的房屋。第二天早晨，庞德像往常一样上班去了。到下午快下班时，校方通知他，叫他第二天不要来学校上班了，停止了他的教师工作。庞德丈二和尚摸不着头脑。后来他才知道是他的房东、两个待字闺中的姐妹向学校告发了他。他早晨离开房屋后，两姐妹发现他房间里睡着一个女人。那时在这尚显荒凉的中部地区，两姐妹与其他人一样，脑子里还满是清教意识，容不得未婚同居行为，因而报告了学校。尽管庞德做了申辩，说他让带回来的女子睡在床上，自己打地铺睡在地板上，没有任何出轨行为。但是校方认为他的解释没有说服力，故维持原决定。

庞德被逐出了大学。在无所事事多日后，突然冒出一个到欧洲去的念头。是啊，欧洲是世界文化的中心，而美国算什么呢？

1907年年底，他怀揣80美元，带上创作的一些诗稿，搭乘一艘运载牲畜的轮船，经过大西洋风浪的多日颠簸，抵达了西班牙最南端的港口直布罗陀，并在此上岸。直布罗陀18世纪以来为英国领地。他决定先在西班牙旅游一下，可盘缠呢？恰好有一对来欧洲旅游的美国夫妇需要英国导游，他一冲动就揽下了导游这个活，并获得了一点酬金。

第二站是意大利。他首先到威尼斯，因为有一位美国女钢琴家正巡回演出到那里。这位美国女钢琴家叫凯瑟琳，美丽、能干，家世显赫，有一半犹太血统，长庞德15岁。庞德是在国内与她相识的，并曾热烈地爱慕她。他来到凯瑟琳身边，为凯瑟琳的演奏会做组织安排和宣传，他选择当地报纸刊登的对演奏会的赞美性评价，广为散发。凯瑟琳很感谢他，他就是在凯瑟琳的资助下，与她及她的团队抵达英国的。而且还不仅此，他还用这两次劳动得到的酬金印刷了自己从美国带来的诗稿，他是交由当地一家出版社出版的。就这样，他出版了自己的第一本诗集，取名为《灯光熄灭之时》。他十分珍爱这本只印了100册的薄薄的诗集，因为这是他登上诗人宝座的第一步。

1908年，庞德到达了伦敦。在伦敦，他开始圆他的诗人梦了。但是，他还是一个无名之辈，不可能凭稿酬生活。而这时他手头的钱越来越少，他必须找一份工作维持生活。于是，他来到伦敦工艺学院应聘普罗旺斯拉丁语言文学的教职。人们看着一个留着红色的八字胡须、栗色的粗硬头发、身穿绿衬衣、外披黑色天鹅绒外套、两耳吊着镶有宝石的耳环的人走进办公室，都感到有一点诧异。这模样哪像一个教师？校方开始有了拒绝之意，他们说暂时不需要这门课程的教师，而且调侃他说：谁也不知道你的名字啊。这时，庞德却自信满满地回答道："你们会知道我是谁的。"他用渊博的知识和雄辩的口才征服了校方，这样他开始了在这个学校的教学生涯。但是，他内心知道，他在这里只是为了领一点微薄的工资维持生计。他在课余时间潜心钻研和写作，后又联系了一家出版社，把他不多的一些诗稿结集出版，取名为《这个圣诞节的两星期》。当然这基本上又是自费出版，而且又只印了100册。他翻着自己这薄薄的散发出书香的诗集，又增强了信心，虽然信心中还夹杂着一点酸楚。他在伦敦朝着自己的理想迈出了一步后，就决定破釜沉舟地一心一意从事诗歌事业了，因而两年后他离开了伦敦工艺学院。

庞德这时已有意识地结交伦敦文艺界的名流。他参加"四方俱乐部"的聚餐会，会员中大多是一些著名作家和文艺评论家，其中最著名的是41岁的小说家和剧作家高尔斯华绥。高尔斯华绥后来成为国际笔会的会长，并获得1932年的诺贝尔文学奖。他也出现在"打油诗人俱乐部"的晚会上。他在这里见到了与他同龄的小说家和诗人劳伦斯，劳伦斯20年后出版了引起举世轰动和巨大争议的长篇小说《查泰莱夫人的情人》。后来他更频频出现在“星期一晚会”上，这是由43岁的爱尔兰诗人和剧作家叶芝主持的，叶芝15年后获得了诺贝尔文学奖。庞德在这些文艺团体或聚会上先作为听众，再作为谈伴，后竟作为主讲人了。不久，庞德就自立门户，建立起自己的文艺小团体“诗人俱乐部”了，他与他的诗友们每星期三晚上聚会一次，交流创作信息，互改诗稿，朗诵诗文，等等。同时，他打算再推出一本新诗集。他把自己写出的诗稿送给叶芝、王尔德等著名诗人和作家评价并请提出修改意见，然后送给出版商马修斯帮助出版。马修斯请他承担一半的出版费，他立即翻开自己的衣服口袋，找出了两先令硬币，说这是我全部的财产。马修斯无可奈何地笑了笑，到底还是出版了这本不到60页的取名《人物》的诗集，这是庞德的第三本诗集。

《人物》出版后，立即引起伦敦文学界的注目，一时好评如潮。它使庞德迈上了一个新台阶，他一下成了伦敦文学界的名人，并被誉为“西方现代诗的先驱”。

原先担心庞德没有名气，出版他的诗集可能会亏损的出版商马修斯，现在看到《人物》出版后的良好效应，以后就主动为庞德出版如《狂欢》和《抒情诗》等诗集了。

1910年，庞德认为可以回家看看了。他在英国文学界已成为著名的诗人，美国文学界也认为他是诗坛耀眼的新星。他有点衣锦还乡的味道。他看望了一些老同学、老朋友，特别与一年前到伦敦看望过他的威廉斯聚会。他还回乡看望了父母。

庞德回到伦敦后继续着他的诗歌创作，同时他也翻译盎格鲁撒克逊诗歌，而且他也写散文和评论。这不，经过一段时间的创新性思维后，他推出了一本重要的但引起争议的作品《罗曼司精神》，这将与他发起的意象主义运动直接相关联。

庞德听说英国哲学家、文学评论家休姆创办了一个很有特色的俱乐部，而且休姆也写诗，因此他很想参与进去。后来他在他结识的一位女演员的介绍下，认识了长他两岁的休姆，并参加了他们的活动。这伙人自称为源起于休姆的“意象主义者”。一次，他们在肯星顿的一个茶楼聚会，诗人奥尔丁顿和希尔达这一对也来了，而且希尔达还把新近写的一些诗歌交给庞德，庞德拜读后大大称赞了一番，然后兴奋地当着大家的面宣布：从现在起我们都是意象主义者。原来，庞德从希尔达的诗中发现了他思考多日的几条做诗原则，他在翻译盎格鲁撒克逊诗歌时就发掘出了这些原则，他当时在心中把这些诗叫做意象诗。现在，又终于有了创作的意象诗了。当然，庞德在创立意象主义时得到了他参与的几个俱乐部的文朋诗友的支持，其中他在休姆那儿受到的启发最大。意象主义就是在他与休姆、弗林特等人发表意象主义的3点宣言后才正式确立并影响英美现代诗坛的。此外，他还在长他20岁的叶芝那里得到了很多鼓励和帮助，同时他还受叶芝的影响而开始对东方哲学和新柏拉图主义进行研究。他敬佩叶芝，以叶芝为师，而且后来还给叶芝当了两三年秘书。但是随着时间的推移，叶芝的创作反而受到庞德的影响，他写诗也开始遵循庞德提倡的理论原则，诗风也为之改变。

随着庞德诗名的与日俱增，1912年夏，在美国芝加哥的《诗刊》杂志主编哈莉特开始向他约稿。于是，庞德以此为阵地，更把他的影响传播到全美国。此后，越来越多的欧美杂志争相向庞德约稿，而且由于庞德的名字和诗文频频出现在这些杂志上，这些杂志（约五十余家）的知名度和美誉度也纷纷提升。

庞德继续参加叶芝组织的诗人聚会。他与前来参加聚会的一位女士开始熟悉起来，她就是韦弗夫人。他说服韦弗夫人的杂志增设文学栏目，而且进一步将杂志更名，并以连载的形式发表了乔伊斯的小说，同时还发表他对乔伊斯小说的评论，以此来提携乔伊斯。后来又在他的促成下，韦弗夫人对乔伊斯进行了资助。不久，乔伊斯成功地写出了《尤利西斯》这部震惊世界的小说。当然，还是由于庞德的努力，英国皇家文学基金会也对乔伊斯给予了一定的资助。庞德因光顾文艺沙龙还与一位沙龙的女主人十分熟悉，她就是一度是叶芝的情人的奥利维娅，奥利维娅是一个小说家和剧作家。因为庞德从奥利维娅研习法国古典诗歌，因而对她的律师兼风景画家的丈夫亨利和他们的女儿多萝西也熟悉起来。但不多久，庞德就只对美丽、聪明而气质高雅的多萝西感兴趣了，而且随着交往的增多，两人萌生了爱情。尽管奥利维娅希望女儿嫁给英国男人而不是像庞德这样的外国男人，但多萝西从对庞德才华、学识的钦佩而变为对他的爱慕。庞德也对具有音乐和绘画天赋的才女多萝西情有独钟，他的写字台上放着一幅多萝西的画像，旁边还立着一支蜡烛。从相识到结婚，庞德给多萝西写了不少书信、情书和情诗，多萝西也回应不少。多萝西对诗文有很高的鉴赏力，她对庞德的诗作（包括写给她的情诗）和散文等常常提出大胆、中肯甚至是挑剔式的评价和批评。而庞德对这些评价和批评也大多赞同，他承认自己的作品不但受到叶芝的影响，也受到多萝西的影响。这对恋人在相识的5年中，虽有几次疏离，但还是于1914年步入了婚姻的殿堂。两人1926年生下儿子奥马尔，多萝西把他带回伦敦后，奥利维娅就负起养育和监护外孙的责任。1938年奥利维娅逝世，庞德回到伦敦，才见到12岁的儿子。1945年，奥马尔已成为一个美国军人。他听说意大利比萨囚笼中的老头子就是他的父亲时，他请假到意大利看望了自己的父亲。这就是儿子与父亲尴尬的一见。

后来，庞德从峰顶坠入谷底，又罩着叛国罪名，被送进精神病院，而且还有情妇。这虽在多萝西的心中投下阴影，但她仍然没有抛弃他，在他住精神病院时，很长一段时期天天去看望他，直至出院。

庞德的名气把一群诗人和诗作者吸引在自己周围。一天，一位来自祖国的诗作者通过朋友带信拜访庞德，他就是长庞德十来岁的弗罗斯特。庞德随便写了一张请柬，上书"有空见一面，在艾菲尔铁塔餐馆"。就这样两人开始了交往。庞德带着对伦敦还不十分熟悉的弗罗斯特逛大街，游山水，参加文艺沙龙中放荡作家、诗人的聚会，饮酒吟诗，神侃仙聊。一次，当庞德听弗罗斯特说他的诗集《孩子的心灵》交出版商尚无下文时，立即找到出版商为之说项，全力支持诗集的出版。而诗集印出油墨未干，他就拿了一本。回到家，他熬了一夜，写出对《孩子的心灵》的诗评。诗评很快在美国发表，引起美国文学界对弗罗斯特的注意，而弗罗斯特也开始赢得了自己的诗名，这正是他39年来所渴望的。弗罗斯特十分感谢庞德。可随着交往的深入，两人在诗歌创作上也显露出分歧。一次，弗罗斯特问庞德聚会时朋友们都干些什么，庞德说互改诗稿，弗罗斯特表示了不同意见。此后，两人在为人和性格上也显露出差异，庞德就再也不邀请弗罗斯特聚会了。弗罗斯特在英国从1913年待到1915年，他回国后一直没有忘记庞德，但他说他与庞德是有分歧的，这些分歧应该保留。弗罗斯特后来成为美国诗坛泰斗，国会两次为他组织生日庆典，就连肯尼迪也邀请弗罗斯特在他1961年总统就职庆典上朗诵自己的诗歌。1957年前后，弗罗斯特等国内多位名人利用自己的影响纷纷游说司法部长等政府要员，要求撤销对庞德的叛国罪指控。第二年庞德被释放，他不改45年前的老脾气，在发给弗罗斯特的感谢信上写道：“谢谢你对我所做的一切。安排一次短短的会晤吧。”信末的签名仍用的是大号字体，诗坛领袖的架子依然不倒。

意象主义得到越来越多的诗人的认可。1913年，美国女诗人艾米·洛威尔在旅居伦敦与庞德结识后，也热衷于意象主义诗歌。但她写的诗不完全符合庞德心目中的意象主义原则。她在庞德编辑第一册意象主义诗选后，她接着编辑以后几册。庞德认为她编选的诗歌没有突出意象主义创作方法的最重要的特征，说这些诗歌没有质量，要求她编选的诗集不能用“意象主义”的名称。艾米·洛威尔不答应庞德的要求，继续她自己的编选工作。

庞德心中不悦，逐渐与意象主义渐行渐远。第二年，即1914年，他在出版的《狂飙》杂志上又掀起了一个新的运动——漩涡主义。同时，他在《双周评论》杂志上发表了论漩涡主义的文章，又在《自我主义者》杂志上对漩涡主义者们作了介绍。而且，这一运动的核心人物除了庞德外，还有休姆，他的妻子多萝西也积极参与了这个运动。只是漩涡主义像意象主义一样也十分短命，但它们对英美文学的影响却是巨大的。

1914年9月，从美国经由法、德抵达伦敦不久的艾略特，在好友也是诗友的艾肯的引荐下，拜访了庞德夫妇。庞德在读了艾略特的长诗《普鲁弗洛克的情歌》等作品后，说道：“我从未见过这么好的诗。”而这首诗曾被艾肯推荐的出版商斥之为“是疯子写的诗”。他立即向美国的哈莉特推荐这首诗，并在信中请哈莉特“一定看重那个艾略特”。哈莉特并不怎么看好这首诗，但在庞德的催促下勉强在1915年6月的《诗刊》上发表了这首诗。紧接着，庞德又给哈莉特寄了一些艾略特的短诗；同时在庞德的促使下，伦敦的《狂飙》和《其他》等杂志也刊登了艾略特的一些诗作；他还把艾略特另外的5首诗收入到他编选出版的《天主教诗选》中。在庞德的提携和帮助下，1915年成了艾略特的诗人生涯的开局之年，从此后艾略特登上了诗人的宝座。然而，庞德对艾略特的帮助还不仅此。5年后，艾略特写出《荒原》一诗，拿不准一些诗节该删除还是该加强，他写信征求已到巴黎的庞德的意见。庞德大刀阔斧地删除和修改了《荒原》一诗，使定稿比原稿缩短了将近一半，只有433行，而且庞德的删改赋予了《荒原》本来所没有的结构，这就给评论家们提供了一个更广阔的评论空间。艾略特十分感谢庞德，他把《荒原》的副标题改为“献给埃兹拉·庞德，最卓越的匠人”。《荒原》的发表，开创了欧美现代诗的新纪元，而艾略特也成为20世纪最著名的象征主义诗歌巨匠之一，他也因《荒原》及以后的一些诗作而获得1948年诺贝尔文学奖。

庞德就是这样一个世界文坛的热心人。他如果认为哪个国家的哪位作家或诗人有潜力，作品不错，他就会竭尽全力对他帮助到底，这与他对家人的冷漠形成了鲜明的对比。他除了发现和帮助了如前所述的乔伊斯、弗罗斯特和艾略特等人外，还发现和支持了泰戈尔、劳伦斯和海明威等人，而这些人后来都成为世界文坛的领军人物。

1915年前后，庞德扩大了他的知识领域，他研究起几年前逝世的美国东方学家芬诺罗萨的作品来，由此引发他对中国文化和哲学的兴趣。这是由于叶芝介绍他认识芬诺罗萨的夫人并研究、整理芬诺罗萨的遗稿后的巨大收获。从此，庞德在创作诗文的同时，也研究、翻译和出版了不少中国作品，如《中国》（即《神州集》）、《大学》、《论语摘要》、《中庸和大学》、《论语》（全译本）和《诗经》等。

不久后，也许是由于第一次世界大战的影响，庞德又把目光投入到经济学和政治学上面来，因为他认为为了生存下去，艺术家必须关心像政治经济学这样的“冷酷问题”。为此，他钻研了不少经济学著作，也发表了很多经济学的文章。但有人批评他的著述与其说是经济学，不如说是一些对文学艺术问题和个人看法的诠释。在对他推崇的英国、瑞士经济学家道格拉斯理论和格塞尔学说的学习和研究中，他发现高利贷是人类社会的大弊端，而犹太人大多是高利贷者，这就种下了他对犹太人仇恨的种子，尽管他对个别犹太人如德国诗人海涅和美国诗人朱科夫斯基等十分尊敬或友好。而此时他开始创作并经历50年完成的卷帙浩繁的《诗章》，就有了高利贷剥削这一万恶之源的主题思想。

作为世界公民和国际诗坛主将，不在世界文化中心的巴黎露脸是说不过去的。但促使庞德离开伦敦的导火线却是一场未遂决斗。庞德注意到一个叫艾伯克龙比的年轻人爱为《时代文学》写稿，并发表一些涉及战争和爱国的诗歌。一次，艾伯克龙比发表了一篇关于弥尔顿的高尚艺术的文章。庞德一读到这篇文章就火冒三丈，他立即写信给艾伯克龙比，说这篇文章愚不可及，是对读者的一种挑衅，因此他代表读者与艾伯克龙比决斗。据说，艾伯克龙比收到要求决斗的信后，紧张不安，他跑到他所尊敬的叶芝那儿请他出主意或调解。但当他敲开门后看到的竟是庞德，他只好狼狈而逃。他在惊慌中报了警。庞德被请进了伦敦警察厅，他被要求离开英国。

1921年春，庞德开始移居法国。庞德来到法国之前，一大批美国的文学艺术家已在巴黎形成一个紧密的派系或团体。而庞德在巴黎安顿下来不久，就很快成了这个美国文艺团体的中心。他们纷纷前来拜见他，不少人还成了他的追随者。庞德见到了海明威、菲茨杰拉德、卡明斯、米勒和格特鲁特·斯坦等美国作家、诗人；老朋友艾略特、奥尔丁顿等也从伦敦到巴黎来看望他；而且他在这里还见到了乔伊斯和达达主义的创始人查拉等众多的欧洲各国作家、艺术家。

可是不久，庞德因为自我中心主义和性格偏执就常常与人发生争吵，只有海明威等极少数人是例外。1922年冬，庞德和多萝西两夫妇邀请海明威和哈德莉夫妇到田园圣母院大街的庞德工作室喝茶。海明威看见庞德依然是那一撮未经修饰的红山羊胡、那一件开领衬衫及缀上华丽的蓝晶晶的玻璃纽扣的夹克上衣，心中不免觉得庞德太像一个冒牌的戏剧演员了；及至看到工作室的令人别扭的日本绘画作品时，他更觉得庞德收藏这些玩意儿，完全是秀给他人看，是可笑的虚荣的表现。几天后，海明威针对这次会见写了一篇特写，文中充满了对庞德的揶揄，讥讽了庞德附庸风雅的虚荣心。正当他打算把稿子投到《小评论》杂志时，一位朋友劝阻了他，说《小评论》的主编因庞德为该杂志不计报酬地服务而对庞德深怀敬意，杂志主编是不会发表对庞德不敬的稿子的。从此，海明威仔细地观察庞德，发觉庞德虽然妄自尊大、古怪偏执，但却热心快肠，扶持新人，帮助青年。果然，海明威写出一些诗无从发表，庞德就选出6首，将其推荐到纽约的《日晷》杂志，并附信加以美言。后来，当海明威写出的短篇小说想结集出版时，庞德又来帮忙，让海明威得以出版了自己的第一部作品。而在海明威有段时间经济特别拮据时，庞德又出主意，海明威才开始协助作家福特主编《泛大西洋评论》杂志，这就解决了海明威的燃眉之急。而且海明威还可近水楼台先得月地在该杂志发表作品，又挣了稿费。海明威对庞德的这些帮助十分感谢，他后来写了《向庞德致敬》的文章，发表在《这一季》杂志的海外版上。1945年，当庞德面临叛国罪指控时，海明威就告诉大家：庞德20年代就神经不正常了。他说乔伊斯在多次与庞德交往后，就认为庞德疯疯癫癫的，如果庞德到乔伊斯那儿去，乔伊斯就会叫他去作陪，因为乔伊斯担心庞德说不定会干出疯狂的事来。海明威这是想用精神失常来为他开脱罪责。1957年前后，海明威也利用自己的名望，与其他几个文化名人一道，要求司法部门撤销对庞德的叛国罪指控，为营救庞德而尽了力。

庞德在与海明威交往期间，到意大利去了几次。他在那儿动过手术，又在那儿旅游过。其中有一次，他夫妇俩还邀请过海明威夫妇到拉帕洛、比萨等地旅行、野炊，后又一起滑雪、游玩。对意大利的风土人情、名胜古迹和文化艺术有了深入了解后，庞德对意大利及其政府和政府首脑墨索里尼开始怀有好感，他打算到意大利定居。回到巴黎后，他抓紧《诗章》的写作。1924年秋，他完成了《诗章》第一卷（16章草稿）后就来到了意大利的拉伯洛。《诗章》第一卷第二年也在巴黎出版。

在巴黎时期，庞德还改变了一个女人的命运。1923年的一天，庞德应邀参加一个午茶会，午茶会是人称莱斯沃斯岛女皇的美国小姐纳塔莉举行的。庞德应酬于众多熟悉的作家、音乐家、美术家和来宾中，他突然发现远处一个似曾相识的身影。于是，他走上前去，原来是几年前他在伦敦听过其音乐会的小提琴家奥尔嘉，他还为她写过赞美性的音乐评论哩，只是当时两人没有交往下去。这一次，两人彼此有所心动，于是你来我往，很快就发展成爱情。奥尔嘉出生于美国俄亥俄州的扬斯敦的一个地产商家庭。她从很小就多次随父母一起到欧洲各国旅游。她后来对意大利水城威尼斯的奇特风光情有独钟，她父亲就在威尼斯买下一幢别墅，作为女儿20岁的生日礼物送给她，从此奥尔嘉就长期住在威尼斯。这次午茶会后不久，奥尔嘉就成了庞德的情人。因此，庞德偕妻子多萝西在拉帕洛定居下来后，奥尔嘉也在附近的圣安布罗焦租了一套房子，她大多数时间就在此居住。1925年夏，她与庞德有了爱情的结晶——女儿玛丽诞生了。而在第二次世界大战期间，庞德与妻子和情人甚至同居一个屋顶下。庞德后来被指控犯有叛国罪并被监护在精神病院，但奥尔嘉像多萝西一样仍不离不弃。她利用在国际著名的意大利锡耶纳音乐学院任职结下的各种关系，呼吁国际著名艺术家向美国当局请愿，以争取庞德获释。

奥尔嘉对庞德的态度影响了女儿玛丽。玛丽孜孜不倦地钻研父亲的诗文,她用了几十年的心血,把庞杂浩繁且夹杂有包括汉语在内的18种语言的《诗章》翻译成了意大利语,并予以出版。

1958年4月,庞德从圣伊丽莎白精神病院获释,回到意大利。他偕妻子多萝西一起,住到了玛丽一家那儿。后来,庞德似乎更倾斜于情人奥尔嘉,他来到威尼斯,与奥尔嘉住到一起,并终老于此。

庞德到意大利后,继续着经济和政治的研究,在多种杂志发表经济学的文章,给美国政要写信推销反犹主义和有关高利贷的谬论。由于他人在拉帕洛,远离了美国、英国、法国的中心城市,也与这些地方的老朋友逐渐失去联系,不能与他们在交流中获得有益的思想,而且在意大利他更多更容易获取有关法西斯主义的信息。在这种情况下,他较容易地被墨索里尼的政治纲领所迷惑,后又进一步认可这个纲领,并把它看作是意大利人民的希望。及至后来他见到墨索里尼后,就更深信不疑法西斯主义理论并为法西斯制度辩护了。

在意大利的日子过得很快,他感到自己也要接近老境了。是啊,背井离乡也三十余年了,不知怎的,一不小心就跳出一个想衣锦还乡的念头。他觉得自己对世界文化特别是英美诗歌事业作出的贡献不小,但自己的祖国并没有给予他应有的荣誉和地位。1927年《日晷》杂志授予他的那个美国文学艺术优秀作品奖,奖金2000美元,显得有点不足挂齿。尽管如此,他还是在1939年春回国了。

一进入祖国的领土,庞德还是感到有点兴奋。船一抵达纽约码头,就有记者采访他,说明他在国内还有一定的名气。接下来,他的母校哈密尔顿学院对他表示欢迎,并授予他荣誉博士学位。再接下来,母校为他举行宴会暨演讲会,并请他演讲。可是,当特邀嘉宾在发言中提到意大利与德国的令人担忧的结盟时,立即遭到庞德不客气的插话,他趁机宣扬起墨索里尼和法西斯主义来。两人争论起来,大会主持人平息了争论后让庞德演讲。于是,庞德继续为法西斯主义唱赞歌。他说,只有在像墨索里尼那样的人的领导下,国家才会进步,世界才有和平,人类才会更安全。他还毫不客气地说他关于美国经济弊端的著作和文章应该列为每个美国人的必读教科书。

会后,庞德无论是在公众场合,还是在私下场合,都与人争论。他拜访了日后成为美国副总统的华莱士，也接触了不少专家、教授、企业家、银行家、政府官员和参众议员，还看望了他的老朋友和诗友，向他们兜售法西斯主义、反犹主义和有关高利贷的谬论，并指出美国的经济政策将会把美国拖入到灾难之中。他还预言第二次世界大战不会爆发，等等。他想见总统罗斯福，但被拒绝了，他为此耿耿于怀。渐渐地，人们从对他的新鲜感而变为厌恶感，从最初的欢迎他而变为讨厌他，到后来他的几个老朋友都表示不愿意再见他了。他被人称作是“不受欢迎的人”，还有人说他“疯狂”，是一个病人。

1939年夏末，庞德回到了拉帕诺。就在这一年的9月初，法西斯德国侵略波兰而全面爆发了第二次世界大战，这击破了庞德关于战争不会爆发的所谓预言。对此，他不但不反思，反而投入意大利法西斯政权的怀抱，并为其服务。他向意大利当局表示，愿为他们做宣传，用英语向包括美、英在内的欧美国家广播。1940年2月，他为罗马电台作了第一次广播。从此后，他在“美国时间”这一档节目中每周两次用英语广播，每次7分钟，最长12分钟。他每次广播可获350里拉报酬。他自己写稿，在罗马电台播发了数百次讲话，赞扬墨索里尼政权，鼓吹墨索里尼的法西斯治国政策等。他说，墨索里尼的政策能造就一个没有贪婪、没有高利贷、没有剥削的社会，并攻击美国和英国政府，为意大利和德国政府辩护，抨击罗斯福政府和美国模式。

有趣的是，庞德这时也会忙中偷乐，而且做到平衡妻子与情人的感情。在罗马录制节目之余，他一半时间与多萝西住在一起，另一半时间与奥尔嘉住在一起，3人相安无事。

到了1941年夏天，庞德突然想试一下再回美国是什么感觉。他还真跑到美国驻罗马使馆去提出申请。美国使馆当然不会给他办理入境手续，并对他严加斥责，因为他的广播已让美国使馆的全体工作人员蒙羞，大家都鄙视他这个德、意法西斯主义的辩护人。

庞德灰溜溜回去以后，继续为罗马电台广播。一段时间，他用近似于乡下人的腔调，还夹杂着方言、土语、惯用语和引语，有时又钻出一些外语词汇和词组，以难以预料的激动不已的播音，来吸引普通群众听取他的讲话；他还把他自己的姓名压缩了，叫Ez大叔。他感到这种播音效果似乎更好一些，但却使意大利政府生疑了，因为这样一来，他的播音就很难审查了。他们之前虽然信任他，可这时还是多个心眼提防一下为好，万一他是美国安插来的间谍呢？他会不会是用暗号向美国传递情报呢？于是，他的广播被停止了。

庞德心中不悦，在多萝西的劝慰下，决定听从美国政府发出的从意大利撤侨和撤离在意外交人员、新闻记者、其他工作人员及其家属的告令，因为在此之前意大利和美国已互相宣战。1942年2月，当他拎着大包小包行李准备登上接运在意美国人员离境的专门列车时，被美国驻罗马使馆工作人员告知：他是不受美国人民和政府欢迎的人，他被拒绝上车。此时他感到十分沮丧，同时也十分气愤，他只得无奈地灰头土脸地留了下来。

两个月后，由庞德支持和帮助才得以发展成著名刊物的《诗刊》发表了一篇谴责他的文章，说他“通过敌国的广播有意识地进行宣传，以诋毁和损害自己的国家利益”，并表示与他彻底决裂。这一来，更刺激了庞德。这份由他一手浇灌的《诗刊》如此绝情地背弃他，令他哀叹而又怒火中烧。

在这种情况下，他很快又恢复了在罗马电台的广播。意大利政府通过反间谍调查后认为他不是间谍，而是出于信仰和意识形态，赞同意大利的国家社会主义国策，才自愿广播的。

庞德这时更无所顾忌地攻击美国和美国对德、意的战争。如1942年2月3日：“你们参战使德国人进一步感到称心如意，使日本人进一步感到高兴快乐。整个西方世界都不可能帮你们敷衍过去。”4月16日：“美国人向意大利宣战，向欧洲宣战，是愚不可及的行动。每个土生土长的美国人都明白美国参战是愚笨到无以复加了。罗斯福对此要负最大的责任。”1943年5月4日：“你们在这次大战中干了什么？……战争的每一天都是死亡日，越来越多的人都死了，越来越重的苦役等着你们。而在美国，无论什么样的自由都越来越少了。”

他对犹太人的偏见和仇视也是广播的主题，他有时还挑拨美、英等同盟国之间的矛盾。如1942年4月23日：“美国的电台大多在犹太人的掌控之下，在这些电台广播的迷阵中要想搜索到我每星期两次对你们的讲话，真是大海捞针。”5月5日：“从英国怂恿印第安人杀害开发边疆的美国人以来，纯粹的罪恶被集中在伦敦。今天，犹太人与这种罪恶结合在一起，把斯拉夫人、蒙古人和鞑靼人集结起来，反对德国、波兰和芬兰，而且也暗中破坏美国所有美好的东西，反对美国的优良传统。”7月22日：“你们现在享有了多少自由呢？美国的武器库，是民主的武器库呢，还是犹太人说了算的武器库？谁来监督和控制你们的这些统治者呢？”

不仅如此，庞德甚至连自己的朋友也不放过。如他在广播中对20年代相识于伦敦后回国任副国务卿的麦克利什攻击道：“请麦克利什出来公开说明，他为什么在1932—1940年拿40亿美元去赚取额外利润，而且是把这笔巨款交给一伙卑鄙的犹太人，交给伦敦的金融交易所的超级犹太人。”不过麦克利什这位朋友并没有以怨报怨，而是在后来为庞德的获释而尽心尽力，并起到了十分重要的作用。

庞德在广播中有时控制不住自己的情绪，以至讲着讲着就发起脾气来，甚至谩骂起来，完全没有了文化人和大诗人的形象。如他告诫年轻人：“如果你们在上一次大选中，把犹太人和他们的罗斯福清除掉，难道你们现在还会参加这场战争吗？”一提到罗斯福和犹太人，他就恨得咬牙切齿，以致发出“绞死罗斯福和几百个犹太人”的叫骂。

当然，庞德也宣传他的经济理论、政治理论和治国理念，要美国人民相信“高利贷主宰着美国和世界”，“美国把自己卖给了罗斯柴尔德家族了”，“美国如果向意大利学习，就能避免误入歧途，并重塑美国宪法最初的精神”。而在这些攻击性和荒谬性的广播中，他也穿插一些听众感兴趣的逸闻趣事，特别是他还传播了中国文化，谈论孔子及其学说，还朗诵了《论语》中的语录，等等。

庞德这种日子持续到了1943年7月。反对墨索里尼的军事政变成功，墨索里尼被自己的军队逮捕。幸好德国派出空降部队解救了他，并在意大利北部的萨洛成立“共和国”。庞德在电台讲话中对此表示支持，后又赶去向墨索里尼表示效忠。他还回到拉帕罗将他写的广播稿、文章和书籍译成意大利文进行宣传。意大利的大众文化部每月继续向他支付工资。他们称赞庞德这位合作者是“意大利可靠的老朋友”。

在庞德颇为得意忘形之时，实际上美国、英国对他的广播早已实行监听并仔细进行了审查，发现有大量的背叛美国和损害其国家利益的言论。于是，1943年7月，美国有关检察机关向法院对庞德提出起诉。法庭对他作了缺席审判，判他犯有叛国罪。庞德对这一定罪提出抗议，他写信给美国司法部部长比德尔，辩解说自己通过电台广播只是行使言论自由的一种权利，是让美国人民了解事实的真相，等等。当然，这丝毫改变不了对他的定罪。但在这之前，他本是可以逃过美国法院对他的缺席审判并定罪的，因为当时一位朋友劝他放弃美国国籍，加入意大利国籍，但他拒绝了。

尽管庞德被意大利官方视为“意大利可靠的老朋友”，他又那么卖劲地为意、德法西斯政权服务多年，但1944年春当德国军队在拉帕洛修筑工事时，他的家仍然无情地被强制拆迁，他与家人搬到附近圣安布罗焦的一幢有机器隆隆声的作坊的楼上。安顿下来后，他只得忍受机器噪音从事着自己的爱好——研究和翻译孔孟学说。

可是，不平静的形势搅得庞德无法安心做学问。意大利发生政变后两个月，意大利军队总参谋长巴多里奥执掌新政府后向盟军签署了投降书，半个月后就加入到美、苏、英等同盟国一方，反过来对德宣战。德国军队和墨索里尼傀儡政权虽暂时占有将近三分之二的意大利国土，但颓势已显而易见。庞德为此感到焦虑。果然，1944年夏，盟军发起进攻，占领了罗马。第二年4月，美、英军队发起最后进攻，意大利人民武装和游击队解放了北部各城市，在意大利的德军投降，意大利傀儡政权倒台，墨索里尼被处死。

也就是在1945年的4月，意大利北方游击队在圣安布罗焦的住处逮捕了庞德。匆忙中，庞德随身带了一本汉英对照的《四书》和汉英词典。庞德害怕受到痛恨墨索里尼政权的游击队员的虐待，明智地要求把自己转交给美国军队。美国宪兵队把他拘押到热那亚的反间谍机构，并在那里对他进行了严厉的审讯。在审讯中，庞德承认自己在罗马电台的广播宣传，但却为自己辩解，他表示愿意接受审判。几个星期后，他被押到比萨的美军拘留训练营。这里四周布满带刺的铁丝网，里面关押着逃兵、强奸犯、暴力犯和杀人犯等。这些罪犯中，罪行轻且改造得好的，能够较快地释放出去，有的还可以重回战场；罪行重且难以改造的，则予以重处，有的还被处死。

庞德是唯一的非军人拘留犯。他被锁在一个他后来称之为“大猩猩笼”的露天的铁笼子里，这是为了惩戒那些难以对付的犯人。白天，他受到夏季阳光的炙烤和灰尘的笼罩，晚上则遭到强灯的照射，半夜和凌晨还要受凉风或冷气的侵袭。好在几天后他开始受到一点关照，士兵为他在铁笼子里架起一个帐篷，还扔给他一条薄毯，他于是可以裹着毯子睡在水泥地上的铁笼子里了。但由于强烈的灯光整夜投射到他身上，刺激得他常常失眠，一双眼睛肿起来。尽管他被囚禁得如此严密，但军方仍然派了两个士兵看守并监视着他，任何人不准接近他并与他说话。

在这样的折磨下，庞德并不悲哀。他要求把随身带来的《四书》还给他，并给他一支笔和几张纸。于是，他不时在铁笼中看起书来，或者有时在纸上写写画画起来。书看累了，他就在铁笼中来回小跑几步，之后又作拳击状或打网球状；后来他请送饭的黑人士兵带给他一根竹棍，他就用竹棍来作击剑或打棒球的动作。当然，他也有足够安静的时候。这时，他几个小时或者半天地凝望着远处，目光随着远处的人或牛羊机械地移动；再不，他就俯下身来，目不转睛地久久盯着地上忙碌的蚂蚁；有时候，他既不观赏，也没有动作，而是面无表情、目光呆滞地傻坐在地上。庞德这些诡异的举动很快就在拘留训练营出名了，人们好奇地看着笼子里的怪物——一个蓬头垢面、胡子拉楂、神色怪异的疯傻老头。

但是，庞德毕竟即将六十岁了。他在铁笼子里待的时间一久，身体就垮了下来，而且精神上也异于从前。他声称他患了焦虑症、抑郁症和幽闭恐惧症。两名军医给他做了检查，发现他夸大其词；但后来有一名军医检查后，认为他应该是因被捕、监禁、囚笼和对命运的恐惧而引起一种焦虑和崩溃状态。这样，他被转入一个关押军官囚犯的处所。根据他的要求，他得到书、笔、纸、墨水和桌子，甚至有一位医生还借给他一台打字机，而且允许人们跟他说话了。于是，有同情他的军官与他探讨经济学问题，还有军官与他谈论诗歌，他开始受到善待。在关押了半年后的10月，他满60岁，他的妻子多萝西，他的情人奥尔嘉及女儿玛丽，被允许前来看望他，并为他祝寿。

到了11月，庞德被令用飞机送回美国，政府准备在华盛顿对他进行叛国罪指控。

庞德被关进哥伦比亚特区监狱。在美国为庞德出版作品的出版商劳克林赶到监狱看他，表示要请律师为他辩护，而且从精神失常方面着手。不久，劳克林为庞德聘请的律师科内尔到监狱探访了庞德，并听取了庞德夸张诉说的在比萨拘留训练营痛苦的监禁生活。科内尔经劳克林授意后，现又与庞德取得共识：采取从精神疾病着手为庞德辩护的策略。

11月27日，庞德被以叛国罪名起诉，由联邦法官劳斯提审。虽然大陪审团提供了大量证据以控告庞德犯有19种公然叛国的罪行，但科内尔以庞德心智不健全、精神不正常为由对他进行了无罪抗辩，并提出保释申请。劳斯同意保释，并延期判决。这样，科内尔赢得了时间，他立即找到华盛顿特区圣伊丽莎白精神病院院长奥弗霍尔泽，请他在医学上代表被告出庭。但由于奥弗霍尔泽有政府背景，故不宜担当此任。于是，科内尔找到以医学著称的约翰·霍普金斯大学的精神病学专家芒西大夫。这边，由于奥弗霍尔泽在精神病领域的权威地位，他受命与美国监狱和公共卫生局首席医学专家马里恩·金，还有加林格医院首席精神病专家吉尔伯特，组成医学小组，代表政府对庞德进行检查。

奥弗霍尔泽与马里恩·金和吉尔伯特加上芒西，对庞德做了检查，他们有时共同检查，有时单独检查。在检查中，庞德颠三倒四、夸夸其谈他的经济政治理论，高利贷者和犹太人的阴谋；他说罗斯福的政策是祸国殃民的，墨索里尼的政策是利国利民的，希特勒则是一位圣人和烈士；又张狂地、手舞足蹈地说他有原子弹生产的情报；还说他在学格鲁吉亚腔调的俄语，为的是与斯大林对话；他又东拉西扯、信誓旦旦地说杜鲁门要接见他，他将建议采纳他的经济政策来治理国家；他还歇斯底里地诅咒在比萨拘留训练营受到的虐待等等。

马里恩·金在一次单独检查中，发觉庞德精明能干，说话条理清楚，虽然也喜怒无常、自大偏执、心理失调，但还不能认为是精神失常或神经错乱。芒西对庞德最初的一次检查，使他也觉得庞德只是一个普通的有心理疾患的人。但后来，经4人反复会诊和共同商议后，马里恩·金和芒西放弃了自己原先的主张，大家一致认为庞德处于幻想狂状态，这使他在精神上不适宜有理性地为自己辩护。他们的检查结果是："庞德神经错乱，精神上不适宜接受审判，需要在精神病院接受治疗。"两周后，他们将这一结果形成报告提交给了法院。

而在法院外，庞德的朋友们，特别是侨居伦敦和巴黎时与庞德有交往且受益于庞德的几位美国作家，均觉得应该宽大庞德。遭到过庞德广播抨击的诗人和剧作家麦克利什，当时是美国副国务卿，就认为定庞德为叛国罪是过重了。现在他仍然这样认为。他说庞德的广播并未起到多大的作用，庞德的言行只是他的一种丑恶行径。海明威也说：庞德应受到惩罚，蒙受耻辱，但庞德最应受到的是嘲弄。他还说庞德也许无法为自己负责，因为庞德早已"明显疯狂"。他特别强调"伟大的诗人是极稀少的，应该给他们以一定限度的理解和仁慈”,“如果让庞德死于监禁要比释放他……更有损于国家”。他还签了一张1000美元的支票,捐助还在监禁中的庞德。庞德十分感谢海明威,但说并不需要这笔钱,把它夹在玻璃板里作镇纸用。

劳斯法官看完报告后，于12月21日下令将庞德移交圣伊丽莎白精神病院监护并做进一步检查,择期再对其进行心智状态的审讯。

庞德被送入圣伊丽莎白医院后，在几周内便对他进行了多次全面的检查。多数医生认为庞德精神上没有背离正常状态的明显偏差,也没有意识定向的明显缺陷,尚未处于幻想状态,因而倾向于庞德能够接受审讯。但是,医院并没有拿出一个正式的诊断结论。此后一个6人医生小组对庞德进行了精密的复查，除认为庞德是一个以自我为中心的偏执怪人并具有某种心理变态外,也难以作出精神变态或精神失常的结论。但当他们把这一研究结果报送院长奥弗霍尔泽后,回答是在做出最终结论前,需做进一步观察。

1946年2月12日,科内尔拜见了奥弗霍尔泽。这位院长说:医院的医生对庞德病例的看法不一致,一部分人考虑问题也许是出于爱国的意识形态,但他却认为庞德不宜接受审判。科内尔松了一口气,他相信以奥弗霍尔泽在全国精神病领域的权威地位,加上小组其他3位首席医官和首席专家,其他不利于庞德的任何不同意见都将难以起到作用。

12月13日,庞德再次被提审。检方精心准备了一千七百多份文字材料来证明庞德与美国的敌人合作。但经科内尔等律师反复诘问后，检方败下阵来。因为这些材料是联邦调查局特工闯入庞德的住宅查抄的,没有携带并出具法院签署的搜查令。此外,美国法律对叛国罪定罪相当严格,对一叛国行为要有两名证人以上。而庞德广播时,唯一的证人是罗马电台的一名技师,他完全不懂英语,经律师通过翻译的几次盘问,他磕磕巴巴,颠三倒四,不知所云,后竟至说不出话来。

此后，大陪审团就主要是听取奥弗霍尔泽等4位精神病专家的证词了。大陪审团退席了,而庞德沉默着,显得有点焦躁。5分钟后,陪审团成员返席,一致判定庞德患有精神病。

庞德回到了圣伊丽莎白医院。其后,虽有关于庞德患精神病的质疑,其中还有著名记者对医院内持不同意见的医生的调查，但终未翻起大浪而导致重审。

庞德最终没因叛国罪而服刑，有人说应归于奥弗霍尔泽的帮助。奥弗霍尔泽爱好文学和诗歌，关心文学活动，十分欣赏庞德的诗才。他虽然讨厌庞德的政治经济和种族观，但却喜欢庞德的诗歌，承认其诗坛盟主的地位。他常常与庞德一起讨论文学、诗歌和双方其他感兴趣的问题。他后来告诉朋友说：他与庞德的交往总是愉快的，而庞德对其他人大多固执己见、目空一切，对他却总是友善的。

庞德在圣伊丽莎白医院待了12年。其间，他会见新老朋友，接见崇拜者和文学爱好者，还与美国文学的领军人物和汉学家等探讨问题。而且除了作家、画家等文艺界人士外，还有各种派别和政治团体的代表也来探望他。他甚至还在医院的草坪上给前来拜访的人开文学讲座。他也与人们通信，回答问题等。他还不忘帮助那些经济拮据的文艺人才，常常从自己的伙食费里节约或请律师代他向他的朋友们募捐来实施这种帮助。

在医院的监护中，庞德的妻子多萝西几乎天天来看望他，妻子与儿子在医院附近还租了一套房子。他的情人奥尔嘉也常常来看望他。一位叫马林斯的传记作者，有3年的时间也天天去看望他。他在医院生活得十分充实，富有生气，他显得快活而又乐观。

可是，庞德注定是一个要引起轰动的人物。1949年2月20日，《纽约时报》刊登了庞德获美国首届博林根诗歌奖的消息，消息以通栏标题《庞德在精神病院，他因叛国罪被拘禁在囚室里写出的诗歌获奖》引起人们的震惊。消息一出，立即招来人们普遍的愤慨和抨击，大多数报纸发表社论和文章予以谴责。但也有像《纽约先驱论坛报》这样的极少数报纸对庞德获奖予以肯定，该报认为这样做强调了“衡量美和优秀的客观标准……这是自由和理性国家不可缺少的”。

庞德获奖的诗集叫《比萨诗章》(《诗章》第74—84章)，是他在比萨拘留训练营写出的，诗集1948年出版。诗集面世后，受到设立于美国国会图书馆的美国文学委员会的重视。博林根诗歌奖是由时任国会图书馆顾问的诗人塔特提议设立的，具有政府性质。委员会的成员几乎个个都是赫赫有名的大家，如刚获得1948年诺贝尔文学奖的艾略特，唯一获得普利策诗歌和小说两项奖的沃沦，自白派诗歌创始人罗伯特·洛威尔，获得1948年普利策诗歌奖的奥登等等，一共14人。他们经过对若干诗集的筛选，从1948年11月到1949

年2月前后两次以得票多少，选定了庞德的《比萨诗章》。只有两人表示反对：一个是犹太诗人夏皮罗，他第一次投了赞成票，第二次，他作为犹太人，对第一次投赞成票表示反悔，因而投了反对票。另一个是凯瑟琳，她是司法部长的妻子，她投反对票是考虑到不能把政府性质的奖项给一个背叛自己国家的人，况且庞德的作品中贯穿了反民主反犹太人的思想。12位委员投赞成票是基于这样的认识：无论庞德政治上表现如何，但他在诗歌上的贡献超出了他的政治错误。艺术标准与政治标准是两回事，政治无权干涉艺术。

三个多月后，对庞德获奖的谴责达到白热化。普利策诗歌奖得主、哈佛大学教授赫利发表两篇文章，在强势攻击庞德获奖的同时，还影射博林根基金会与法西斯分子有关联。这一下炸开了锅。博林根基金会立即发表严正声明：他们与法西斯分子没有任何牵扯，而且对评奖也没有起到任何作用。国会图书馆馆长和评审委员会也对赫利进行激烈的反驳。但有人把赫利的文章寄给了纽约的一位众议员。于是，在7月底的众议院会议上，该众议员要求对庞德获奖一事进行调查，并了解评委们是否体现了美国人民的意志。对此，评审委员会发表了长达72页的声明，逐一驳斥了赫利的观点，并声明全体委员都是卓有成就的优秀人物，是完全用自己正直和健康的专业头脑做出正确选择来为美国人民服务的。结果，众议院既没有进行调查，也没有取消庞德的获奖，只是认为文学艺术方面的奖励不宜由带有政府性质的国会图书馆颁发。于是，从1950年第二届起，博林根诗歌奖改由私立的耶鲁大学颁发。

庞德获得博林根诗歌奖画上句号了吗？半个世纪后，美国文化界仍有关于庞德获奖事件的争论声。有人将其称为“友谊的阴谋”，因为当时有不少评委是庞德的朋友或崇拜者，他们颁奖给庞德是想在社会上造成正面效应，以争取把他早日救出精神病院。可是，事与愿违，庞德受此影响，反而在精神病院被监护了更长的时间。

想把庞德弄出精神病院的企图还有几次。在庞德获博林根诗歌奖前一年，他的律师科内尔与多萝西商量后，提出了人身保护权的申请，以使庞德从精神病院获释。50年代初，诗人米斯特拉拟定了一个把庞德从精神病院救出来的计划，其中拟让众多诺贝尔文学奖得主联合签名向杜鲁门总统请愿。1953年，庞德的崇拜者杜德克向当局呼吁释放庞德。1954年，刚获诺贝尔文学奖的海明威认为庞德是可能获这个奖的,因此他说这一年是“赦免诗人的好年头”。梵蒂冈电台广播了请求宽恕庞德的稿件。庞德的女儿玛丽和朋友们呼吁释放庞德的请愿书递交给美国驻意大利大使并通过大使转交到美国国务院;他们还请意大利政府出面敦促美国政府释放庞德。1956年初,美国《生活》杂志发表社论,呼吁释放庞德,说与庞德类似的“东京玫瑰”日裔美国人户粟郁子(美国名艾娃·达基诺)等被控叛国的人和许多战犯都已假释或者释放,对庞德叛国罪的指控也应考虑撤销。

在呼吁释放庞德的势头升温时,他的一个信徒反而迫使政府对这个势头浇了冷水。这个信徒叫卡斯珀,是一个新纳粹种族隔离主义分子,他意图掀起一个拥护庞德参与竞选总统的运动。他组织了一个白人公民委员会,抨击一些消除种族隔离的州政府,煽动人们攻击犹太人和黑人。后来,当他在一所取消了种族隔离的学校实施爆炸后,被逮捕和判刑。联系到庞德在医院多次接见卡斯珀的事实,司法部门立即把卡斯珀的行为与庞德联系起来。好在奥弗霍尔泽发表声明,为庞德也为医院开脱了责任。

到了1956年年底,庞德的粉丝和朋友们寄希望于连选连任的总统艾森豪威尔。诗人兼政治家麦克利什和诗人弗罗斯特联系海明威、艾略特、卡明斯和威廉斯等文坛泰斗和主将向艾森豪威尔政府发起强劲的游说活动。1957年,他们写信给司法部部长布劳内尔,说鉴于奥弗霍尔泽等医学权威对庞德因病不宜受审的结论,继续保留对庞德叛国罪的指控是毫无意义和站不住脚的,强烈希望司法部撤销对庞德的起诉,将此案移交医院处理。在此前后,麦克利什等人还写信给艾森豪威尔总统,说文学界认为庞德有可能获诺贝尔文学奖。作家们担心一个诺贝尔文学奖得主被关在精神病院,将招致世界对美国的嘲笑。而且既然医生们已断言庞德不宜受审,那么政府还保留庞德的叛国罪指控就显得多余了。因此建议撤销指控。麦克利什还约见他的老朋友弥尔顿·艾森豪威尔,他是总统的兄弟,请他利用手足之情劝告总统宽大处理庞德。

可是,在游说取得一定成效时,司法部长换人。新任部长罗杰斯在会见弗罗斯特等人后,提出把庞德转入私人疗养机构才能撤诉的处理意见。奥弗霍尔泽和庞德均不能接受这一处理意见,庞德表示可以回到意大利,这对政府没有任何危险。弗罗斯特后又拜访了副国务卿赫脱,赫脱先后向奥弗霍尔泽和弗罗斯特表示，庞德不能出国，但可以住到国内一个不受人打扰的地方，并在一家私人疗养院看门诊。这又为庞德所拒绝。当然，在此前，更直接反对撤诉的是联邦调查局局长胡佛等人，他说这个先例一开，就将导致一个危险的后果：与庞德类似的四十余名不宜审判的犯人都将释放，这岂不大乱！此外，众议院司法委员会主席塞勒等人也主张不能撤诉，把庞德继续羁押在圣伊丽莎白医院。

而庞德的出版商、律师和其他支持者的活动也起到了不小的作用。出版商认识的总统助手豪奇经游说后就赞成释放庞德。国会众议员伯迪克促使众议院授权给国会图书馆就庞德的释放问题提交报告。接受过大量有关颠覆活动官司的律师多萝西·格林，认为庞德已七十多岁，出于人道主义的考虑，加之司法利益已得到维护，监禁庞德就没有了实用目的，所以司法部应予以撤诉。她的建议得到反颠覆活动机构前负责人、主管国家安全的助理司法部长的助手的支持。

此外，庞德的校友阿诺德律师，就读于华巴施大学时，庞德是老师，他是学生，他后来又教过庞德的律师科内尔。他向司法部提交了一份有分量的撤诉申请。申请上附录了奥弗霍尔泽关于庞德精神失常不宜受审的誓词，又征集了众多著名作家的签名支持，还加上了弗罗斯特对庞德的政治表现予以谴责后要求释放因病不宜受审的庞德的呼吁书。

政府及司法部门抵挡不住要求释放庞德的浪潮。1958年春，在一次记者招待会上，司法部长罗杰斯终于松了口，他透露庞德有可能免予起诉并且可以考虑让其到意大利定居的信息。几天后，庞德被提审。美国总检察长贾西和阿诺德律师、奥弗霍尔泽等人也到庭。法官仍然是1946年主持提审庞德的劳斯。在听取了包括阿诺德在内的律师和医生的诉求后劳斯询问贾西，贾西说："我不反对，我同意阿诺德律师的撤诉申请。"至此，劳斯立即宣布："同意撤诉。"整个庭审不到10分钟。庞德站起来，与奥弗霍尔泽和阿诺德等人握手。

1958年5月7日，庞德正式获释。7月初，他抵达意大利那不勒斯。陪伴他的有他的妻子，还有女秘书——定期到精神病院看望他的年轻女信徒这时自愿做了他的女秘书。他下船后，朝着蜂拥而至的记者们"啪"地一下来了个纳粹举手礼，他并没有放弃他的法西斯思想。当然，他永远忘不了奥弗霍尔泽和他的文朋诗友。他致信奥弗霍尔泽，表示对他给予的保护深深感谢。60年代，他凭吊了乔伊斯的墓地，参加了艾略特的葬礼，会见了叶芝的遗孀。经过这么多磨难的他却活过了海明威、劳伦斯、艾略特、乔伊斯、叶芝和弗罗斯特，享年87岁。

茨维塔耶娃：
出国前后的苦难与回国后的自杀

茨维塔耶娃(1892—1941年)，俄罗斯白银时代代表诗人之一，同时也是散文家和剧作家。出身于知识分子家庭。父亲是莫斯科大学艺术史教授、艺术博物馆馆长。母亲是音乐家。她陪同母亲出国，在瑞士等国的学校上学。18岁即出版第一本诗集《黄昏纪念册》。1912年结婚。1922—1939年流亡国外，在德国短暂居留后，先后在捷克和法国侨居。1939年回到苏联，但不能发表诗作，而主要从事诗歌翻译。她的小女儿早年在国内饿死；她回国后，大女儿被逮捕劳改；她的丈夫也被逮捕，后被处决；她的儿子后又死于战场；而在此之前，她的妹妹已被逮捕判刑。1941年卫国战争开始后，她被疏散到叶拉布加，陷入不能自拔的困境，在绝望中上吊自杀。她一家5口人，4人惨死和非正常死亡，一人被流放劳改16年。代表作有诗集《黄昏纪念册》、《魔灯》、《里程碑》。主要作品有长诗《少女沙皇》、《奇遇》、《青年好汉》等，诗集《致勃洛克的诗》、《离开俄罗斯后》、《致捷克》等。

1941年8月31日，在卡马河畔的叶拉布加镇日丹诺夫大街20号，一位中年妇女发觉她租出去的那间小屋有些异样，她推开房门，发觉过道上翻倒了一把椅子，她抬起头来看，“天呀！”她突然被吓得惊叫了一声，她看到椅子上方吊着一个人。

那个上吊的人就是她家的女房客。女房客的自杀没有在镇上引起任何惊动，甚至也没有引起镇上的居民们的好奇心和怜悯心。两天后，她被草草地埋葬在镇后面的山坡上。

这位上吊自杀的女子尚未满49岁，是从莫斯科疏散到这里来的众多避战的人之一。除了房主外，没有人认识她。可是，这个无人认识的自杀女子却是俄罗斯，也是世界最杰出的诗人之一。她被1987年诺贝尔文学奖得主布罗茨基称为20世纪最伟大的诗人。

这位诗人叫茨维塔耶娃，出身在一个高级知识分子的家庭，是在造型艺术加音乐的氛围中长大的。可是，在她14岁时，肺结核病夺去了她母亲38岁的生命，但她母亲优雅的钢琴家形象永远留在她的心中，其音乐的熏陶也融进她后来的诗歌创作中，使她的诗具有一种天然的音乐感。她的父亲是莫斯科大学教授、研究古希腊文化的著名学者，他忙于日常教学和研究，又着手创办一家大型博物馆，即后来的普希金国家造型艺术馆，疏于对她的管教。于是，茨维塔耶娃在无拘无束中成长起来，她的性格和脾气也就任其自由发展。

茨维塔耶娃具有语言天赋，精通德语、法语，而且诗歌的种子很早就在她心中生根、开花和结果。她六七岁时就写出一些天真幼稚的诗行，16岁发表了第一首诗作，18岁则自费出版了她的处女诗集《黄昏纪念册》。

《黄昏纪念册》有一些诗是描述前一年她与她的父亲的学生尼伦德尔的恋爱的。长她9岁的尼伦德尔在她读7年级时爱上了她，并向她求婚。她一时不知所措，也许是年龄小，不太懂爱情和婚姻，错失了这个机会。不久，稍有成熟，她就感到后悔。但这时尼伦德尔正紧张地投入一个希腊文化的研究项目中，无暇顾及这位褐发、圆脸、苗条和看起人来眯缝着一双近视眼的少女的感情。茨维塔耶娃深感痛苦，她就把一些感受倾诉在诗中，但她仍无法排遣心中的苦闷。她想起她不久前17岁生日那天写的一首诗《祈祷》，最后一句就是"让我死去吧——就死在17岁！"她就一时冲动，竟买来一把手枪，来到上演过她的剧本《雏鹰》的剧院，开枪自杀。所幸枪中装的是一枚哑弹，才未酿成悲剧。但从此可以看出茨维塔耶娃性格之孤傲、刚烈和好走极端。这预示了她苦难的人生和悲剧的结局。

《黄昏纪念册》出版后，受到包括沃洛申在内的几位著名诗人的好评。1911年5月，茨维塔耶娃和她的妹妹阿霞受这位新结识的年长朋友的邀请，到他在科克捷别里的别墅消夏。茨维塔耶娃在这里认识了比她小一岁的中学生埃夫隆，埃夫隆这时刚从芬兰来到这里。两人一见钟情，8个月后在莫斯科举行了婚礼。

但埃夫隆的家庭出身与茨维塔耶娃不同，他是一位俄国民意党人的后代。父亲是犹太建筑商之子，母亲出身贵族。两人均从事针对沙俄统治的革命暴力活动，因而在监狱和流亡中度过了一生中的大好时光。1910年，母亲或许是受到小儿子意外死亡的刺激而痛苦得发疯，也在巴黎自缢身亡。

埃夫隆英俊但瘦弱，患有肺结核；而性格与茨维塔耶娃也不同，他性格温和，意志薄弱，似乎缺乏主见。但茨维塔耶娃写诗对他赞赏有加，并表示对他的爱和忠诚。

而埃夫隆也爱茨维塔耶娃。但不久他就发现两人的差距甚大，以致他感到在与茨维塔耶娃的关系中他处于弱势，相处时有尴尬。因而，在第一次世界大战爆发时，他想以参军来逃避一下与茨维塔耶娃的生活。确实，茨维塔耶娃激情迸发的精神生活是埃夫隆难以满足的。当她遇到一个能与之产生共鸣并满足她精神上的需求的人时，她很快就会依恋上那个人，而不管是男是女。这不，她与女诗人帕尔诺克就是这样彼此满足并产生了一年半的同性恋的。而她与阿克梅派诗人曼德尔施塔姆在科克捷别里和彼得堡两次见面后，也产生了精神上的共鸣，两人以诗歌彼此倾诉，很快就有了恋爱的意味。不过，仅仅半年，曼德尔施塔姆就不适应茨维塔耶娃的热情奔放了，他的一些怪异和迂拙也受到茨维塔耶娃的揶揄，两人便终止了这种密切的关系。

埃夫隆无法帮助妻子克服情爱上的弱点，最终还是用参军来逃避两人之间的尴尬关系。他作为军队卫生员被派到军用列车上做救护伤员的工作；后参加军校的学习，结业后被分配到莫斯科第56步兵预备团当了一名准尉，参加对士兵的军事训练。后来，在“十月革命”的战斗中，埃夫隆所在的部队被红军击败，他就投奔了白卫志愿军，这支反对苏维埃政权的军队是1917年7—8月任俄国军队总司令的科尔尼洛夫及邓尼金中将组建的。自此，埃夫隆与茨维塔耶娃就天各一方。

革命后的俄国，经济社会遭到重创。饥荒开始席卷全国，寒冷也逼近人们。原来生活还算优裕的茨维塔耶娃一家，这时处境一落千丈。财产损失殆尽，物价飞涨，她手头又十分拮据，买不起所需粮食，差一点揭不开锅。她无钱买燃料生火，家中冷如冰窟。好在家里还有几件旧家什，为了维持生计，她只得把小女儿拴在桌腿上，带着大女儿阿莉娅上市场卖旧货。可是，她常常叫卖了一整天,也没有几件家什能卖出去。不得已,她只得请人帮忙办了一个证明,假借到农村去调研民间艺术,实际上是去弄一点救命的小麦。在农村,她看到布尔什维克的征粮队到处抢夺农民,打骂农民,她感到可怕和悲哀。而更令她恐怖的是,一次晚上回家,还遭到歹徒的抢劫,幸好只抢走不太值钱的烟盒和单目眼镜。

好在这种饥寒交迫的日子到了1918年1月暂时告一段落。茨维塔耶娃经人介绍到民族事务人民委员会去工作,每月有七百多卢布的收入,生活开始好转。可是,不知什么原因,她仅仅工作了5个半月就离开了这个她称之为暮气沉沉的官僚机构,并狠狠地说道:"发誓一辈子都不去担任什么公职了,就是饿死也不去。"

这样,到了1919年初冬,茨维塔耶娃重又陷入贫穷和饥饿之中。她面对的艰难日子令她心力交瘁。每天起床,她就得忍受着寒冷干活:劈柴,生炉子,倒水罐,在刺骨的冰水中洗土豆,放入锅中煮熟。然后打扫房间,洗一大堆衣服,刷洗各种用具。上午,到一条老街去要食品,到一家食堂取土豆;再去一熟人家里,熟人时常会送一两个面包给她;临近中午,到幼儿园取午饭。回来时要穿过黑黢黢的楼梯,上面堆满乱七八糟的杂物,差点落脚的地方都没有。到家后立即把冻僵的手烤暖和,然后吃午饭——土豆和菜汤,而菜汤里常常没有菜。最奢侈的是下午偶尔可以煮咖啡喝。这样一直忙到夜深才能休息。

这样熬了一段时间,眼睁睁看着向邻居借来的十六七公斤土豆只剩下5公斤左右了,全家的粮食马上就要吃光,6岁的大女儿和两岁多的小女儿饿得直哭闹。好在母女三人有时得到好心人的帮助或接济,才不至于饿死。一个有5个孩子的女邻居自已也吃不饱,仍给她们送来土豆做午餐,有时还给大女儿加上一个饼。一个有3个孩子的女邻居给她们送过钱,还给她们送过菜汤。还有一个熟人给她们送过面包和火柴等。此外,象征主义诗人巴尔蒙特,经济学家普鲁采尔·萨尔纳和他的妻子,演员兹维亚金采娃和她的丈夫等也帮助和接济过她们。

在如此艰难的情况下,茨维塔耶娃听人劝后把两个女儿送进保育院,好让两个女儿吃得饱一点。可是不久,可怕的事情发生了:大女儿阿莉娅得了疟疾,她只得把大女儿接回家。大女儿忽冷忽热,一会儿冷得发抖,一会儿热得出汗，而且直嚷头痛，口渴，体温飙升到40.7℃。茨维塔耶娃精心照看大女儿，心里十分害怕和焦急。在大女儿病情缓解一些后，突然噩耗传来：小女儿死了，是饿死的！小女儿是被盖上干草，用马拉雪橇运去埋葬的。茨维塔耶娃掀开干草，抱着小女儿可怜的皮包骨头的尸身，呼天抢地，悲痛万分，厉声咒骂自己害了女儿，后悔自己把女儿送进保育院。

幼小的生命就这样没有了。茨维塔耶娃悲痛消沉了一段时间。春天来临，她才鼓起勇气，面对这深创剧痛，为了小女儿写了一首无尽悲痛和哀伤的安魂曲。

而大女儿在她和医生的照料和医治下，在春天来临之前就痊愈了。她经过两个女儿的一病一死，不敢掉以轻心，她要更加把这个唯一的女儿照顾好，呵护好。在好心人的帮助下，她申请成为艺术宫文学部的会员，这样就可以领到一份食品。食品虽然不多，但加上原有的少量口粮，可以使大女儿和自己不致挨饿。此外，她有时还把自己的作品抄写装订成册，制成书，拿到供作家出售书的书屋去卖，以换取一点很微薄的收入。后来，她为了帮助一些尚在挨饿的作家，就写信给教育人民委员卢那察尔斯基，卢那察尔斯基请她去面谈，承诺要解决作家的饥饿问题。

除了饥饿和生活的艰难外，孤独和空虚也时时向茨维塔耶娃袭来。这样，她外出遇到好心人或能与她产生思想感情上的共鸣的人，她就容易依恋上他。她就是这样先后爱上戏剧演员扎瓦茨基、画家维舍斯拉夫采夫和诗人兰恩这些小于或大于她的青年才俊的；她甚至还倾慕于比她大31岁的作家、戏剧活动家沃尔孔斯基。沃尔孔斯基是十二月党人的孙子。她为他们写情诗或书信，或许大多是柏拉图式的恋情吧。

1921年7月，茨维塔耶娃收到离别将近四年的丈夫的信，看来她托出国的好友爱伦堡带信给丈夫起到了作用。她这时绽开了久违的笑容，感到生活又有了希望。离别这几年，埃夫隆已随战败的白卫志愿军的一些军官流亡到捷克，现就读于布拉格大学。

1922年5月，茨维塔耶娃携女抵达德国首都柏林寻夫。不久，埃夫隆从布拉格来到柏林，一家人经过磨难和痛苦，终于团聚了。可很快埃夫隆就因学业较紧而返回布拉格。茨维塔耶娃怅然若失，重又陷入心灵的空虚。在爱伦堡等朋友的引介下，茨维塔耶娃融入了“俄罗斯人的柏林”——当时有10万俄罗斯人生活和工作在柏林。她频繁地参加俄罗斯诗人、作家的聚会，又与文学艺术和新闻出版圈的俄罗斯新老朋友见面或约会，并且仅两个半月就在柏林出版了两本诗集。与此同时，她又先后卷入与出版家维什尼亚克的爱情激流和与即将回国的诗人、小说家别雷的孤寂的爱情溪流，为他们写出动人的情诗和书信。

两个半月后，茨维塔耶娃携女又来到布拉格，现在是真正与埃夫隆生活在一起了。但是一家人生活很贫困，因为经济来源主要靠埃夫隆的那点助学金，加之居无定所，频繁搬家，日子过得十分艰难。好在不久柏林寄了一点稿费来，但主要的是向捷克政府申请的救助金到手了，这是捷克政府为流亡的俄国作家设立的，每月1000克朗，这样一家人再也不用忍饥挨饿，生活开始有了保障。

可是，生活稍有安定，茨维塔耶娃那颗心又不平静了。当她得知为她的诗集写评论的巴赫拉赫很爱读她的诗歌时，她立即把这位在柏林的评论家引为心灵的知己，并一封接一封地给他写信，后又为他写诗。诗中流露出对比她小11岁的巴赫拉赫的爱意——既有恋情，也有母爱。两人就这样在寂静的夜晚沉浸在诗、心灵和爱情的沟通和交流中。但不久，也许是邮路不畅，她好多天没收到巴赫拉赫的信了，她十分不安，又十分委屈，渐渐地她的信也大大减少了，以至两年多以后她移居巴黎后又与巴赫拉赫见面时，两人再没有了激情，感情也已经冷却。

可是，茨维塔耶娃爱情的浪潮是难以抑制的，它在这里受阻，就要向那里涌去。这不，她汹涌的爱情之潮冲向了埃夫隆在布拉格大学的同学罗泽维奇。罗泽维奇是学法律的，有心从事民法研究，而当时对文学并没有多大的兴趣。他原是红军舰队的指挥员，被白卫志愿军俘虏，并随同他们一起流亡到国外，后来到了布拉格。罗泽维奇对茨维塔耶娃也回以爱情的波涛，于是两人在1923年8—12月掀起了一段爱情的高潮。茨维塔耶娃爱过许多人，但能让她爱得如此狂热、如此迷失自我和如此灵肉交迸且把“我整个身心都交给你”的，唯有罗泽维奇。两人关系中断两年多后，罗泽维奇结婚了，但后来他却说他并不爱他的妻子。他认为他与茨维塔耶娃的爱情是他一生中的亮点。他后来成了雕塑家，并从事翻译，他于1988年逝世于巴黎。

茨维塔耶娃的婚外恋，对软弱的埃夫隆无疑是一个沉重的打击，他感到羞辱、痛苦、怨恨、恼怒，但似乎无济于事，他只得写信向远在国内的老朋友、诗人沃洛申发泄心中的痛苦："我快要被生活折磨死了，我坠入了五里雾中，不知道该如何办，日子一天比一天难过。"他对茨维塔耶娃的婚外恋怨恨和痛苦之余，就想逃避和离开，他决定离婚。但离婚后到哪儿去呢？"近来在我的感觉中，我好像就要回到俄罗斯，这也许是'受伤的野兽'总是要爬回自己的洞穴的。"这是他在第二封信中向沃洛申表达了用回国来躲避茨维塔耶娃的意思。当然，除了想摆脱与茨维塔耶娃的尴尬关系，同时也由于在国外生存发展的艰难，埃夫隆才萌生了回国的念头。不过，茨维塔耶娃虽有他恋，那是她的性格使然，但她并不愿与他分手。而他也考虑到妻子出国是为了与他团聚，他不但未使她幸福，反而使她如此受苦，他也对不起她。于是，权衡再三，他放弃了与茨维塔耶娃离婚的想法。至于回国的念头，他则拖了4年才将这一念头变成行动。

茨维塔耶娃确实也辛苦。生活不安定，茨维塔耶娃过不了多久要重新租房子，这可是费力劳神的苦差事。救济金常常不能按时发放，有时弄得她十分拮据，甚至改用便宜的煤油灯照明，以节约开支。吃的嘛，也就凑合着以素菜为主，待钱到手后，再补充一些肉蛋之类的荤菜。每天劈柴，生炉子，烟尘呛得她直咳嗽，睁不开眼，弥漫了两间小小的房间。提水，抹器皿，擦地板，打扫房间，然后做饭。一双手，因长年累月劳作而变得粗糙和结实，且青筋裸露，手指粗糙，若不是食指和中指间带有蓝黑的墨迹，很难把这双手与知识分子、与诗人联系起来。住房十分简陋，一家人最怕过冬，就是生起火炉，这破屋子也无法抵御风雪的袭击。室内没有一件像样的家具，墙壁上挂着铁炉子的烟囱等，一走动，或一转身，不小心就容易碰得哐啷作响。床铺、箱子、洗脸盆和几只凳子又脏又旧。桌子只有一张，既用于吃饭，又用于写作。3个人轮流使用桌子：埃夫隆写博士论文，茨维塔耶娃写诗，阿莉娅做法语作业。

让茨维塔耶娃心酸的是，阿莉娅不像很多人的孩子那样有一个幸福的童年。小小年纪的她，要去拾干树枝，弄煤，帮助生炉子，抹桌子，做饭，到店铺买盐，买食品等。她没上多久的学就辍学了，茨维塔耶娃亲自教她的功课，特别注重她的法语学习。因此，在阿莉娅苦难的一生中，法语给她增添了一抹亮色：她中老年翻译的法语作品几近于范本。不久，她进入实用艺术学校书籍插图班学习，学成后，在插图艺术方面有相当的造诣。

1925年秋，茨维塔耶娃与丈夫带着女儿阿莉娅和出生不久的儿子穆尔迁居法国巴黎。美好的希望再次像肥皂泡一样破灭了，贫穷如影随形般伴随着茨维塔耶娃。茨维塔耶娃一家住在郊区的一个居民区。住宅附近是一条臭烘烘的污水沟，天空被工厂排出的黑烟遮蔽了，车辆驶过，留下一股股黑尾气，还掀起一阵阵尘土。周围没有树木，到处都显得乱糟糟、脏兮兮，连散步都没有一个去处。令茨维塔耶娃沮丧的是，过去是3人，现在是4人挤在一间简陋的房间里，朋友送了一张书桌，3人又像过去那样轮流使用。茨维塔耶娃大多数时间不能用这张书桌，她的很多诗是在厨房或其他地方创作出来的。

茨维塔耶娃的艰苦和贫穷成了常态，但她到达巴黎后受到俄侨文学界的欢迎和在巴黎的朋友们的关爱，则使她有了不一般的愉悦感受。大家为她举办诗歌朗诵会，为她出版诗集，请她参加作家艺术家和名人的聚会。《最新消息报》、《复兴报》、《今日报》、《日报》和《环》杂志等媒体对她和她的诗作进行报道，发表她的作品，刊登有关她和她作品的评论，并且还辟专版刊登对她的专访和她的照片。

确实，茨维塔耶娃到达巴黎后的一年，是她辉煌的一年。在应邀参加迎接1926年新年的舞会上，茨维塔耶娃心情非常激动，这是近十年来她第一次感到如此温馨和幸福。她与前来参加舞会的俄罗斯诗人、作家和宾客热情地问好，彼此祝福新年快乐。贫穷惯了的她，第一次享受到这豪华的盛会，与大家一起翩翩起舞，欢歌笑语。巧的是，她在舞会上见到了几年前在柏林时的情人——出版家维什尼亚克。但此时，失去的已不想再拾回，两人没有重续前缘。

茨维塔耶娃还出席了为她举办的诗歌晚会。2月份的诗歌晚会门票早已售完。在巴黎的俄罗斯文学家几乎全部出席晚会。茨维塔耶娃在晚会上声情并茂地朗诵了她在国内写的献给白卫志愿军的诗篇《天鹅营》，随后又朗诵了多首优美的抒情诗。参加晚会演出的还有一位钢琴家和一位女歌唱家。但观众献给茨维塔耶娃的掌声却是最多的。人们说，4年来巴黎还没有哪一位诗人像茨维塔耶娃这样受到如此多的观众的欢迎。

1926年1—2月是一生不幸的茨维塔耶娃最幸福的时期，是她苦难的一生中唯一盛大的节日。当然，在她沉浸在成功的喜悦中时，俄侨文学界也有少数人对她产生嫉妒和怨恨，因为他们初来乍到巴黎时没有获得像茨维塔耶娃这样的成功，其中还有人在报上发表讽刺诗，对茨维塔耶娃进行讽刺。而茨维塔耶娃自己呢，因对巴黎俄侨文学界不了解而未谨慎著文，加之不太会为人处世，就逐渐得罪了一些人。例如，她因布宁不看好叶赛宁的诗而以轻蔑的口气批评他，又因吉皮乌斯不理解帕斯捷尔纳克的一些诗句而谴责她，而且还以嘲弄的口吻把这两位著名人物打入"肤浅的侨民作家"的行列。布宁是诗人更是小说家，后于1933年获得诺贝尔文学奖，吉皮乌斯是象征派先驱诗人和批评家。布宁和吉皮乌斯，还有吉皮乌斯大名鼎鼎的丈夫梅列日科夫斯基是法国乃至欧美俄侨文学界的领军人物，他们对本国诗人及作品的不同看法原本无可厚非，可茨维塔耶娃对作为长辈的两位作家进行挖苦讽刺，实为莽撞失礼。后来布宁，特别是吉皮乌斯对茨维塔耶娃的批评不仅不善，而且常常怀有恶意。以后，茨维塔耶娃与巴黎俄侨文学界的关系开始恶化，以至后来俄侨文学界冷淡她，不欢迎她，不发表和出版她的作品，使她步履维艰，生活贫困艰辛。

这一年5月初，茨维塔耶娃突然收到享誉欧洲的奥地利诗人里尔克的一封信及随信寄来的两本书《杜伊诺哀歌》和《致奥尔弗斯的十四行诗》。她十分惊喜，没想到大名鼎鼎的里尔克会主动写信和寄自己的作品给她。原来，是帕斯捷尔纳克4月中旬写信给里尔克，请他把他的诗作寄一点给茨维塔耶娃，说茨维塔耶娃是一个杰出的女诗人。里尔克是茨维塔耶娃和帕斯捷尔纳克共同崇敬的诗人。帕斯捷尔纳克之所以这样做，是为了回报茨维塔耶娃对他的爱和推崇。两人在莫斯科时见过几次面，彼此熟识。茨维塔耶娃到柏林后把自己的诗集《里程碑》题赠给在莫斯科的帕斯捷尔纳克。帕斯捷尔纳克读后感到震撼，后悔以前在国内怎么未看重这位女诗人和她的作品。他立即也把自己的诗集《生活——我的姊妹》题赠给在柏林的茨维塔耶娃。茨维塔耶娃收到帕斯捷尔纳克的诗集和信后，十分兴奋，十分高兴。从此后，两人书信和诗歌不断，友谊就这样开始了，帕斯捷尔纳克也成为茨维塔耶娃的大哥和精神支柱。但很快，两人的关系升温，友谊发展成了爱情。

而今，帕斯捷尔纳克把里尔克介绍进来，于是3人开始频繁地通信，既讨论诗歌，也倾诉衷情。在信中，茨维塔耶娃与他们拥抱和接吻，体验柏拉图式的恋爱。他们3人这种书信式的三角恋爱为后人津津乐道，留给世界文坛的也许是一段前所未有的佳话。

可是，帕斯捷尔纳克在与茨维塔耶娃的通信中，顺便提到他“十分思念自己的妻子，爱妻子胜过爱其他任何人”，这一下就引发了茨维塔耶娃的嫉妒心，她让他不要再给她写信了。帕斯捷尔纳克立即连续给茨维塔耶娃写了两封信，向她表示“我永远爱你，而且狂热地爱你”，才恢复了两人的关系。但5年后，当茨维塔耶娃获悉帕斯捷尔纳克离婚又再婚后，再次陷入痛苦的深渊，因为她从1923年后的8年来一直把他当作最亲的恋人。她悲哀地告诉一位朋友：“帕斯捷尔纳克又跟另一个女人在一起了，可那个女人不是我，唉，帕斯捷尔纳克不是我的……我只得放开手了。”

1935年6月，帕斯捷尔纳克赴巴黎参加反法西斯国际作家代表大会。茨维塔耶娃经过同帕斯捷尔纳克13年的通信，终于见面了，他们是在会议厅的走廊见面的。茨维塔耶娃无数次日思夜梦的这次见面却令她失望。她一向认为帕斯捷尔纳克是自己的大哥、爱人和心灵知己，但眼前这位在大会上受到各国作家尊崇的诗人，却显得有点心绪烦躁和惴惴不安。她不知道帕斯捷尔纳克在国内遭受打压而过着压抑和惶恐不安的日子。就以这次开会为例，苏联当局是不让他来的。后由爱伦堡出面请法国作家马尔罗（后于1958—1969任法国文化部长）和纪德（后于1947年获诺贝尔文学奖）向苏联驻法使馆坚决表示邀请帕斯捷尔纳克出席大会，他才得到斯大林的命令而赶赴巴黎。当然，帕斯捷尔纳克也不太清楚茨维塔耶娃在国外贫穷艰难的生存状况：她每天要劈柴、提水、买菜、做饭、织衣、洗衣、做清洁，照顾两个孩子和体弱多病的丈夫，要靠举债或接受资助来养家糊口。两人后又见过面，但茨维塔耶娃原来憧憬的美好见面，就像五彩的泡影一样被冷酷的现实击破了，因而她也没有了她应有的热情和高调。但帕斯捷尔纳克还是根据他在国内的艰难处境善意地告诉她：“别回俄罗斯，那里太冷，到处都在刮穿堂风。”

茨维塔耶娃一家的生活十分艰难。丈夫埃夫隆先后办了两三次报刊，不久就都倒闭了，后想入电影制片公司，又碰了壁，只是演过几次群众角色，不得已去打零工，但很快零工也干不成了，只得失业。而茨维塔耶娃的稿费收入远不能维持家用，有时举办诗歌朗诵会，但门票越来越难售出，收入十分微薄，她还带着女儿织一点毛衣，以出售补贴家用。

她一家如此困窘，可疾病还要来袭击他们。儿子穆尔、女儿阿莉娅和她先后感染了猩红热；她后来腿又受伤，还发高烧，一次次昏迷过去，卧床了多日才逐渐好转;埃夫隆虽然幸免,但不久他的肝炎和肺病越来越严重,其中肺部有3个结核病灶;后来两个孩子又患了麻疹,卧床不起。茨维塔耶娃心力交瘁,到处借钱,为丈夫和孩子看病买药。有好几年,朋友到她家里来,目睹了她的贫苦都非常吃惊。房间狭小,地上杂物乱放,处处显得脏乱差,脏衣服乱扔,桌上剩菜剩汤没来得及收拾,厨房到处是煤迹斑斑,而卧室也是凌乱不堪和脏兮兮的。

不过,茨维塔耶娃还是碰到了好人。爱好她的诗歌的一位作家,也是埃夫隆办杂志时的同仁米尔斯基了解到她的窘况后,连续几年都帮助她,而且他还介绍她认识了格鲁吉亚公爵的女儿萨洛梅娅。萨洛梅娅在了解茨维塔耶娃的处境后,就与自己的朋友一起资助茨维塔耶娃。而且,帕斯捷尔纳克也没有忘记她,虽然他并不清楚茨维塔耶娃窘迫到什么程度,但也听到一些朋友说她常常入不敷出,因而他有时也寄钱给她。同时,他又通过朋友让一位交通部的专家的妻子罗蒙罗索娃认识了茨维塔耶娃,罗蒙罗索娃也给予了茨维塔耶娃一些经济上的帮助。此外,茨维塔耶娃儿时在瑞士一所寄宿学校的同学索菲娅在巴黎找到她后,也在她回国前一直对她予以物质上的帮助。

这些物质上的帮助对茨维塔耶娃一家是真正的雪中送炭,既温暖他们的身,也温暖了他们的心。当然这些帮助还不能从根本上解决茨维塔耶娃一家的困难,所以有时候茨维塔耶娃在拮据得十分难堪时,也顾不得面子而写信给她的朋友特别是萨洛梅娅,请更及时一点予以资助。

茨维塔耶娃进入中年以后,还邂逅了最后两次爱情。前一次是她36岁时因诗的共鸣而开始交往的学法律的19岁大学生格龙斯基。但茨维塔耶娃对他的爱与其说是一种爱情,不如说是一种温情的母爱。令人震惊的是,6年后,1934年11月,格龙斯基卧轨自杀,给茨维塔耶娃造成心灵的巨大阵痛,她深情地缅怀他,为他写了情深意厚的悼诗和安魂曲。后一次是她44岁时收到寄赠的诗集并读到扉页上“献给伟大诗人茨维塔耶娃”的题词而爱上的29岁诗人施泰格尔。她以狂风暴雨的恋情和温柔博大的母爱为他写出感天动地的情诗,她还抽时间到瑞士的疗养院去看望这位她寄托了心灵之爱的患肺结核的年轻诗人。但后来,施泰格尔在信中提到自己是阿达莫维奇的信徒,这引起了茨维塔耶娃的十分不满。阿达莫维奇是巴黎俄侨文学界的评论家,与茨维塔耶娃是冤家对头。同时，施泰格尔因病对女性缺乏较高的“性趣”，加之要与长他15岁的“徐娘”保持长期的恋爱关系，也是不太现实的，姐弟之恋自然就风流云散了。

茨维塔耶娃由于得罪了俄侨文学界的一些人而逐步受到冷遇，而1928年秋冬之交更是她开始受到俄侨文学界的排斥的转折点。1928年11月的一个晚上，到达巴黎多日的马雅可夫斯基在一个咖啡馆举行诗歌朗诵会。茨维塔耶娃出席了诗歌朗诵会并与马雅可夫斯基见了面。会后，她在埃夫隆等人办的报上发表了欢迎马雅可夫斯基的文章。文章说：1922年4月她出国前夕遇到马雅可夫斯基，马雅可夫斯基告诉她“真理在这边”；而现在在她参加马雅可夫斯基的诗歌朗诵会后，她告诉向她提问的人“力量在那边”。这样一来，巴黎俄侨文学界以至整个巴黎俄侨界一片哗然，茨维塔耶娃一时被群起而攻之，她成了众矢之的。其实，她只是听了马雅可夫斯基的朗诵，感觉到一种力量的存在。要说力量，也是指祖国的力量，而并非像有人攻击她的是指布尔什维克的力量。她与马雅可夫斯基的政治立场是完全不同的。只是她在20年代初就与马雅可夫斯基相识并对他表示敬佩。她到巴黎后还写过几篇关于马雅可夫斯基的文章，后又赠送诗集《离开俄罗斯以后》给他。但他并未带走这本赠诗，这表明他把茨维塔耶娃视为“白俄分子”。本来这是纯粹的诗人对诗人的关系，但巴黎俄侨界及俄侨文学界不少人曲解了茨维塔耶娃文章中的意思，认为她有亲布尔什维克和苏维埃的倾向。后来，当茨维塔耶娃在沃洛申逝世后，为他写回忆录，写悼诗，又得罪了俄侨界及俄侨文学界中的不少人，她的诗歌朗诵会，一个俄侨作家也不来参加，因为他们认为沃洛申不离开俄罗斯，是亲苏维埃的。这样一来，俄侨界及俄侨文学界的报刊纷纷中断了与茨维塔耶娃的合作，不再发表她的作品；甚至正在连载她的长诗《天鹅营》的报纸也不连载了。

茨维塔耶娃一下陷入困顿之中。没有了这部分的稿费收入，原本需靠一些朋友接济的生活，就更显得捉襟见肘，贫困不堪。她沮丧地对一个朋友说：“我在这里是多余的，而回到那边是不堪设想的；我在这里没有读者；在那边尽管可能有成千上万个读者，但我不能自由呼吸，就是说，我不能创作和出版诗集。”这一时期，孤独、抑郁、贫穷和对故土的思念，成了她创作的主题。其实，自出国起，茨维塔耶娃就一直梦绕情牵着自己的祖国，她是一个真正的爱国主义者，她以一种贯穿始终的高亢的悲剧性基调，唱出了她炽热而真实的爱国激情，如30年代写的诗《祖国》、《对祖国的思念》、《国家》、《给儿子的诗》等和20年代发表在《走自己的路》杂志上的文章等。

埃夫隆看见妻子稿费骤减，自己和女儿又无工作，心里十分焦虑和忧愁。他无法面对茨维塔耶娃憔悴的眼光和疲惫的面容，简直不好意思待在家里。他只得尽力在外寻找工作，并结交了一些朋友。他的朋友中有一些人是替苏联情报机关干事的，或具有亲苏维埃的倾向的。在这些朋友的怂恿下，他开始参加一个叫“返回祖国同盟”的组织的活动，埃夫隆就这样莫名其妙地为他曾经反对过的苏维埃政权服务。他也从这里领取津贴，这样就解决了家庭生活的困难。但不知他是否知道，“返回祖国同盟”是苏联的全俄肃反委员会在国外建立的一个类似特务机构的组织。全俄肃反委员会的一些特务在国外干了一些见不得阳光的勾当，如绑架了由白卫志愿军组成的俄罗斯军人联合会前后两任将军会长。这引起法国政府的警觉，想必埃夫隆是知道的。看来，他参加这个组织的活动并不是被蒙蔽和欺骗的。

1936年7月，佛朗哥和莫拉叛乱并导致西班牙内战，一些国家的有识之士纷纷参加国际志愿军，为保卫西班牙共和国及其人民阵线政府而战。不久，埃夫隆在巴黎为国际纵队招募志愿军，并为其供应武器；阿莉娅给父亲当助手。但这是为法国政府所不允许的。

1937年9月，标志着埃夫隆走上不归路的起点的一个恐怖事件发生了：苏联全俄肃反委员会在西方的一个负责人、苏共党员赖斯在瑞士洛桑被暗杀。两三个月前，他弃暗投明，给苏共中央写信，呼吁反对斯大林独裁和苏共一党专政，建立真正的社会主义。之后，他准备携妻子孩子逃亡。埃夫隆被指令对他进行跟踪和监视。埃夫隆虽未直接参与暗杀行动，但他的活动是这一恐怖活动的有机组成部分。瑞士要求法国引渡埃夫隆等人。法国警方还联系到埃夫隆此前在巴黎招募志愿军这一违法事件，遂对他发出逮捕令。可这时埃夫隆在苏联情报机关的安排下，已经潜逃；之后，大约在1937年10月，回到了阔别十六七年之久的俄罗斯——现在叫苏联。

茨维塔耶娃与埃夫隆的家当然遭到搜查。茨维塔耶娃被带到警察局，但她对丈夫的事情一无所知。尽管丈夫从事的恐怖活动使她十分震惊，但她对审问她的法国警察说：“他因轻信而可能受骗，但我对他的信任始终不变。”

后来，她轻声地用法语朗诵诗歌，审问她的警察对她肃然起敬，旋即就放她回家。

10月下旬，《最新消息报》和《复兴报》这些在茨维塔耶娃到达巴黎初期热情刊登她的诗文的报纸，披露和谴责了埃夫隆思想转向苏维埃政权并为苏联情报机关充当特工和参与恐怖活动的过程。这一来，在巴黎的俄侨们，还有一些熟悉茨维塔耶娃的法国人，都纷纷对她表示鄙薄，并尽力回避她。至于她的诗文，更没有几家报刊敢刊登了。失去了埃夫隆的津贴，诗文也极难刊登，她一家的生活又陷入贫困境地。但尽管如此，她依然信任和忠于埃夫隆，她给一个朋友写信说："不论报纸和人们怎样说我丈夫的坏话，您都别相信。"她还把她结婚不久写给埃夫隆的爱情诗随信附寄给她的这位朋友。

这么多年来女儿阿莉娅已出落成25岁的大姑娘。她在这个苦难的家庭度过了不幸的童年和少年，而今还要度过痛苦的青年。她虽然绘画和写作很有天赋，而且也为一些新闻出版单位打工，画插图，用法语写文章等，但没有较长期的固定工作，无法改变家庭的穷苦境况。她为此苦恼、压抑和烦躁。母亲有时看不惯她，于是母女俩有时发生口角；最严重的一次，茨维塔耶娃还抽了她一耳光，以致她离家出走，令茨维塔耶娃痛心和后悔不已。

由于俄侨的新闻出版机构认为埃夫隆和茨维塔耶娃转向了布尔什维克方面，阿莉娅在法国更难找到工作。这时苏联情报机关在法国的特工向她许愿回到苏联后将有美好的前程。而此前她受父亲不切实际的幻想的影响，也认为自己回国后美术特长一定会发挥大作用。就这样，在父亲的支持下，她1937年3月先期回到了苏联。在归国前，她拜访了与她母亲关系和缓了的布宁，布宁于4年前获得诺贝尔文学奖。布宁同情她的处境，意欲劝阻她："你知不知道，那边等待你的是什么呀，你将要到通心粉制造厂去劳动，你的脚后跟会变得粗糙不堪！"有人说阿莉娅回国后被关集中营劳改，就是布宁的这句话的注脚，布宁是有预见性的。

阿莉娅回到国内后，来信说自己很好，莫斯科宏伟壮丽。茨维塔耶娃原来不赞成女儿回国，女儿回国后，她更是疑虑重重，寝食难安。现在她看了女儿的信后，终于可以长长地舒口气了。

可是，不知怎的，会不会是忌惮于白色恐怖而噤若寒蝉，阿莉娅没有把回国后的真实情况告诉母亲，致使母亲带着弟弟回国，一家人全都陷入万劫不复之地。后来,茨维塔耶娃无奈地哀叹道:“都怪阿莉娅坏心眼害了我。”

女儿和丈夫先后回到苏联。但茨维塔耶娃对丈夫回国有一种凶多吉少的预感。可在巴黎也很难生活下去,经济上几乎没有了来源,儿子也闹着想回苏联,回不回国令她十分纠结。全俄肃反委员会的工作人员造访了她,他们说她和她的诗在法国已没有了市场,而在苏联她才会拥有成千上万的读者;而且因为丈夫的关系,她在法国既不受法国人的欢迎,也不受俄侨的欢迎,他们就这样对她施加压力。这样,她像出国寻找丈夫一样,现在又不得不步丈夫的后尘回国。她告诉朋友:“我没有办法选择,不能在危难中丢下埃夫隆不管,我天生是这样的一种人。”茨维塔耶娃开始做回国前的准备工作。她分门别类抄写、整理自己的文稿,把怀念旧俄罗斯或对苏维埃有所不敬的文稿留下来,委托朋友保存或寄存巴塞尔大学教授朋友处。她还赶到埋葬埃夫隆的父母和弟弟的坟墓,为他们立了墓碑。此外,她不忘她的社会责任感,对1939年3月德国军队侵占捷克,写出多篇诗歌表示抗议。

茨维塔耶娃在忙乱中仍然坚持创作。她回国前写了一首诗《没有哪个国家……》,她在诗前加了一个题词,题词是引用的玛丽·斯图亚特的一句话:“永别了,法兰西!”玛丽·斯图亚特是苏格兰女王和法国王后,被英格兰女王伊丽莎白处死。茨维塔耶娃的这首诗莫名其妙地加上这个不祥的题词,这竟成了她两年后不幸的谶语。

1939年6月,茨维塔耶娃带着儿子穆尔离开巴黎回国。17年前她离开莫斯科时只有一个人送行,这次连一个送行的人也没有。她回望巴黎熟稔的街道和房屋,心中默念着那句题词:“永别了,法兰西!”她感到从未有过的凄凉、悲楚、孤独和无助。

茨维塔耶娃带着儿子与丈夫和女儿团聚了。他们住在离莫斯科几十公里外的鲍尔舍沃,由内务人民委员会给他们提供了两小间房屋。女儿在法语版的《莫斯科评论》杂志编辑部工作,她文章写得美,插图画得好,受到读者的好评,她这时正在谈恋爱,因而她的幸福感染了全家,大家为她高兴。

可是,很快茨维塔耶娃一家就被笼罩在浓重的阴影中。传来了一个坏消息:茨维塔耶娃的妹妹阿霞不知何故被捕了,而且是在两年前的1937年9月被从家里抓走的。丈夫身体比在法国时更差,心脏病发作较频繁,没有工作,无所事事,常常愁眉苦脸,唉声叹气。他原想离开鲍尔舍沃到其他地方去发展，但不行，后来才知道他是被内控的人员。

噩梦接踵而至。回莫斯科才两月余，1939年8月27日夜，家里突然闯进几个警察，对简陋的家搜寻、查抄了一遍，折腾到第二天凌晨，他们把阿莉娅带走了。阿莉娅是以“特嫌”罪名被捕的。她被关进冰冷潮湿的单人牢房，凶恶的看守折磨她，打她，后来竟把她剥得一丝不挂，羞辱她，一连数天夜以继日地不停拷打她，审问她，不许她睡觉。他们问她她的父亲在法国与什么人来往，特别是与法国的情报总局的特工有什么联系。一个爱国少女，怀着对祖国的美好憧憬回到祖国，却遭此酷刑，她哪里承受得了？她被折磨得死去活来，神志不清，模糊中招认了父亲与法国情报总局的特工有联系。但是，后来阿莉娅推翻了她的招供，因为那是对她严刑拷打和逼供的结果。阿莉娅于1940年7月初以间谍罪被判处劳改8年。刑满释放后，她在梁赞艺术师范学校教授过版画。但1949年2月，她再次被捕。她在集中营和流放地被折磨了16年，1956年才被平反和恢复名誉，但她的青春、美丽和才华被摧残了。

内务人民委员会以对埃夫隆的侦查和阿莉娅屈打成招的口供为依据，又对埃夫隆下手了。1939年10月，埃夫隆遭到逮捕。一进监狱，埃夫隆就受到虐待，甚至遭到打骂。他体弱多病，禁不起如此折磨，在第一次审讯时就昏倒。他有严重的神经官能症，而心脏病又发作，神经内科和心血管科的医生对他进行医护和观察，把他转入监狱中的精神病患者牢房。待他稍有好转，又再次对他进行审讯。在对他经过反复多次的可怕审讯后，他开始出现幻觉，他仿佛听到牢房外有人朗诵茨维塔耶娃写的诗歌，只有他们夫妻俩才听得懂诗的意思，其他人都听不懂，之后又听到外面的人在议论他，说茨维塔耶娃死了。他一听到牢门响，就恐惧起来，转而又反应激烈，毫不惧怕，说要自行了结自己的生命。到了第二年，他又被审讯了一二十次，还与人当面对质。但他表现勇敢而令人赞佩，他实事求是地答复讯问，自己不推诿，也不陷害他人，而这时几个遭严刑拷打的人都被迫用假口供来指控他。他还被转入另一监狱的单人牢房，遭到进一步的肉体摧残和精神折磨。但他始终不乱说乱供，他只承认他在法国为苏联情报部门招募了几个工作人员，这几个人是他在法国的同仁和朋友。他就这样被一直审讯了八个多月。到了1940年6月，他被折磨得身心崩溃，生不如死，在严酷逼供和拷打下，他违心地承认自己充当了法国情报部门的间谍。一个月后，他遭到最后一次审讯。很快，他被起诉,被控以“叛国,搞恐怖活动,号召推翻苏维埃政权”等罪名。判决被拖了一年,1941年7月,他被判处枪决,并在10月执行。多年后,他得到平反。但平反复活不了他的生命,他就这样白白地被冤杀了。

茨维塔耶娃的妹妹、女儿和丈夫遭受的厄运,只是斯大林和苏共核心层疯狂的“大清洗”运动中的微小点滴。尽管这时“大清洗”的高潮已经过去,但白色恐怖依然钻心砭骨,人人自危。就是在女儿和丈夫出事之前,茨维塔耶娃准备去拜访朋友,这些朋友都避之唯恐不及。连大胆的爱伦堡也不敢见她,乐于助人的帕斯捷尔纳克本来接受了她的邀请,半路上也被人劝回。这些有良知的作家在“大清洗”后劫后余生,但仍岌岌可危。未经上面批准,谁敢贸然见一个在资本主义国家生活了17年的“白俄分子”呢?因此,茨维塔耶娃回国后孤独无助,没有朋友来往,找不到工作,没有同仁共事,完全不是在法国给她许愿的那样获得工作和一定的生活条件。

女儿和丈夫被捕后,她不敢在鲍尔舍沃待了,就暂时迁到莫斯科埃夫隆的姐姐家住。她与儿子就蜗居在其中的一间小屋——阿莉娅回国后就住在这里。一段时间后,白色恐怖不那么瘆人了,帕斯捷尔纳克冒着风险,主动看望了茨维塔耶娃。此后,一些老朋友也不再躲避她了,有时也小心翼翼地与她见面。她紧张而惊悸的心似乎有所松缓,继而她开始往监狱给女儿和丈夫送东西,后改为每月给他俩各送50卢布,但她却不知他们是否收到。

生活穷苦,处境艰难。她给苏联作协负责人法捷耶夫写信,希望让她取出扣在海关的手稿和资料,并解决她与儿子的住处。法捷耶夫过了很久给她回信说,住房一平方米也没有,但可以让文学基金会帮她找租住的房子,他说他早已跟文学基金会的负责人说过。在接近1939年底时,茨维塔耶娃搬进了戈里岑诺村的创作之家旁的一处住宅,住宅是用低于天花板的木板围出来的简易临时房间,连电灯都没有。

茨维塔耶娃在巨大的政治压力下和艰难的穷苦环境中仍不忘创作。她曾说:她离开俄罗斯还能过,离开草稿本却活不成。于是,在煤油灯下,她又写出新的诗歌。她还大起胆子给斯大林写信,为丈夫、女儿和自己求得一个公正的待遇;后来她又将信面交内务人民委员会接待室。当然,这些信的命运只能是石沉大海。

灾难性的生活沉重地压迫着茨维塔耶娃,儿子生病更让她惊恐不安。戈里岑诺村的负责人伊万诺夫娜刁难茨维塔耶娃，开始不发煤油灯给她，后又说因木柴不够，不卖木柴给她。而房间不生火会要了患病的儿子的命，她到哪里去哭诉和讲理啊？后来一位与她有所交往的女作家为她弄到一立方米的木柴，才解了她的燃眉之急。但她的房租却比正常情况下更贵，而这是伊万诺夫娜为她找的房子，她很快付不起每月250卢布的房租了。

茨维塔耶娃没有工作，她创作的诗歌也没人给她发表（从她回国到她逝世例外地发表了一首早年的诗歌），她的生活快接近于干涸。好在帕斯捷尔纳克又给她帮忙，把她介绍给国家出版社的编辑戈利采夫。戈利采夫是在文学翻译界有一定影响的人物，他在20年代初见过茨维塔耶娃，对她有所了解，因此他以出版社的名义与她签订合同，以保障她有书可译，这样就很勉强地解决了她和儿子的衣食之虞。后来，他还想为她出版诗集，但出版社最终没有冒这个风险。

但是，儿子穆尔不时生病，不仅感冒、咽喉痛、头痛，而且引发严重的肺炎。可译书的稿费很低，付了医药费几乎就没有钱吃饭了。母子俩原来在创作之家的食堂与一些作家一同就餐，而且常常与他们交流一些文学及创作方面的信息。现在，茨维塔耶娃穷得一个子儿分作两半儿来花，她不能买两份饭，与这些作家同桌共餐了，只能买一份饭，回到破屋，与儿子分着一起吃。尽管到了这个地步，伊万诺夫娜还通知她说，房租要涨一倍。穆尔在日记中写道："妈妈太艰难了，我真想向他们吐唾沫。"茨维塔耶娃欲哭无泪，悲哀已极。她感到在国外17年，生活也不好，但她以自己的精神力量保持了自己的高傲和尊严。而今，她却不得不低下头，忍辱负重地过着这种没有尊严的悲惨日子。

她只得迁到一处暂时租到的房间去住，那是一位女画家的住宅的一间小屋；同时她又在报上刊登租房广告，以期租到一个正式的住处。这时被扣在海关的行李和资料被允许领取，她的几大箱书籍、手稿、资料和行李无处可放，她只得离开暂租的住处。她这时写给朋友的信中说她真的要流浪街头了，她已陷入走投无路的绝境了。她给法捷耶夫的助手写信，请帕斯捷尔纳克转交。帕斯捷尔纳克也给法捷耶夫写了一封对茨维塔耶娃的处境表示忧虑的信，请他想法解决这位可怜的女诗人的住处。穆尔在日记中写道："母亲哭了，她陷入绝境，她说想自杀。"母子俩，加上刚来看望茨维塔耶娃的女儿的男朋友，一起拟了一份寄给斯大林的电报，请他帮帮处在绝境中的女作家。

茨维塔耶娃哀叹道：她的父亲筹建了造型艺术博物馆，她的外祖父和父母又把全部藏书献给了博物馆，她一家对莫斯科有无私的贡献，她自己还写有《莫斯科组诗》哩。可而今自己在莫斯科却落得上无片瓦，下无立锥之地！

正当她走投无路之时，一位房主要外出两年，因而她可以签下一个租期两年的租约。她十分高兴，用文学基金会的贷款预缴了前几个月的房租，带着儿子搬进了新的租住房。

1941年6月22日，德国突然对苏联发动大规模武装袭击，苏联卫国战争开始了。虽然穷困而艰难，但相对稳定的大半年生活又结束了。茨维塔耶娃接到了通知，随作家协会第一批作家疏散到鞑靼自治共和国叶拉布加镇。她缴了路费，准备上船，帕斯捷尔纳克和年轻诗人博科夫赶来向她送行。可是儿子穆尔却不愿意离开莫斯科，与母亲吵闹起来。

8月18日，母子俩到达叶拉布加镇，草草地安顿下来。第二天，她给一位在船上认识而在契斯托波尔下船的女作家发了一封电报，请她帮忙到契斯托波尔疏散作家代表会反映情况，允许她到契斯托波尔居住。但这没有结果。8月21日，她迁往日丹诺夫大街20号一处新租的房屋。为了儿子能在契斯托波尔的学校上学，自己也找一份工作，8月24日她乘上水船到契斯托波尔。她拜访了她熟悉和信任的诗人阿谢耶夫，他是疏散作家代表会的代表。她请他帮助自己留在契斯托波尔。好心的女作家楚科夫斯卡娅也托了几位作家为茨维塔耶娃求情。同时，茨维塔耶娃还向文学基金会申请在即将开设的食堂当洗碗工。茨维塔耶娃被请去在疏散作家代表会的办公会上陈述理由，她无助地请求大家允许她留在契斯托波尔居住，并递交了当洗碗工的申请。她退席后，办公会在疏散作家代表会的代表特列尼约夫的操纵下，否决了茨维塔耶娃留在契斯托波尔居住的要求，而当洗碗工的申请则被搁置下来。

契斯托波尔的街头徘徊着头发灰白、面容疲惫、眼神悲戚、惶惶不安的茨维塔耶娃，她举目无亲，可怜无助。只有楚科夫斯卡娅陪伴着她，后又把她带到朋友施奈杰尔夫妇家。她在这几位友善的富有同情心的作家面前，焦虑、烦躁的心似乎平静一些了。一会儿，她开始絮絮不休地诉说自己的穷困和苦难，诉说丈夫和女儿出于爱国回到祖国，却遭到那样的对待；然后她朗诵了自己的诗歌《对祖国的思念》。

茨维塔耶娃说要上街去一会儿，并说要回来过夜。但实际上她回叶拉布加去了。

回到叶拉布加，她筋疲力尽，心衰力竭。儿子来问她，并闹着要回莫斯科。她感觉儿子太不懂事了，没好气地说了儿子几句。儿子却不依教，就与母亲争吵起来。吵得激烈了，儿子冲口说道："瞧吧，我们两个之间说不准是哪个会被人家抬出去！"茨维塔耶娃听到这句话，如晴天霹雳，刹那间她双眼发直，表情极端痛苦，她最心爱的儿子竟然对她说出这种话。她又想起儿子不愿离开莫斯科时儿子与她的那次争吵，儿子指责她无能，找不到工作。她说："照你这么说，我除了自杀，没有别的路了？"儿子立即回答道："是的，照我看，您没有别的路了！"茨维塔耶娃真的是哀莫大于心死了，她视若掌上明珠的最爱的儿子，她活着的唯一希望，也不理解她、尊重她，她活着还有什么意义呢?

8月31日，星期天，房东夫妇出门了。茨维塔耶娃一人在家。她坐下来，匆匆地写了几封信。然后，她站起来，悄无声息地走向了不归路。

人们从她的衣袋里发现她留给儿子的一封信："小穆尔！原谅我，往后的日子更糟糕。我病得很重，这已经不是以前的我了。我爱你爱得发狂。你应该明白，我没有办法再活下去了。如果你能见到爸爸和姐姐，请告诉他们，我到死都爱着他们，并向他们解释，我已陷入绝境。"人们还发现她写给诗人阿谢耶夫等人的信，信中请阿谢耶夫等人像自己的孩子一样收留她的儿子，把他带到契斯托波尔，让他有学可上，并过上正常的生活。

可是，1944年初，茨维塔耶娃的儿子穆尔应征入伍，同年7月死于战场。至此，在茨维塔耶娃一家5口人中，有4人惨死和非正常死亡，只剩下大女儿阿莉娅一人在劳改中。

茨维塔耶娃逝世二十多年后，才在苏联国内外和流亡者中获得越来越大的荣誉，并陆续出版了她的诗歌、散文和戏剧作品，她被公认是世界最杰出的诗人之一。

茨维塔耶娃的妹妹阿霞从劳改营释放后，邀请阿莉娅一道去寻找茨维塔耶娃的坟墓。可阿莉娅婉拒道："我永远不会到叶拉布加去。对我来说，那里没有妈妈，妈妈在她的作品中，在她的书中。"阿霞只得悲哀地叹气，她给自己的外甥女回了一封信："真遗憾，你母亲竟生下你们这样不平凡的子女：

儿子不送葬,女儿永远不上坟。她不如生下平凡的子女,将野花给她送到墓地……”她自个儿来到叶拉布加,在被认为是埋葬茨维塔耶娃遗体的地方,立了一个简单的木十字架,上面写明茨维塔耶娃的姓名、出生和死亡日期。

茨维塔耶娃作为一个人而死亡,作为一个诗人而永生。

海明威：
从遍体鳞伤到大难不死却终于自杀

海明威（1899—1961年），美国小说家、“迷惘的一代”的代表作家。出生在美国伊利诺伊州芝加哥郊外橡树园镇。父亲是外科医生，母亲是艺术爱好者。中学毕业后，担任《星报》见习记者。第一次世界大战爆发后，参加军队救护队，当救护车驾驶员。在意大利前线受重伤后，回国疗养并开始写作。后又以加拿大一家报社驻海外记者的身份常驻巴黎。1928年回国，以硬汉形象享誉世界文坛。西班牙内战爆发后，先后4次以战地记者身份赴西班牙采访。回国后，定居古巴。中国抗日战争期间，访问过中国。第二次世界大战期间，赴欧洲采访，并自行作战，屡次受伤。战后遭受多种疾病和因灾难造成的伤痛及精神抑郁的折磨。1959年古巴革命后，回到美国。结过4次婚。1961年开枪自杀身亡。获1954年诺贝尔文学奖。代表作有中篇小说《老人与海》和长篇小说《丧钟为谁而鸣》。主要作品有长篇小说《太阳照样升起》、《永别了，武器》、《有的和没有的》、《过河入林》和一些短篇小说及游记等。

1961年7月2日，星期天，阳光明媚。在西班牙潘普洛纳城斗牛场上，狂热的呐喊声、尖利的口哨声，如海潮汹涌，响遏行云，人们正在观看精彩和刺激的斗牛比赛。当一头公牛被斗牛士刺死拖出场外而震天的吼叫声退潮时，突然钻出几个报贩，手中挥动着报纸，大声喊叫着：

号外！号外！海明威死了！
号外！号外！海明威自杀了！

号外！号外！海明威今天早晨开枪自杀！

刹那间，整个斗牛场从极端的狂热一下变得死一般寂静。一会儿，人群中开始有了声响：有人叹息，有人询问，有人翻报纸，有人擦眼泪。这里和西班牙不少大小城市一样，几乎人人都知道海明威。一些人，特别是一些斗牛士还与海明威是朋友，海明威受到他们的爱戴和尊崇，是他们心目中的硬汉、英雄。

原来，1923年夏，海明威与朋友到西班牙的马德里、塞维利亚、龙达和格拉纳达等地旅游并观看斗牛比赛后，又于7月初圣福明节期间来到潘普洛纳，并在这里度过了愉快的一周。海明威在这里欣赏斗牛比赛得到了最大的满足，他称这里是世界级的斗牛场和斗牛比赛。他在这里结交了斗牛士朋友，并亲自学斗牛，完全与西班牙人民打成一片。海明威后来还到过潘普洛纳几次。他成名后，更受到这里的人民的追捧。因此，在这座小城，从市长到普通市民，对这位来自美国的友好使者，38年来一直津津乐道，引以为荣。他们在斗牛场边竖起一座海明威的胸像。同时，在吸引世界各国游客到此旅游观看斗牛比赛时，也打出“海明威”牌——他们把海明威20世纪20年代在潘普洛纳的英俊照片印成明信片，照片上海明威罩上一件巴斯克斗篷正在与牛角斗。

人们无心观看斗牛比赛了，不少人怀着悲伤的心情，向着美国的方向，遥寄哀思，然后怅然若失地离场。

而此时在美国爱荷达州的凯彻姆镇——海明威就是在这里的寓所开枪自杀的，吊唁海明威的电报和信函从美国和世界各地如雪片般飞来，各种报纸、电台和电视台都发布了海明威逝世的消息，刊登和播报了他的讣告。浩大的人流从各处汇集到海明威的住所和住所周围。他们很难相信眼前这残酷的事实，不少人对海明威的自杀表示怀疑：一个乐观坦荡、侠义豪爽、尚武好胜和勇猛顽强的硬汉怎么会有这种退缩和逃避的行为呢？这会是那个阳刚勇武和强壮伟岸的海明威吗？而且更令人不理解的是，他拥有了成功男人的一切——阳刚形象、打猎技术、天才、朋友、美女、财富、地位，特别是他还拥有一般成功男人所没有的东西：诺贝尔文学奖和美国总统对他的尊敬，这样的一位伟大人物怎么可能自杀呢？

但是，眼前血淋淋的事实不得不使人们相信，而特别是熟悉海明威一生尤其是晚年生活的朋友和亲人们，在悲情回望海明威频繁遭遇重伤重病和大灾大难对他造成的痛苦折磨后，梳理出了一条海明威走向自杀的不归之路。

1917年10月，海明威高中毕业后进入《堪萨斯城明星报》当见习记者。可是，他尚武的天性使他对军人情有独钟。半年后，他就放弃了新闻工作而报名参军。可是，他眼睛不好，参加正规军不行，只得退而求其次——参加美国红十字会战地服务队到战场开救护车。于是，还差3个月满19岁的海明威被授予陆军少尉派往意大利。

海明威和他的战友要经过法国波尔多港和巴黎到达意大利前线。他一到巴黎，就让出租车司机把他和一位战友载到“炮弹落下来的地方”，以寻求刺激。他真的尝到了炮弹从头上呼啸而过的紧张刺激的感觉，目睹了炮弹摧毁教堂柱子的爆炸场面。

在法国经过参战前的热身后，他抵达了意大利。他的任务先是开救护车接送伤病员，后又到前线附近的救护站工作。1918年7月的一个午夜，他在前线的一个洞穴给3名意大利士兵分发香烟和巧克力等，突然一声巨响，奥地利军的一枚炮弹落在他附近爆炸，他被弹片击中倒地，一个意大利士兵被炸死，另一个意大利士兵身负重伤并痛苦呻吟。他爬到重伤兵旁，艰难地扶起他，让他趴在自己背上，然后佝偻着身体，摇摇晃晃地把他背向掩蔽部急救所。可是，没背多远，奥地利军的机关枪响了，他又中了多发子弹，他打了个趔趄，摔倒了。他又挣扎着爬起来，脑子里一片空白，当他终于把那个重伤员背到急救所时，他一个跟头栽到在地上，昏死过去了。

海明威先是在急救所，后被送到野战医院。意大利军医看到他奄奄一息，判定他快死了，就叫来神父为他做临终涂油礼；后来见他还有救，就做急救处理，为他注射了吗啡和抗破伤风剂，再实施手术，从腿上取出28块弹片。之后，他又被送到米兰的美国红十字会医院。几位美国医生检查了他被子弹打成蜂窝状的腿，认为他不可能走路了，其中一人还建议他截掉右腿。海明威一听，气得大嚷大叫：“我宁可死，也不能只有一条腿！”医生给他做了1次、2次、3次……共13次手术，大多数弹片被取了出来，但较小的弹片却难以取出（第二年回到家乡后，又在医院动手术取出了几块弹片，但仍未取完，直到死，都有一些弹片留在他的体内)。他的膝盖骨被打碎，自然不能走路了。但后来医生为他换上一个白金做的膝盖，效果还不错，他又可以站起来走路了。海明威不仅没有死，而且还保住了双腿。医生、护士和周围的人不得不惊叹海明威生命的奇迹。

后来，当海明威伤口愈合可以行走时，他就不安分地要求到前线看望战友。可是，他在前线没待几天就不知怎的患上了黄疸病。他立即被送回米兰治疗，黄疸病很快就好了，没有对他造成太大的折磨。

海明威的英勇事迹逐渐传播开来，特别是他所奔赴的阵地的意大利官兵，无不纷纷称赞他。意大利军官为他请功，他被意大利政府授予了银质英雄奖章，授奖词这样写道："他在遭受敌人密集枪弹击伤后，不是先考虑自己，而首先以高尚的兄弟情谊，向同时受重伤的意大利军人伸出援助之手，而且他是让这些重伤员先撤离之后，他自己才撤离。"与此同时，海明威的上司写了一份报告，对他大大地赞扬和表扬了一番。

海明威获奖后，给远在美国的父母写了一封信，他在信中大肆渲染道："我被炸得血肉模糊，不过还好，两条腿还在，但两个膝盖被打穿了，右腿还穿了两个洞。我全身受了227处伤，可我还背着一个伤兵走了150码。"父母收到信后，立即交给当地报社，于是美国的报纸在他返回美国前后进一步夸大了他的英雄事迹，如"历史上受伤最多的美国人踏上回家之路"，"负伤227处，仍急于求职——堪萨斯城男儿首次从意大利前线归来"等等。海明威以中尉军衔(他已从少尉晋升为中尉)，佩戴着意大利政府授予的银质英雄勋章和英勇十字勋章回到了家乡，他被视为英雄。家乡人到处请他演讲，芝加哥的意美友好协会还为他举行纪念活动。海明威感到十分骄傲和自豪，他也兴奋了好一阵子。可是随着时间的推移，生活复归平静。当他回到家里，看着自己两条腿全是数不清的伤疤，右脚跟更有一条20厘米的粗疤痕，像一条爬行的蜈蚣，膝盖和脚背也留下了整齐的弹孔，而且走路还不利索，不免有凄楚之感，他付出的代价毕竟太大了。

海明威在意大利所受的重伤和黄疸病只是他人生磨难的开始，他以后四十余年所受的重伤重病和大灾大难把他争强好斗、勇猛顽强的硬汉和英雄形象摧残得荡然无存。

海明威结婚后，对家庭的责任约束了一下他那脱缰野马的性格，他有时不得不干一点家务活。一天夜里，他抱起他与第一任妻子哈德莉的儿子邦比尿尿，邦比哭闹着，手乱抓，脚乱蹬，小指头一不小心戳到海明威的右眼，刺伤了他的瞳孔。经过治疗，海明威的右眼虽有好转，但视力不如从前，加上他左眼一直有病，又弱视，因而两只眼睛视物就有点模糊不清。他在床上躺了6天，心烦意乱。而且又闹起重感冒、牙痛和痔疮出血，折磨得他苦不堪言。

还有一次，在海明威夫妇隔壁房间居住的朋友，拉错了开天窗的绳子，弄坏了洗手间的天窗。海明威凌晨起来，看见天窗晃来荡去，就用钩子去钩绳子，结果不但没钩住，窗玻璃反而落下来，击中头部，扎破了两根小动脉，顿时血流如注。妻子波琳闻声赶来时，海明威已成了一个血人。两人一起用30张手纸叠在一起止血，又把毛巾当止血带，甚至点火用的炭条也用上了，仍止不住血。后只得送医院治疗，缝了9针，伤口才逐渐愈合，但右眉上方却永久留下一条长长的伤痕。

而在9个月前的1927年6月，他与第二任妻子波琳在西班牙度蜜月时，就已发生过一次不大不小的灾难。他与波琳游泳后上岸，一不小心被划破了脚。数天后伤口化脓，又痛又肿，感染了炭疽杆菌，十分危险。他只得接受治疗，并卧床静养十来天，伤口才逐渐愈合。

一年后，他在溪沟钓鱼，因长期酗酒和经常患病降低了抵抗力，他在阴冷的寒气中感染了风寒，肾功能受损，腰部和全身疼痛。他还感染了肺炎，天气一凉就感冒，一感冒就咳嗽不止。还不仅此，第二年5月他练拳击时右手食指被割破。几个月后他驾车翻倒，造成右臂骨折。这再次将他折磨得够戗。

这一连串的灾难都发生在海明威与波琳婚后的第一二年中。有人说，这也许是海明威抛弃了温柔善良的哈德莉后受到的神灵的惩罚。

海明威与波琳婚后的第二年，从欧洲返回美国，在最南端的佛罗里达海峡的一个渔村基韦斯特岛置了业，居住下来。海明威在这里住了十几年，创作了大量的代表作品，如《永别了，武器》、《非洲青山》和《丧钟为谁而鸣》的一部分等等。

海明威在基韦斯特岛享受了几年闲适的渔猎和写作生活后，又不安分了，他的那些爱好，如酗酒、驾车、拳击、游泳、滑雪、钓鱼、打猎等，不时向他召唤。他在满足了大部分爱好后，这一次要来一个更刺激的冒险行动——到非洲狩狮猎豹，因为这更能体现硬汉的性格。

1933年11月，海明威带着妻子出发了。经过长途跋涉，他们抵达了肯尼亚首都内罗毕，并与那里的向导和猎人合伙建立了一支狩猎队。他们到达坦桑尼亚的阿鲁沙后，休整了几天，就向着西北方向的塞仑格提高原进发。一路上，海明威指挥着自己的同伴向兽群发起攻击。他们打死了多只大羚羊、两只豹子和三十余只鬣狗。他们终于发现了巨兽——两头威猛的大狮子。海明威让手下的人别动，由他来对付。他兴奋地瞄准其中一头狮子开了枪，狮子挣扎了一下，倒在地上。他还没来得及朝另一头狮子开枪，那家伙就猛然向他冲过来。他吓出一身冷汗，慌忙躲避，朝另一边树林里奔跑。跑了一段距离，回头一看，那头大狮子没有追上来，而是折转身走开了。海明威百思不得其解。不过，得感谢上帝，神灵保佑他，让他躲过这一劫。

一个月后，海明威的狩猎队硕果累累。但是海明威还有一点遗憾，因为他们还没有碰到非洲豹。非洲豹非常凶猛，而且狡猾，是非洲大陆的兽王。非洲豹既难打，又危险，可海明威却觉得这样才有刺激性，而且可以证明自己的身手不凡和英雄气概。

狩猎队在肯尼亚的原始森林里继续边走边打。一天清晨，他们终于发现了一只豹子的足迹，狩猎队中一位土著猎手说，他这辈子从来没见过这么大的豹子脚印。于是，海明威他们把打死的羚羊作为诱饵，挂在豹子可能出没的地方的两棵树上，就不留痕迹地悄悄离开了。

第二天一早，他们赶到狩猎的地方，海明威用望远镜看见诱饵已被吃掉一半。他兴奋地让大家埋伏起来，等待豹子的出现。过了一会儿，那只巨大的非洲豹终于出现了，海明威看见它耳朵竖得直直的——显然它十分机警。“砰！”枪声响了，海明威性急地开了一枪，他自以为瞄准了豹子的胸口，但豹子是灵敏的，没有击中要害，豹子逃进了树林中。那个土著猎手难过得哇哇哭起来，因为这辈子都没见到过的特大豹子被海明威放跑了，而且他还担心，豹子受伤后会变得暴怒而伤害人，这给大家带来生命的危险。海明威像做错了事的孩子一样，懊恼不已，后悔万分。但他不能因有危险而退缩。第二天，狩猎人又埋伏了一天，忍受着毒蚊和大蚂蚁的叮咬，等候着那只豹子的再现。但豹子始终没有出现。

海明威心有不甘。第三天，他和同伴们又来到前两天埋伏的地方。他们等得唇焦舌燥，天色也开始暗淡下来。正当大家忍受不了毒蚊叮咬时，那头特大的非洲豹出现了。这一次，海明威在土著猎人的示意下，不慌不忙而又沉着冷静，他真正地仔细地瞄准了豹子的胸口，扣动扳机，“砰！”“砰！”两声，响彻了整个的原始森林，那头非洲豹应声倒地，但还在地上踢蹬。海明威高兴万分，正想跑过去，突然那头巨豹又站了起来，威风凛凛地跑进了旁边的深草丛中。

这一下，海明威有点惊慌了。土著猎人告诉他，豹子还要做最后的挣扎，做拼死一搏，最危险的时刻就要来临了。海明威躲进隐蔽的丛林深处，提心吊胆地守候着。他这时感到头皮发麻，紧张得小便似乎也要流出来。夜幕开始降临，夜色更增加了恐怖的气氛，海明威的心仿佛都提到嗓子眼儿上来了。

突然，前面草丛中响起一阵奇特的吼声。那个土著猎人告诉海明威，这是豹子发出袭击人的怒吼，他拉着海明威一起后退。海明威看见那头巨豹站起来向前走动。他屏住呼吸，身体微微颤抖，满手心是汗，但紧握着枪杆与豹子对峙着。豹子继续朝前走了几步，正要扑过来时，因力不从心而踉跄了两下，就一头栽倒在地。接着，倒地的巨豹又挣扎了一番，那可是极为惨烈而又悲壮的“死亡之舞”啊！七八分钟后，它终于不动了，死了。

狩猎队欢呼起来，海明威也处于极度的兴奋和快乐之中。是啊，这只2.5米长的凶猛无比的非洲豹被他击毙了。尽管他面对这只巨豹也吓得有点灵魂出窍，但他毕竟克服了胆怯心理，赢得了对这头最大的非洲豹的胜利。向导和猎人们把他抬起来，抛向空中，他们已经把他当作英雄了。

可是，乐极生悲。在打猎将近两个月时，海明威突然患上了严重的阿米巴痢疾，不得不中止了狩猎旅行。他是在游猎于恩戈罗火山口后开始便血的。他开始以为是痔疮出血，但每天血红的大便次数越来越多，后竟多达上百次。而且肠子脱垂，得用肥皂洗干净后托回体内。他连站都站不起了，只得卧床。他的猎手朋友招来一架私人飞机把他送到内罗毕。医院的医生给他注射了依米丁——一种抗阿米巴并清肠的注射剂，这样在痛苦中折腾了两个多星期才有所好转。

海明威是在1934年1月下旬回到游猎山区的。他与同伴们继续打猎。他在非洲共待了七十余天，直到雨季来临，他才依依不舍地离开了这片给他带来高度刺激和快感的土地。

回到美国佛罗里达的基韦斯特岛一段时间后，海明威的情绪一落千丈，他心情郁闷，脾气暴躁，而且经常生病。抵抗力的下降引发了他的喉咙肿痛发炎，这是他少儿时代落下的一个后遗症：他小学快毕业时，口含一根小树枝活蹦乱跳地跑下山，不慎摔倒，树枝戳入他的喉咙，血从嘴中流出，而且部分扁桃体也被挑了出来。虽然经过治疗，伤口愈合，但从此却经常发作喉咙痛。这一次发作的喉咙痛似乎有点厉害，牵扯到全身，令他死气沉沉，痛苦不堪，连吃饭喝水都要家人给他送到床边，因为他已经无力起床。不过，他心里明白这不是什么大病，只是令他不舒服罢了。他想起到非洲游猎前一个月，喉咙痛的发作比这次还要严重，他当时还做了手术哩。而且这一次更不如前不久右手食指血液中毒那么厉害，那一次感染了败血症，对生命还造成了威胁。他这样一想，心情就舒畅了，用了几天药，病情就大为减轻，终至好转。

海明威在家里闷得太久了。他病一好就迫不及待地想出海捕鱼。他与两位朋友一道乘船登上在基韦斯特东北方向的米尼岛。阳光和煦，春风习习。他的心情像来临的春天一样好，自然忍不住几乎天天出海捕鱼。4月上旬的一个星期天，海明威出海捕到一条大鲨鱼，他将它拖到船边，用鱼叉把它叉住，准备朝它的头部开枪。突然大鲨鱼挣扎起来，海明威一时紧张，想立即把大鲨鱼打死。而这时大鲨鱼更疯狂地抖动了一下，致使叉住它的鱼叉弹出，弹出的鱼叉碰到他的手枪，“砰！”的一声，鱼叉造成手枪走火，子弹射到船的金属栏杆上弹回来，正击中了海明威的小腿，顿时血流如注。一同捕鱼的朋友一边紧张地为其止血，一边急速将船开回基韦斯特岛，请医生对海明威进行治疗。

海明威的腿伤虽然治好了，但又多添了几处令人忧心忡忡的伤痕；加上海明威的近作《非洲青山》受到批评和攻击，这一下使易怒的海明威烦躁不安，患上了失眠和忧郁症。他在给朋友的信中悲观地描述了自己的这种忧郁症：“我常常感到自己有一种可怕的空虚，非常强烈。我万念俱灰，如像再也没有能力去与女人睡觉，去与创作搏击，简直就只有死路一条。”而更为严重的是，1938年他不小心抓破了左眼的瞳孔，这样他两只眼的瞳孔都受到损伤，接着他又患上了严重的肝病。他完全跌入悲观的低谷，产生厌世情绪。

好在海明威的身体素质很好，病一治好，就又恢复了他的阳刚之气和硬汉形象。这不，还没有平静多久，他的英雄主义和冒险精神又来了。他先后决定参加西班牙内战和第二次世界大战。奇怪的是，海明威从赴西班牙采访和作战以后的五六年却没有发生什么大的伤病。但是从第二次世界大战结束前一年开始，他的伤病和灾难就频繁发生，而且越来越重、越来越大，但他却大难不死。

1944年5月的一天，海明威与他的弟弟和医生朋友在伦敦贝尔格雷夫广场参加晚宴后练了一会儿拳击。午夜过后，医生朋友开车送海明威回旅馆。因灯火管制，道路一片漆黑，酒的后劲又使医生朋友晕糊糊的。汽车开着开着，突然冲向路边的钢制水槽，海明威的头撞到挡风玻璃，被划出一条很长的口子，膝盖也再次受伤，血染红了胡子，染红了衣服，吓坏了弟弟和医生朋友。他立即被送到医院，医生为他动了手术，缝了57针，绷带包满了整个头部。而且，这还造成海明威第二次严重的脑震荡。

远在大洋彼岸的第三任妻子玛莎，对海明威的受伤还浑然不知。因此，当她抵达伦敦看望海明威而被记者问到海明威的伤情时，她颇为尴尬。而当她看到海明威满头的绷带，正要生出怜悯之情时，又突然看到病床下满地狼藉的空酒瓶，一股怨气就油然而生。可海明威对重伤后酗酒却无所谓，她更是气不打一处来。海明威认为玛莎对他没有同情心，于是就骂她、侮辱她；而玛莎不堪其辱，就负气走了。

玛莎离去后，海明威不顾医生的反对，执意要提前出院，因为他想参加6月6日盟军在法国北部诺曼底的登陆。他终于如愿以偿。而这时他本来应该像外科医生埃雷拉所建议的那样做开颅手术，消除脑中淤血，并休息3个月以上。海明威如此强悍的生命力，如此不要命的精神，令人惊叹不已。

海明威在6月5日晚上一跛一拐地登上了战舰，实现了他跨海峡作战的计划。不久后，他又作为英国皇家空军的特邀记者，报道英国空军对德国的空袭，他一共参加了20次这样的空袭。但是，海明威并没有直接投弹和开枪，可他却十分渴望能直接打仗和杀戮，这似乎是他与生俱来的天性。早在七八岁时进小学不久，他就调皮地在学校的柴房里捆住一头睡着了的豪猪，残忍地用斧头把它砍成碎块。所以，有人说海明威喜欢暴力，并有以杀戮为乐趣的嫌疑。于是，他要求参加了一支突击队。他在战斗中表现出的良好军事素质和作战判断力令突击队队长佩服得五体投地。7月，海明威再次踏上法国诺曼底的土地，参加盟军地面作战，并成为一个英雄的尖刀团的成员，他在这里还拜见了战神巴顿将军。残酷的战争进行了二十来天，尸骨成山，血流成河，一支三千多人的部队只剩下五百多人。冒死进行英勇战斗的海明威是幸存者之一。

但是，紧接着，他在8月上旬却又遭遇了一次对他男子汉气概造成巨大影响的不幸：海明威等人乘上一辆三轮摩托车赶往指挥部。摩托车错过一个转弯路口而误入德军反坦克炮阵地附近的一条小路。摩托车来了一个急刹车，车上几个人摔入路边一条沟里，均受了伤。海明威的头不幸撞到一块石头上，弹了起来，背又撞到另一块石头上。德国人用机枪向摩托车扫射，海明威他们一动不动地匍匐在沟底，大气都不敢出。直到两小时后夜幕降临，他们才逃离而抵达指挥部，他们的伤也才得到治疗。海明威的伤最重，遭遇了第三次脑震荡，背部受损，一只肾脏受损，小便带血。此后，他头脑昏痛，耳鸣不已，视线不清，记忆模糊，口齿不清，并且出现阳痿现象。但再一次令人震惊的是，海明威在伤势如此严重的情况下，仅休养了几天，又重返了他视为神圣的战场。

海明威在战争中立了战功，他救了千百个法国人的生命，使盟军的勒克莱尔将军的作战计划提前实现。不久，他又与战友们俘虏了许多德国兵，并缴获了迫击炮等。这真是无与伦比的硬汉精神和英雄气概！

1945年春，海明威回到古巴哈瓦那城外的眺望山庄。他因战争中3次脑震荡引起的头痛和大脑损伤以及3个月前肺部咳血而需要好好休养，并接受恢复脑力的训练。体育活动加上良好的身体素质，他的伤痛得以消除，脑力也得到恢复。他又开始狩猎、捕鱼、拳击、游泳，当然也忘不了酗酒，同时他也打算写出惊人之作来。

可是，养精蓄锐的能量还未释放到创作上，6月间，海明威又遭遇了一次车祸，这是他一年多以来发生的第三次交通事故。海明威开车送他的第四任妻子玛丽到哈瓦那机场，她要回美国与第二任丈夫办理离婚手续，再回来与海明威结婚。天下着小雨，海明威谨慎地开着车。他觉得路面很滑，想控制速度，一踩刹车，可刹车不知怎的失灵了，车子一下冲向路边的大树。海明威又受伤了：左膝盖撞到仪表板，引起内出血；4根肋骨撞到方向盘，引起骨折；额头撞到后视镜，血流满面；腿部和胸部也受了重伤。而玛丽的左脸颊被划出一条较深的口子，血流如注，此外额头也受了伤。可海明威沉着冷静，不顾自己的伤痛，抱着玛丽找医生急救。玛丽因得力于外科医生高明的手术，左脸颊没留下明显的痕迹。

14个月后，海明威再次以男子汉的勇敢行为把玛丽的生命挽救了过来：1946年8月中旬，海明威开着车带玛丽和他与波琳的儿子到爱达荷州旅游。晚上，他们歇息在邻州怀俄明的卡斯帕。第二天早晨，海明威正准备开车上路时，玛丽突然从痛苦中惊醒过来。原来她宫外孕而使输卵管破裂并导致内出血。送到医院后，医院的主治大夫外出未归，实习医生医术不高又笨手笨脚。玛丽忍受着剧痛，苦苦支撑着。不久，血管破裂，失血过多，脉搏消失，奄奄一息。实习医生一边脱下手套，一边告诉海明威妻子救不活了。愤怒的海明威不相信妻子会死，立即穿上白大褂，命实习医生找玛丽手臂上的血管，然后把针头刺入玛丽的血管，给她输血。海明威一动不动地守候在玛丽的身边，等到主治大夫回来后，又给玛丽输了4瓶血浆，吸了一个星期的氧气。玛丽从死神身旁又回到海明威的身边。

海明威终于过了一段平静的日子。可是两个儿子帕特里克和格雷戈里打破了他才8个月的平静生活。1847年4月兄弟俩去看望母亲波琳时发生了车祸，帕特里克头部受伤，而且老是头痛。回到古巴后，他发起高烧，变得狂躁，又大病一场，两个月后被诊断为幻想狂精神分裂症。海明威一下就垮了下来，精神上十分痛苦，但他必须打起精神，鼓励儿子与伤病作斗争，并整整3个月不分昼夜地陪伴和护理着儿子，尽到了一个父亲的责任。

可在此期间及稍后数月，海明威的几个好友和战友却因病和车祸突然逝世，又对他造成刺激，也使他十分伤感。这是一个血灾的年头——“黑色1947”。海明威心情抑郁难受，被一种死的阴影所笼罩。他患上了高血压症，体重也大大超标，而且还开始耳鸣，大脑里一种讨厌的嗡嗡声一直响个不停。

1949年春，海明威在意大利旧地重游时又发生了倒霉事。他先是患上了伤寒，治疗和卧床十几天。后又在威尼斯北面一处滑雪胜地不知怎的左眼进了一粒沙子，他揉了两下，划破了皮，就感染成严重的丹毒，脸肿得像一个面包，而且还破了一点相。这是一种链球菌皮肤感染，弄得不好，会引起脑膜炎，并导致失明。海明威接受了尴尬的治疗：注射了大量青霉素，满脸涂上油膏，双手被绑在床上，不许动弹。海明威心情坏透了：他十分担心自己会失去视力而变成瞎子，那样他就无法进行他视为生命的写作了。

可是，他的倒霉事还不仅此。第二年初，海明威由火药引起的皮肤感染，后来因暴晒而发展成肿瘤，还好是良性的。皮肤病治好不久，他又支气管炎发作。而当这些病都好了之后，他又遭遇了第四次脑震荡：1950年7月初，他带着儿子出海捕鱼。海上风急浪大，儿子为避开一个大浪头打来而突然将船转向一边，海明威一下就重重地摔倒在甲板上，头却撞到用来固定斜桅的夹钳，被撞出很深的伤口，又是一脸的鲜血。经过治疗后，他仍感到头痛、失眠。到了9月，他的腿又发生剧痛，那是第一次世界大战中留在腿部的弹片在作怪。脑震荡后遗症加上腿的剧痛弄得他烦躁不安、心慌意乱，心情沮丧到极点，他说他开始感到死的迫近，他想到了用自杀来解脱这种痛苦。

1953年下半年，海明威重返非洲。他打猎、酗酒、旅游、观光、寻求刺激。第二年1月下旬，海明威夫妇在肯尼亚首都内罗毕乘机前往刚果。当飞机飞临乌干达西部的默奇森瀑布上空时，他们惊叹于大瀑布的雄伟壮观，决定选一个适当的位置拍照。驾驶飞机的是一个叫马什的青年驾驶员。他驾驶着飞机在大瀑布上空盘旋了两周，都没有选好拍照的最佳位置。当他继续环绕第三圈时，突然一群朱鹭飞到飞机前面。马什一见慌了神，急忙按下机头向下俯冲。飞鸟倒是避开了，但飞机却撞上架在两山之间的电线上，电线缠住螺旋桨并击打着机尾。飞机一时失去控制，也失去平衡，马什急忙找一块空地降落，发现在离大瀑布南面3公里处有一块较平缓的高地，马什实施了紧急降落。可是不幸的是，飞机着陆时，机身与覆盖在地面上的荆棘丛剧烈摩擦，发出金属破碎和断裂的咔嚓咔嚓声。"快跑！快跑！"马什急忙喊道，并帮助海明威夫妇逃离飞机。还好，大家都幸免于难，只是海明威扭伤了右肩，玛丽断了两根肋骨。

一切复归寂静。马什抽出无线电天线喊话："……我是马什，我是马什，飞机降落在乌干达默奇森瀑布南面3公里处，等待救援。"喊话重复了几遍，后来又转到接收站，但似乎都无人接听。夜幕降临，海明威和马什捡了一些树枝，堆在一起，点上火。玛丽因疼痛而呻吟起来。海明威摸她的脉搏，似乎没有跳动；再较重地按下去，才摸到脉搏的跳动，可是跳动竟达一百五十多次。于是，海明威铺上雨衣，让她静静地躺下，再盖上一件毛衣。海明威和马什则坐在火堆旁打盹。天黑尽了，不时传来猛兽的吼叫声，海明威虽感觉紧张，但还强装镇静；而玛丽却感到毛骨悚然，害怕得把雨衣和毛衣裹了又裹。3人就这样熬过了山野里恐怖的一夜。

天亮了。马什跑到大瀑布边去做记号，以指示救援飞机降落。海明威则拾干柴以备夜晚烤火用。他拾着拾着，突然一抬头，看见一条白晃晃的船在河面上行驶。他和玛丽大声喊叫并挥动着雨衣，以引起船上的人的注意。可是船上没有反应，显然距离太远了。而他们又不敢贸然向河边跑去，因为附近和河边有大象、河马及其他野兽出没。可过了一会儿，那条船竟然靠岸了，船上的人一个个登陆了。海明威夫妇又拼命喊叫并挥动雨衣，这一次船上的人注意到了。船主向海明威他们3人收取了300先令后，让其登船。临近黄昏，海明威他们3人被载到阿伯特湖东岸的一个小镇布提亚巴。

当地警察局派人搜寻海明威他们已经整整一天，最后发现被撞坏的飞机，但没看见人，怀疑3人已经遇难。而丛林飞行员卡特莱特驾驶的老古董似的双引擎飞机在搜索他们一天后，将飞机停在小镇的简易机场上。碰巧，他与海明威他们3人相遇了，他邀请3人搭乘他的飞机飞往乌干达首都恩德培（乌干达现在的首都是坎帕拉）。

海明威他们3人登上了卡特莱特的飞机。飞机发动机启动了，发出震耳欲聋的吼叫声和噼啪声，接着飞机在凹凸不平的跑道上一颠一簸地滑行，然后起飞了。可仅仅飞了几秒钟，飞机突然往下栽，一瞬间就撞到地面。微弹了一下，又落到地面，就一动不动了，同时响起金属断裂的咔嚓声。刹那间，飞机右舷的引擎冒出火来，很快机身也燃了起来。驾驶员卡特莱特急忙蹬掉舷窗逃出火海，前一架飞机的驾驶员马什和玛丽也迅速踢破前窗跳出飞机。海明威人高马大又肥壮，一时半会儿出不来，他奔到客舱门前，用头撞开了被堵住的门。当他昏头涨脑地跳下飞机时，飞机就被火焰吞噬了。海明威脑壳开裂，鲜血伴着部分脑浆顺着左耳往下流，这造成他第五次脑震荡。他两个椎间盘断裂，右臂脱臼，肝、脾和右肾破裂，括约肌失去知觉，头、脸和双臂被火烧伤，左眼偶发性失明，左耳突发性失聪。

面对这次灾难，海明威却以超人的意志力忍受着致命的重创剧痛，克服了内出血、恶心呕吐、头痛欲裂和身心俱焚的折磨。他还开玩笑说，他脑壳破裂，脑浆和血流了出来，就解除了脑出血的压力。他确实是为自己经历了这次大灾难并大难不死而自豪哩。

海明威不顾自己重伤的危险，带着妻子与前来的警察一道乘上汽车，经过50公里颠簸的路程，熬了一个痛苦的夜晚，第二天到达了恩德培，并接受了记者的短暂采访，而且在采访中，他还开着玩笑。更令人不可思议的是，海明威对这两次空难，面不改色心不跳，居然在几天后又勇敢地登上一架小飞机，同马什一道飞到了肯尼亚首都内罗毕。这真是惊天地，泣鬼神！在这其间，美国和世界各地的报纸均宣告海明威乘坐的飞机失事，他和他的夫人一同遇难，其中一些报纸还登了海明威的讣告。海明威待在内罗毕的旅馆五味杂陈地读着报纸上关于他死于空难的报道和一些世界名人对他死亡的各种谈话或评论。他特别阅读了有关他的讣告，不无感慨地说："发讣告有一点不可取，就是你读到自己的讣告时简直太难熬了。"他将这些讣告分门别类地放入两个蒙有兽皮的本子中，后又以《读自己的讣告》为题写了一篇文章，发表在报纸上，并对个别不太友好地报道他的死讯的报纸加以揶揄。

海明威在内罗毕基本上治愈了外伤，但严重的脑震荡后遗症、视觉受损和内伤还继续折磨着他。医生劝他好好养伤，说："你在飞机失事后本会立刻丧命的。就因为你没有死，所以在飞机起火时，你再次面临死亡。但是你大难不死，活下来了。因此只要你安分守己，就再也死不了啦。"可海明威却不客气地答道："说实在的，有朝一日我会变成一具够你瞧的尸体的，我活不了5年以上，我要抓紧时间。"

可是，海明威的灾难还未终结。仅仅过了一个月，一次森林失火，他不顾自己病残体弱，勇敢地跑去灭火。但衰弱的他，站立不稳，一头栽进火里，烧伤了自己。这真是雪上加霜，他从嘴到腿全部烧伤，烧伤度为2—3度，伤势相当严重。

此后，海明威就一直备受肉体伤残和病痛的折磨，也遭受精神焦虑和抑郁的煎熬，这使他丧失了生的乐趣和欲望。好在1954年10月传来他获诺贝尔文学奖的消息，这使他感到自豪并激起他的快意。但残肢病体带来的痛苦仍然困扰着他，对健康迅速恶化的忧虑笼罩着他的心头。他不仅身体垮了下来，精神也解除了武装，昔日的勇武和自信消失殆尽。美国著名作家刘易斯在古巴遇到获诺贝尔文学奖不久的海明威时非常吃惊，他说："他有了巨大的声名，但他是我所认识的人中最可怜的一个。"

50年代中期以后是海明威遭遇灾祸最少的时期，但却是肉体和精神疾病恶化并加剧的时期。以前他写作不但不会感到疲劳，而且还觉得轻松愉快；可现在呢，写作时间稍长就感到劳累，背部疼痛不堪，眼睛视物也模糊不清，左耳听觉也不灵。1955年11月，他因感冒而引发了肾炎、肝炎和贫血症，左脚肿得像足球。他不得不卧床养病四十来天。一年后，高血压病再次袭来，血压急剧升高，舒张压105，收缩压220，胆固醇380，动脉硬化，主动脉周围还有炎症。他还忍受着严重的脱发症、酒精中毒症、糖尿病和肝病的折磨。此外，他还患有严重的皮肤病，他留的大胡子包含着一个秘密，是为了遮掩日益折磨着他的皮肤癌。而且，在精神上，他患有严重的抑郁症、妄想症等病症。因此，他精神上十分脆弱，冲动易怒，内疚不安，寂寞抑郁，恐惧多疑，健忘失忆。到了50年代末60年代初，由于他长期酗酒而变成了酒鬼，身体受此摧残而更加衰弱。他在原有多种严重疾病的基础上，又患上血色素沉着症。一位古巴医生告诉他，这是糖尿病的罕见形式，将会导致失明和永久性阳痿，这使海明威更惊恐不已。同时，他的肝脏硬变，疼痛更加频繁；肾脏受损，脚踝水肿，出现血尿。在外表上，原本英俊的他被恶化和扩散的皮肤病折磨得丑陋起来，一片发炎的红斑从鼻子蔓延到面颊，白色的小脓包皮疹像头皮屑一样掉落，另一片亮红的斑块从鼻梁向下蔓延到嘴边，向上蔓延到眼旁，鳞状的白片不断剥落。这又使海明威苦恼不堪、忧虑不已。而且更使他痛苦、悲哀、焦虑、恐惧和失去男子汉面子的是，几十年酗酒导致的高血压和糖尿病委顿了他控制性机能的神经。而在从前，哪怕他身心出现严重危机和伤害以及数次发生脑震荡后，也只是出现短暂的阳痿，而后又恢复了正常。

海明威的精神崩溃了。他的大脑出现妄想的毛病，常常恐惧不安，害怕警察逮捕他；又整日忧心忡忡，总认为被人盯梢跟踪，甚至怀疑有人要暗杀他。有时他还自言自语地说不如自杀算了。他神经错乱了。医生诊断他患有忧郁加困扰型的偏执型精神病。

他不得不于1960年11月底住进了美国名医梅奥家族创办的闻名世界的联合医疗单位梅奥诊所，并接受精神病专家罗姆大夫对他采用电震疗法的建议。尽管电震疗法具有“惊慌、恐惧、注意力不能集中、失去记忆力、严重的偶发性疼痛、发作后的谵妄、可能骨折，甚至可能死亡”的副作用，但医院采取两害相权取其轻的做法，一次又一次地对海明威实施了电震疗法。海明威接受电震疗法将近两个月，但效果并不像预期的那样好，他的忧郁，他的妄想并没有明显改变,反而他的记忆力被摧毁了。而记忆力曾是他的资本,是他作为作家的活力,是他视作生命般的力量。而今,他的生命变成了一片空白。

海明威在1961年1月下旬回到爱荷达州凯彻姆的家里。2月,竞选总统成功的肯尼迪将举行就职典礼。海明威应邀为肯尼迪就任总统写一份祝贺词。他写了几个小时也没有写出来;又继续写了几个小时,仍未成功。他为自己的失败而苦恼甚至流泪。终于尝试了十几次,用了一周时间,才勉强写出三四个句子。他对着给他量血压的医生说,他的脑子再也冒不出词语来了,他再也无法写作了。说着说着,浑浊的眼泪从他痴呆的眼中夺眶而出。他感到这样活着不如死了的好。

4月下旬的一天,妻子玛丽从楼上下来,发觉穿着浴衣坐在客厅的海明威手里拿着一支猎枪,呆呆地自言自语嘀咕着什么,旁边的窗台上放着两颗子弹。玛丽顿时紧张起来,立即靠拢海明威,没话找话地与他聊个不停,以分散他对枪的注意力。直到差不多一个小时后医生来给他量血压,玛丽才松了一口气。医生让他伸出手量血压,自然要把枪交给别人,于是趁量血压而未引起海明威的警觉就把枪拿走了,解除了一大隐患。玛丽和医生把海明威暂时送到附近一家医院,给他注射镇静剂,让他稳定下来。

但为了更好地治疗,海明威还是得再次住进梅奥诊所。海明威说要回家拿一些衣服和日用品, 医院就派了一名工作人员安德森和一名护士琼妮护送。到家时,海明威让安德森和琼妮在外等一会儿,自己就往熟悉的房间跑。他来到角落的枪架前,取出一支猎枪,让枪口对着自己。他的大拇指准备扣动扳机时,一双大手钳住了他的胳膊。原来,安德森和琼妮尾随他进了屋,看见他欲行极端时,就来夺他的枪。可海明威死死地抱住枪不放。安德森用力扳开他的手,终于把枪夺了过来。现在的海明威已不是当年的海明威了,他哪里搏击得了高大强壮的安德森呢?安德森下了他的枪,交给琼妮,让她退出了子弹。海明威紧绷着脸,两眼露出凶光,继而转为阴郁、沮丧。他哀叹了一声,默默地跟着安德森和琼妮回到医院,并又被注射了镇静剂。

两天后,安德森和医院的一位医生护送海明威前往梅奥诊所。他们乘坐的飞机在中途降落加油。海明威下飞机后,一溜烟跑到机场的机棚,在抽屉和工具箱里翻寻起来。安德森跟随着他,估计他是在找枪,因为这些地方有时会藏一些枪支弹药。海明威没有找到枪,很不甘心。这时,一架飞机滑行到了附近,海明威趁安德森不注意,就向飞机转动着的螺旋桨奔去。不过,当他跑到螺旋桨旁边时,恰巧螺旋桨停止了转动,是飞机的驾驶员关掉了引擎。海明威叹了一口气,只得折转回来。

鉴于海明威的自杀未遂,他被送入梅奥诊所的自杀戒护病房。他又被施行电震疗法。不久,海明威对治疗感到厌烦了。5月末玛丽来看望他时,他就表示自己的病治不好了。他心灰意懒,心如止水,什么都不想做,连须臾不离的书也有一个半月不看了,可他这辈子是嗜书如命的啊。在6月份,他甚至又起了自杀的念头,他说如果不能按他的条件活着,就无法忍受,活着就毫无意义,不如死了算了。

这时,海明威听照顾他的医生说自己9岁的儿子患严重的心脏病将要死去,他立即用童话笔调给孩子写了一封信。罗姆大夫据此认为海明威经过电震和其他方法治疗后已有较好的效果,因为信中传达的是一种乐观积极的态度,充满爱心,情绪温和,精神正常。从外表看,海明威的状态也好于从前,他自己也感觉良好,并要求出院。可最了解海明威的玛丽却认为这只是表面现象,心理和精神问题并未解决。有医生建议她把海明威转入精神病医院,并对她说:“与其让报纸的头版刊登海明威自杀的消息,不如让报纸的其他版面刊登他住进精神病院治疗的消息。”可玛丽有点担心海明威转入精神病院会引发各大报纸的新闻炒作,成为人们街谈巷议的笑料,有损于海明威的形象。但是更主要的是,她虽然愿意海明威转入精神病院,她也准备去做,可要说服海明威住进精神病院是困难的。在这种情况下,罗姆大夫起到了帮他们决定的作用:他宁可让海明威回家,也不赞成海明威转入精神病院。他请玛丽到他的办公室,告诉她:海明威可以出院了。他又补充道:海明威自己也坚决要求出院。海明威这时正走进办公室,他已脱下病员服而换上了正常人的服装。玛丽一直在犹豫:她感觉海明威用假象迷惑了罗姆大夫;而他在她面前则是另一种状况,他的幻觉、妄想和恐惧症还时有发生。但是,海明威决定了的事,玛丽是难以改变的。

6月底,海明威、玛丽和玛丽请来的海明威的老拳友布朗一起回到凯彻姆的家。7月1日傍晚,海明威和玛丽与布朗共进晚餐。海明威坐在餐厅角落的一个座位上,呆呆地一言不发。突然,他看见有几个陌生人进来,就情不自禁地恐惧起来，他嘀咕道：他们是联邦调查局的人，是来监视他的。海明威的精神疾病确实没有治好，他的幻觉、妄想、忧郁和恐惧症没有消除。

回到家中，有点晚了。两人各自盥洗，准备睡觉。玛丽进了卧室，突然想起以前爱唱的一首意大利民歌《人们夸我是金发女郎》，心中不免升起一股柔情。她一时兴起，穿过客厅，来到海明威的卧室，柔声曼语地对海明威说："还有20天就是你62岁的生日，我要为你举办一场辉煌盛大的生日庆典，请所有的亲人和朋友来祝贺你的生日。"海明威听着，高兴地咯咯笑起来。玛丽继续说道："在生日庆典上，我要送你一件有意义的礼物，今晚我就先把这件礼物献给你。""什么礼物？"海明威问道。于是，玛丽轻声地唱起了《人们夸我是金发女郎》。海明威听着听着，受了感动，也和着节拍，跟着玛丽唱了起来。歌唱完了，海明威吻别妻子时，充满感情地说道："晚安，我亲爱的。"

7月2日，星期日清晨，不到7时，海明威起床了。他在睡衣外面披了一件浴衣，蹑手蹑脚走进厨房，怕惊醒玛丽。其实玛丽6时许已起过床，她倒了一杯水喝。遗憾的是，她又回去睡回笼觉了。海明威记得玛丽把枪锁在地下室，而地下室的门钥匙放在厨房的水槽上面的窗壁架上。他拿了钥匙，踮着脚尖走到客厅下面的地下室，开了门锁，进入到阴暗潮湿的地下室，挑选了博斯牌镶银双筒猎枪。他轻轻地摩挲着他最喜爱的这支猎枪，然后坚决地把两颗子弹推进枪膛。他锁了门，又蹑手蹑脚地回到客厅。这时，窗外已是一片充满生机的明媚阳光，披满青翠叶子的生机盎然的树枝在微风下轻轻摇曳，似在招呼他要好好待在这个象征生命的绿色世界中。可他那带着深深伤痕和皱纹的脸上露出一丝阴郁而凄凉的微笑，继而他嘴唇嗫嚅起来，似在默念着他恪守的那个信条："活着，就要勇敢地活下去；面对死亡，就应勇敢地死去。"

他走动了几步，然后转过身来，背对窗外灿烂的阳光。他左手拿着枪，右手捋了捋下巴上的大胡子，长长地叹了一口气。突然，他咬了咬牙，脸部轮廓显得僵硬，眼睛射出阴冷的凶光。他举起枪，调转枪口对着自己，并把枪口插进嘴里。他扣动扳机，"砰！"他应声倒下，脑浆飞迸，血肉、骨头、牙齿和头发溅到地板、墙面和天花板，头盖骨不翼而飞，只剩下血肉模糊的嘴、下巴和脸的下半部。

海明威就这样以极端疯狂的方式和极端可怕的形象告别了人世，却不愿意享受19天后62岁华诞的辉煌和幸福。

布罗茨基：
获诺贝尔奖前的打工、被捕、受审和劳改

布罗茨基(1940—1996年)，苏联持不同政见代表诗人。出生于列宁格勒一职员家庭。父亲是犹太人，做过军人和摄影师。母亲是拉托维亚人，作过办事员、会计。15岁即辍学，干过铣工、医院太平间尸体解剖助手、搬运工、浴室锅炉工、灯塔看守人和地质勘探队工人等13种工作。十六七岁开始诗歌创作，但不能正式发表。1964年，法院以“寄生虫”罪名判处其5年徒刑，被送往北疆劳改。但在国内外作家和新闻工作者的呼吁下，服刑一年半即被释放。1972年，被内务部要求离开苏联，旋即接受美国密歇根大学教职并担任驻校诗人，开始了在美国的教授和创作生涯，并加入美国籍。1987年获诺贝尔文学奖。代表作有诗集《献给约翰·邓恩的大哀歌及其他》、《诗选》、《语言的部分》和散文集《小于一》。主要作品有诗集《韵文与诗》、《山丘和其他诗作》、《诗集》、《旷野中的停留》、《美好时代的终结》、《献给奥古斯都的新章，写给M.Б.的诗，1962—1982》、《乌拉尼亚》和散文集《悲伤与理智》等。

1964年2月的一天，天色朦胧，夜幕正在无声地降临。一位身材较高、肩膀宽大、头发棕红的英俊小伙子在与音乐家朋友相聚又告别后，走在通往自己家的路上。突然，一辆吉普车在他身边刹住，车上跳下两个高大魁梧的警察，把小伙子左右臂用力架住，很快就把他塞进车里。小伙子开始一惊，但很快就平静下来了。小伙子被带到警察局。经过简单的讯问，他知道自己被捕了。他被关进一间狭窄潮湿的单人牢房。

这位被逮捕的小伙子是谁呢？他就是在将近二十四年后获得诺贝尔文

学奖的大诗人布罗茨基。

布罗茨基自己十分清楚，自己被捕是当局对他施加进一步迫害的结果。在此之前，他不是还预演式地被短暂弄进去两次吗？而且在两个半月前，《列宁格勒晚报》就已经释放出一个针对自己的险恶的信息。报上刊登了一篇署名列尔涅尔、梅德维杰夫和约宁的文章《文学寄生虫》，点名批判、谴责了“寄生虫”布罗茨基，并要求对布罗茨基进行严惩。十来天后，他又受到警察的当面警告。那天晚上，他正在灯下写诗。突然，3个警察非法闯入家门，威胁他说：你这个寄生虫，如果几天内你还不去工作，那就对你不客气了。布罗茨基当时只是虚与委蛇地答应着，心中还在吟着自己的诗，没有理解到“不客气”的含义。现在，他才对报上的险恶信息和警察说的“不客气”醒悟过来，不过这已经晚了。他感到，如果自己当时警觉了，出去再打一份零工，被人抓不住“寄生虫”的辫子，也许就不至于蹲监狱了。可是不！他心中马上就对此进行了否定，就是去打了工，甚至有了正式工作，不是所谓“寄生虫”了，也仍然是会受到迫害的。他心中坚决地就这样认定下来。

布罗茨基为什么会这样坚决地认定自己会受到迫害呢？而迫害他以至逮捕他的由头——寄生虫，又是怎么回事呢？

布罗茨基出生在一个职员家里。父亲是犹太人，是彼得堡一家小印刷厂厂主之子，年轻时在海军服役，参加过卫国战争，到过中国和芬兰，中年以后在列宁格勒（1914年彼得堡改名为彼得格勒，1924年又改名为列宁格勒，1990年恢复为圣彼得堡）的海军博物馆作摄影师，退伍后在一家小报做摄影记者。母亲是拉托维亚人，是一位美国缝纫机的代理商之女，她在一个市政机构做办事员、会计。在以阶级出身和阶级成分划分人群的苏联，布罗茨基的父母均出身于资产阶级，加之父亲又是犹太人，这样的家庭自然得不到共产党的信任，而且还受到歧视和排挤。布罗茨基从小对此就有所感受，他甚至不愿意填写自己出身的民族。

好在这是一个有文化教养的家庭。布罗茨基在父母的影响下，喜欢读书、学习。他看了大量的文学名著，读了俄国所有大诗人的作品；他自学并精通了英语和波兰语，以便从原文阅读他所喜爱的美国诗人弗罗斯特、美籍英国诗人奥登、美籍波兰诗人米沃什及一些波兰文学期刊和诗人的作品。他后来还基本能阅读拉丁语、意大利语和法语读物；晚年又开始学习汉语。这是后话。

在闲暇的日子，他或者跟着父亲，或者独自漫步在住家周围的街道上和涅瓦河畔，沉浸在自家周围的辉煌建筑所积淀下来的文学传统中。确实，布罗茨基的住宅及周围的建筑物，在俄国形成了一道独特的文学风景，产生了一个强大的文学磁场。列宁格勒彼斯捷尔街和铸造街相交处有一幢6层的姆鲁济大楼，其中第二层有“一间半”房子就是布罗茨基的家。这幢大楼是俄罗斯的一大文学圣殿。普希金的大儿子和小说家列斯科夫在这里居住过。白银时代文学的领军人物梅列日科夫斯基和吉皮乌斯夫妇在这里住了十几年。象征派代表诗人、作家勃洛克和别雷与阿克梅派代表诗人曼德尔施塔姆常来此造访。阿克梅派诗人领袖古米廖夫和带表现主义倾向的新现实主义小说家扎米亚金经常在此举办讲座和演说。这里还办有文学讲习所，讲习所不久又变为“诗人之家”，勃洛克和古米廖夫先后担任“诗人之家”的负责人。不过，这些文学大师不久都遭到了不幸：曼德尔施塔姆被逮捕坐牢并被迫害至疯至死；古米廖夫被不问青红皂白地冤杀；扎米亚金被打压而流亡并客死法国。这些文学大师的神灵似乎在文学上护佑着布罗茨基的成长，但在命运上他们却保护不了布罗茨基，布罗茨基也像他们中的很多人一样，后来也受到十几年的迫害和打压。

布罗茨基是1947年9月开始入学读书的。他聪明能干，读了很多书，但成绩不好，例如7年级时，3门自然学科不及格，英语也不及格。这里引起人们惊奇的是：他后来成了英美国家公认的用英语写作的诗歌和散文大家。由于成绩不好，他留了一级。他申请入读一所海军学校，未允，他认为这是他出身犹太资产阶级家庭的原因。到了8年级，他终于选择了退学而走向社会。

布罗茨基在不到16岁时开始在兵工厂做学徒工，干铣工活。工作不到半年，他离开了工厂，来到一家医院的太平间做尸体解剖助手。之后，他又做过搬运工、浴室锅炉工、灯塔看守人和地质勘探队工人等。干的活全是笨重的体力劳动：铲煤，运煤，钉箱子，挖坑，搬运重物等等。可是，他还不知道，他是不适合从事体力劳动的，因为他的父亲把心肌梗塞这种病遗传给了他，他20岁时检查出了心脏病，他为此免服兵役。

但是，他仍然不得不从事这些重活、脏活、苦活、危险活。他断断续续在地质勘探队做5次临时工期间，到过北极圈以内的白海沿岸地区、黑海东北岸草原地区、天山地区和东西伯利亚地区等，足迹几乎遍及整个苏联国土。这其间，他备尝劳动的艰辛和苦难。北极圈内零下四五十度的严寒几乎冻掉了他和队员们的鼻子、耳朵；背着沉重的勘探器材一连数天的跋涉，体力耗尽，几乎累死在一望无际的荒漠和崇山峻岭上；穿过阴森恐怖的原始森林，遇到毒蛇猛兽的袭击，生命不时处在极度危险中；划船渡过激流险滩时，几次遭到船毁而命悬一线；在艰难的跋涉中，不时缺水，更缺蔬菜，长年累月吃着千篇一律的焖肉罐头，嘴唇干裂，皮肤粗糙，一连数天解不出大便，憋得人心慌意乱，要死不活；到达目的地后，搬地上的石头，运粗重的木料，钻坚硬的地壳，繁重的劳动折腾得人都快散架；而当搭起帐篷休息或睡眠时，无数的毒蚊嗡嗡袭来，咬他和队员们的肉，吸他和队员们的血。

布罗茨基就这样从1956年开始的七八年时间内，换了13种工作，总共工作时间约两年八个月。但他在这异常艰苦的环境中受到大自然的洗礼，意志得到很好的锻炼。他并不埋怨这恶劣的工作和繁重的劳动，相反的，他认为他投入到了给他带来力量的大自然的怀抱，享受到了一种虽然艰苦但也不失浪漫的旅行。他后来还向他的朋友炫耀：他还到过神秘的中国哩。他说："我当时住在两国边境黑龙江以北的一个村落。一次，黑龙江发洪水，装载我们几个队员和勘探器材的木筏被冲到黑龙江的中国一岸。我们在中国待了一会儿，打量着这片神奇而美丽的土地。幸好没有遭遇大的危险，也没有碰到巡逻的军人。"

布罗茨基在工作结束后的休息时间和两次工作的转换期间开始阅读大量文学作品，不久就开始尝试诗歌创作。但他感到正规教育的缺失，于是参加了较为系统的夜校学习，不久又到列宁格勒大学旁听。在此其间，他结识了一些大学生，并参加他们的一些文学活动。大学生们对这个当时才18岁的小伙子也颇为欣赏，认为他的文学知识和诗歌才能完全不亚于他们。一次，他被邀请参加列宁格勒大学语文系的同学举办的座谈会。大家在讨论一位诗作者的报告时，布罗茨基作了一个不合时宜的发言，其中他还引用了为人们所忌讳的托洛茨基的《文学与革命》中的话，这立即引来座谈会主持人的不满和指责。而布罗茨基血气方刚，完全不接受对他的批评和指责，两人爆发了冲突。此后，他又参加过几次文学座谈会和研讨会，感到自己的言行与会议的主旨大多不合拍，因而对这类设定框框、定下调子的会议再也不感兴趣了。不过，他对诗歌爱好者的聚会照去不误。在聚会上，他朗诵自己创作的诗歌。一般来说，他朗诵诗歌时，比别人更投入，更有激情，声音更洪亮，很受青年诗歌爱好者们的欢迎和好评。但他朗诵后，常常扬长而去，不听后面的人的朗诵，这引起一些人对他的不满。一次，在文化宫又举行了一场诗歌朗诵会。布罗茨基上台朗诵了自己的《犹太墓地》一诗，受到在场多数青年的欢迎，但却引起被青年诗人视为导师的著名诗人谢苗诺夫的不满，他谴责布罗茨基的反叛和自由化。布罗茨基并不示弱，他立即反驳谢苗诺夫对他的指责，并针锋相对地又朗诵了另一首诗。这样，布罗茨基的反叛言行引起了一些人的注意，联系到他又引用过托洛茨基的言论，那些负有监视在意识形态上与当局不一致的青年的责任的官员们开始注意到了他。

布罗茨基的《犹太墓地》和《朝圣者》等5首诗在青年中流传甚广，约两个月后，在1960年4月发表在《句法》第三期上。这份薄薄的未经当局批准出版发行的打印刊物是一份地下诗歌读物，它是由莫斯科大学新闻系学生亚历山大·金兹堡等人在头一年创办的，受到青年诗作者和诗歌爱好者的欢迎，西方国家也有人读到它并关注它。布罗茨基的5首诗是他的诗友、青年工程师古别尔曼带到莫斯科交由金兹堡发表的。为此，这份刊物受到国家安全委员会即克格勃的注意，党和政府的报纸也发表过严厉谴责它的文章。布罗茨基的诗发表3个月后，金兹堡就被捕了，他被判处两年的劳改。

而布罗茨基和其他在《句法》上发表诗作的人一样，也受到克格勃的暗中监视，克格勃从负责意识形态的官员那里了解到一些布罗茨基的负面印象后，就决定拘留他。这一年10月，布罗茨基被列宁格勒的克格勃人员带到拘留所，接受了他们的审讯，并受到威胁，不许他再在地下刊物发表诗文。

12月中旬，布罗茨基接到朋友沙赫马托夫发自撒马尔罕的信，沙赫马托夫请他到这个丝绸之路的枢纽城市去玩几个星期。沙赫马托夫是他3年前到一家报社送稿时遇到而结识的朋友。沙赫马托夫是一个音乐家，也爱好写诗，还当过飞行员。他也是来投稿的。此后两人过从甚密。沙赫马托夫还把他的一个朋友乌曼斯基介绍给布罗茨基。乌曼斯基具有多方面的才能，既作曲，也撰写物理学和哲学论文，还通晓印度教。他周围经常聚集着一些离经叛道的青年音乐家、画家等，因此受到克格勃的注意。

乌曼斯基把写给美国总统肯尼迪的书信体文稿《总统先生》托布罗茨基

转带给沙赫马托夫。布罗茨基到了撒马尔罕,巧遇美国著名律师贝利,他建议贝利把乌曼斯基的文稿带到美国去发表。但贝利考虑到这可能引起美苏两国的纠纷,就没有接受这个建议。3年后,美国总统肯尼迪遇刺身亡,而凶手被一个叫鲁比的人开枪打死,这个贝利做了鲁比的辩护律师。

布罗茨基与沙赫马托夫在撒马尔罕玩了几天后就感到无聊了。一天,两人在天南海北的闲聊中突发奇想,说想一个办法逃出国去。于是两人你一句我一句地谋划起来:沙赫马托夫以前藏有一把手枪,两人乘上民航飞机后,用手枪对着飞行员,并打昏他,然后由沙赫马托夫驾驶飞机驶往伊朗的一个美军基地。两人甚至还去查看过当地的机场。后来,两人觉得这虽富有刺激,但太荒唐,遂放弃了这个念头回到了列宁格勒。

但差不多一年后,沙赫马托夫因私藏手枪被发现而被捕。为争取减刑,他供出了所谓的乌曼斯基反苏团伙,也供出了他与布罗茨基劫机叛逃的主意。布罗茨基又被抓了起来。但劫机叛逃只是说说而已,没有任何行动,而且除沙赫马托夫一个人的供词外,没有旁证,加之未发现布罗茨基有反苏言行,故很快被释放了,不过这一来他受到克格勃的更为严密的监视。

布罗茨基在诗歌艺术的道路上继续前进。他这时来往稍多的是当时还是列宁格勒工学院学生的3位诗歌爱好者——莱茵、奈曼和博贝舍夫。这3人与后来的布罗茨基组成了诗歌小组,他们常常在一起交流诗作,切磋诗艺,探讨诗歌美学。1961年8月的一天,莱茵见到布罗茨基,突然问他想不想见一个人。布罗茨基回答说见谁呢?莱茵说是阿克梅派的最后一位大师。布罗茨基知道是指阿赫玛托娃。阿赫玛托娃是白银时代的阿克梅派的3个代表诗人之一。另两个是古米廖夫和曼德尔施塔姆。前者是阿克梅派的首领,曾是她的丈夫,被冤杀;后者是阿克梅派最杰出的诗人,遭关押后被逼疯至死。阿赫玛托娃也备受迫害,苦难不断,到晚年她的处境才好转。阿赫玛托娃住在列宁格勒郊外。她的小别墅经常是高朋满座,她成了青年诗人和诗歌爱好者心目中的诗歌圣母。布罗茨基被莱茵带到阿赫玛托娃的家中。在莱茵、奈曼、博贝舍夫和布罗茨基这4人中,阿赫玛托娃发现年龄最小学历最低的布罗茨基比其他3人更有诗歌天赋和创造个性,认为他现在虽不受主流社会的赏识,但未来不可限量,是俄罗斯的诗歌之星。阿赫玛托娃后来还有诗作写给布罗茨基。布罗茨基从阿赫玛托娃那儿汲取了诗艺养料,听取了她的谆谆教诲,他一生都没有忘记她对他的恩泽，并以挚爱的心情向她献诗，成名后又向全世界推介她的诗歌。遗憾的是，阿赫玛托娃没有活着看到自己的这个弟子登上诺贝尔文学奖领奖台。

将近四个月后的1962年初，不满22岁的布罗茨基的朋友季申科给他介绍了一位女朋友，她就是23岁的青年画家巴斯玛诺娃。巴斯玛诺娃不但娇小迷人、美丽性感，而且冰雪聪明、热情能干，颇有现代风尚与古典韵味相结合的那种美。她不仅本人优秀，而且出身艺术之家，父亲和母亲均是著名的现代派画家。布罗茨基很快就爱上了这个浑身充满艺术细胞的漂亮姑娘。巴斯玛诺娃不像一个贤妻良母型的女人，而像一个进取的事业型女人，同时也像一个用情不专的开放型女人。她要以自己的画笔来营造自己的一片天地，因而她勤奋地在画布上耕耘，创作出为朋友和社会所认可的作品，以期达到和超过自己的父辈在画坛上的地位。布罗茨基在与她频繁地交往后，既感受到爱的愉悦，也感受到爱的压力。他感到她本人和家庭均优于他，他常常惊叹她的深刻的美学见解、不凡的创作思维和丰富的艺术个性，不时流露出自愧不如的想法。当然，与巴斯玛诺娃的爱情和艺术的交往，也激励着布罗茨基在文学上的进取，影响到他在诗歌上的创作，他不知疲倦地耕耘着、耕耘着。

也许是爱情带来的好运，布罗茨基第一次在正式期刊《篝火》上发表了一首长诗《小拖轮的故事》，同时翻译的几首诗被分别收入莫斯科的文学出版社出版的古巴诗选和南斯拉夫诗人选集中。而在此之前，他写的诗歌只能在地下刊物上刊载或在朗诵会上诵读。可是，就在布罗茨基做着一手抱着缪斯，一手抱着维纳斯的美梦时，危险却逼近了他。

1963年初春，苏共中央害怕前一年兴起的自由化浪潮冲毁自己统治的根基，于是关上闸门，重新将开始活跃的文艺界禁锢起来。布罗茨基这时在列宁格勒文艺青年中已有了不小的名气，他自然就受到克格勃和当地官员特别是一些想往上爬的人的关注。这其中有一个叫列尔涅尔的人，他在50年代中期任列宁格勒工学院总务主任。不久，学院出了一期介绍西方现代派文艺的墙报，是由该学院学生莱茵、奈曼和博贝舍夫主办并提供稿件的。列尔涅夫立即嗅到意识形态的阶级斗争新动向，他为了表示自己“要求进步”，就向上面打了一个小报告，密告3位学生的“反动倾向”。3位学生为此受到学校的批判和处分。60年代初，布罗茨基与他们结为4人诗歌小组，不久就受到当局的监视。列尔涅尔认为向上爬的机会又有可能出现,他也就特别注意到了布罗茨基。这时他已经调离列宁格勒工学院,当上本地一支协助警察维持治安的纠察队队长,同时他还兼任社会侦察员和社会公诉人。在1963年3月苏共中央总书记赫鲁晓夫接见作家艺术家代表后,他立即写信给赫鲁晓夫,肉麻地向其表示效忠,并说为了纯洁无产阶级意识形态,要揭露一切反苏维埃思想的人和事,与一切反党反社会主义的阶级异己分子作斗争。为此,他找来布罗茨基的诗文,想在鸡蛋里挑骨头。但布罗茨基的作品虽然不合社会主义主旋律,但反叛的政治倾向不明显,要从政治思想和意识形态上来问罪于他,砝码似乎不重。恰恰在这时,列尔涅尔获悉布罗茨基在头一年一月因乌曼斯基和沙赫马托夫案件被克格勃传唤并关押了两天,接着又了解到布罗茨基在头一年9月被地质勘探队除名并有一年多没上班,于是他想到"不劳而获罪"的法条,以"寄生虫"的名义来迫害布罗茨基就名正言顺了。他联合了列宁格勒晚报社的两个报人,编造了《文学寄生虫》一文,于1963年11月29日发表在该报上。两个星期后,地区检察官科斯塔科夫看到这篇文章,建议列宁格勒作家协会对布罗茨基进行社会法庭审判,列宁格勒作家协会的负责人立即荒唐地响应这个建议。于是,对布罗茨基在法律上进行实质性的迫害开始了。

布罗茨基的朋友们也注意到了《列宁格勒晚报》上那篇《文学寄生虫》的文章,大家都为他捏着一把汗,他们把他叫到一位叫阿尔多夫的朋友的家里商量对策,并请来导师阿赫玛托娃。商量的结果是请莫斯科的两位精神病医生朋友帮忙,让他住进莫斯科的卡申科精神病医院检查,以期获得一份精神不正常的诊断,从此来逃脱被审判甚至被逮捕的厄运。

就这样,布罗茨基被安排进了卡申科精神病医院。他一进入医院,就被这惨白的王国和眼前的患者的疯狂、怪诞的言行镇住了,他嘀咕着:这也许是一种更为瘆人的"白色恐怖"。他就是在这种精神的白色恐怖中听到的1964年新年来临的凄凉钟声。在医生朋友的帮助下,布罗茨基有精神分裂征候的诊断书弄到了手,阿赫玛托娃不久以此诊断为由给苏共中央候补委员、苏联作家协会负责人和主流诗人苏尔科夫写信,告知青年诗人布罗茨基的病情因在列宁格勒受迫害而加重,请他予以关注;而布罗茨基受不了医院折磨人的令人窒息的气氛,才入院三四天就出院了。

布罗茨基出院后的第二天，他在莱茵家里小聚时得知，他的女朋友巴斯玛诺娃与博贝舍夫走在一起了，并一同欢度新年。他立即赶回列宁格勒想了解情况。博贝舍夫前来看望他并对他作出解释，但他预感到他与巴斯玛诺娃的爱情已经出现危机。自此，对失恋的担心和忧虑使他食不甘味，寝不安眠。几天后，他更悒郁烦恼，焦躁不安，心情难受，后竟至拿起刀想切开自己手腕的血管自杀。

布罗茨基有精神分裂征候的假诊断书并没有起到太大的作用，特别是他的出院，更使克格勃加强了对他的监视，终至在1964年2月13日对他实行了逮捕。

在关进监狱的第二天，布罗茨基突然发作心脏病，狱医们立即对他进行了紧急治疗。好一点后，在一次夜晚，布罗茨基被请进监狱局副局长的办公室。副局长请他坐，为他倒茶，端点心，并客气地说："我能为您做的就只有这些。"原来，是布罗茨基的一位诗友托副局长对布罗茨基予以关照和帮助。与警察局关系良好的一位叫梅特的作家也请副局长帮助布罗茨基。但副局长告诉梅特说："布罗茨基是列宁格勒州委第一书记过问的案子，我虽有心帮忙，但却无能为力。"

对布罗茨基的审判在逮捕后的第五天进行。审判是在一种违反常理的情况下进行的：提起诉讼本来应该是检察官的事，但检察官常常保持沉默，取而代之的却是法官。因此，布罗茨基及其辩护人就不得不与法官直接交锋，与之争辩。这样一来，很容易就惹恼法官，让法官做出不利于布罗茨基的判决。主审法官萨维莉耶娃是一个蛮横不讲理的女人，审判开始不久，她竟然不准记录。以下是布罗茨基与她的交锋：

萨维莉耶娃（以下简称"萨"）问："您是做什么工作的？"

布罗茨基（以下简称"布"）答："写诗，也译一点诗。"

萨："您有稳定的职业吗？"

布："我认为写诗、译诗就是一个稳定的职业。"

萨："您干吗不去工作？"

布："我工作了，我的工作就是创作诗歌。"

法官还问到他以前在工厂、地质勘探队等多家单位所干的工种、工龄等,企图证明他工作时间短、间断时间长,大部分时间都处于游手好闲、不劳而获的状况。

> 法官继续问道:“再问您,您的职业是什么?”
>
> 布罗茨基继续答道:“诗人,兼诗歌翻译者。”
>
> 萨:“是谁把您列入诗人的行列的?”
>
> 布:“没有谁。但请问:是谁把我列入人类的呢?”

布罗茨基的辩护人托波罗娃是一位著名律师,她虽然认为那条关于“不劳而获罪”的法令是荒谬的,但她以她的辩护技巧来反驳对布罗茨基提起的反社会生活方式的指控:布罗茨基不酗酒,不滋事,不耍流氓,不游手好闲,不靠劳动以外的收入生活;他有工作,虽然间断,但在间断期间写诗、译诗,从事脑力劳动,收入虽然很微薄,但尚能维持生活,何来“寄生虫”和“不劳而获”之罪?!

那位托警察局副局长帮助布罗茨基的作家梅特描述了自己对这次审判的感受:

> 无论是这个破烂的审判大厅,还是这次无耻的审判,都将让我永世难忘……
>
> 这位青年,我现在才这么近地观察到他。令我惊奇的是,就是在如此有害于他的情况下,他仍然表现出一种超然物外的从容镇静。法官找不到理由发脾气,也没有办法羞辱他,他毫不畏惧她一阵阵的无教养的喊叫。他有时也显得有点慌张,那是因为法官们老是听不懂或听不明白他的话,同时他又弄不清楚这个女人的怪诞和她莫名其妙冒出的怒气。即或是他叙述的是一般的道理,他也无法让她听进去。
>
> 好在在辩护人有力的辩护下,以及提供了包括布罗茨基有精神分裂征候的诊断书的证据,这对判决起到了一些作用。法官只得宣布让警察局送布罗茨基去做法医心理鉴定。

就这样，布罗茨基被送进了列宁格勒第二精神病医院。他一进入医院，就被关进重症监护室。也许是接到了上面的指令，这里的医护人员对他采取了另类和残酷的治疗。在布罗茨基睡熟睡暖后，他们在半夜把他从床上拉起来，用冷水把他浇透，然后全身裹上一大块湿透的布，把他拖到火炉旁边烤。布烤干后，湿气侵入肌体并紧紧裹住身体。这种摧残人的治疗方法令布罗茨基痛苦不堪，他认为这是他一生中最受难的日子。好在几天后他被转入普通病房，虽然仍受到医护人员的虐待，但那种酷刑般的治疗则缓解了。经过二十余天的"治疗"，医院给布罗茨基下的结论是：未患精神疾病，具有工作能力。

既然未患精神疾病，而且又具有工作能力，当然更被官方有理由作为不劳而获的寄生虫审判了。1964年3月，布罗茨基再次遭到审判。他一走进审判大厅，就看见正面墙的上方挂着"不劳而获的寄生虫布罗茨基公审大会"的横幅。大厅里挤满了大多是工人模样的人，他们显然是上面组织来压场的。也来了一些文学界、新闻界的人和布罗茨基的朋友，朋友和熟人们向他点头示意，表示支持。

法官萨维莉耶娃老是纠缠着问布罗茨基为什么不工作。布罗茨基反复回答她他没有停止工作，因为在从一个单位到另一个单位的间断期间一直在写诗、译诗等。

控方证人被请来了6个，企图以势压人。他们之中有一个是列宁格勒作协指派的，其他5人都与文学无关。这6人均不认识布罗茨基，不了解他的工作和生活情况，更不知道他的创作。但他们在法官和列尔涅尔的授意下，鹦鹉学舌地重复列尔涅尔等3人发表在《列宁格勒晚报》上那篇文章的内容。其中有一人还信口雌黄地指责布罗茨基以诗歌来反苏反共。当辩方律师托波罗娃问他布罗茨基哪首诗或哪首诗中的几行诗是反苏反共的时，他则张冠李戴地把某位作者有反苏反共内容的一首诗硬扣到布罗茨基头上。对这种明显的栽赃，法官从不制止。听众中有不少人纷纷质疑这6个证人的身份，指出他们从未见过布罗茨基，更别说认识他，能证明他什么呢？但苏维埃的法制就是这样。

自愿为布罗茨基作证的有3位：诗人戈鲁吉宁、翻译家埃特金德和阿德莫尼，他们均是作协的会员。他们都认识布罗茨基，认为他虽受教育不多，但具有诗人的天赋。他们看好他的诗作和译诗，同情他，爱护他，尊重他。他们向法庭和听众证明，他们尽管作为作家、诗人和通晓几国语言的学者，仍感写诗和译诗需要天赋和大量的知识储备，它是一种艰巨的重脑力劳动，不是一般人所能干的。因此，布罗茨基不仅不是不劳而获的寄生虫，相反的，他在体力劳动的间歇中从事了一种高智力的有利于提升社会文化品位的崇高劳动。他不但无罪，而且有功。

但是，法官不时打断3位证人的强有力的证言，根本不予采信。审判结束后，法庭对这3位证人所在的单位——列宁格勒作协和赫尔岑师范学院——送达了密函，密函说这3人丧失了无产阶级立场，没有党性原则，为一个寄生虫鸣不平，把一个游手好闲的无业青年吹捧为并没得到社会认可的天才诗人，云云。此密函最后恶毒地要求两单位对3位证人作出处理，并将处理意见报给法院。

布罗茨基的辩护律师托波罗娃对被告作了强有力的辩护。但是，法官最终还是对布罗茨基作出了如下判决：流放阿尔汉格尔斯克，劳改5年。

在这场轰动性的审判中，官方感到了支持布罗茨基与维护社会正义的知识分子和老百姓的力量的强大。在审判厅内，官方组织来压场的群众也许是占多数，但在审判厅外，前来声援布罗茨基的作家、记者和青年却占了多数，法官们这才感叹他们处于少数。

在布罗茨基的支持者与官方的斗争中，有3位勇敢的女性令人敬佩：一位是阿赫玛托娃的好友、女作家楚科夫斯卡娅，另一位是楚科夫斯卡娅的好友、女记者维格多罗娃，还有一位是女作家格鲁吉尼娜。

在法庭上，格鲁吉尼娜向众人宣称布罗茨基是一位真正的诗人。但她遭到被蒙蔽的群众的起哄，诘难她是否亲自见过布罗茨基写诗。格鲁吉尼娜义正辞严而又不无讥讽地回答道："布罗茨基怎样写诗，我倒没有见到过。但是，女士们，先生们，我也没有见过肖洛霍夫是怎样写小说的啊！"她的话引起一片笑声。法官立即制止她，说她把布罗茨基与肖洛霍夫比较十分荒谬可笑。可是，23年后当布罗茨基获诺贝尔文学奖的消息传遍全世界和苏联时，人们才惊叹这位女作家当年把尚未获奖的两位作家相提并论是多么不可思议而又多么富有远见卓识啊！同样地，布罗茨基在结束陈述时掷地有声地说道："我不但不是一个寄生虫，而且是一个能为祖国增添光彩的诗人。"这句话当然引起被蒙蔽的群众的一片嘘声。但23年后,整个苏联和他的人民却都想从已加入美国籍的布罗茨基身上沾一点光彩哩。

审判后,楚科夫斯卡娅和维格多罗娃冒着风险,向司法部门和能干预此案的党政部门寄送为布罗茨基辩护和人们支持他的文字材料。在支持布罗茨基的阿赫玛托娃、莱茵、奈曼、戈尔丁、阿尔多夫、瓦赫金、叶菲莫夫和伊万诺夫等众多朋友外,两位可敬的女性还动员在国内外享有盛誉而当局又引以为荣的一些作家、艺术家来声援布罗茨基;她俩甚至请动了苏联作协负责人费定和苏尔科夫,也得到了苏共中央的文学处主任切尔诺乌赞的暗中支持。

维格多罗娃不顾法院的数次警告,实时记录了两次审判的全过程。她将审判记录寄给各主要报刊,均石沉大海,因而它只能刊登在地下刊物上。此后不久,这份审判记录就陆续出现在西欧和北美国家众多的媒体上,从而引起西方知识界的震动。自此,布罗茨基受到了西方人民广泛的关注和同情,一些作家和记者写出了声援布罗茨基的文艺作品和新闻报道,布罗茨基本人也在西方成为几近于家喻户晓的传奇人物。

维格多罗娃为救援布罗茨基而做的审判记录使布罗茨基名扬西方,并为他以后登上西方文坛奠定了基础。可是,在此不到一年半的时间,这位了不起的勇敢女性却患上了癌症而逝世,享年50岁。布罗茨基在她逝世后来到她的坟前进行了祭奠。布罗茨基终生都感激她,崇敬她,无论是在国内还是国外,他都把她的照片挂在自己的书房。同样地,他也对楚科夫斯卡娅等声援和营救过他的人表示了衷心的感谢和永久的敬意。

审判后的次月,布罗茨基被押送至阿尔汉格尔斯克监狱,紧接着又被押往一个小村落诺连斯卡亚。在这个冰天雪地的穷乡僻壤,他开始了被强制的艰苦沉重的劳动:劈木柴,打水井,做木桶,赶马车,拉木料,锯原木,放牛羊,铺房顶,播种子,挖泥土,运重物等等。

在这远离父母的荒僻严寒之地,布罗茨基虽然感觉孤独,又很想家,但令他欣慰的是,村民们并不歧视他这个流放犯和劳改犯,相反的,他们对他友好,而且尊敬他。而更令他欣喜的是,亲友们接连不断地来看望他。劳改不到一个月,医生兼文学青年戈列夫和金德里斯到诺连斯卡亚探望他,并带来维格多罗娃赠送给他的打字机。几天后,历史学家巴别雷舍夫来访,带来楚科夫斯卡娅赠送的《邓恩诗全集》等书籍。紧接着,母亲,后来是父亲,也带着食品和衣物来看自己亲爱的儿子。在这一年半的流放和劳改期间,亲朋好友们来诺连斯卡亚看望布罗茨基有10次之多;而好友奈曼和莱茵等人更是两次以上到诺连斯卡亚和到他因请假超期被关押的拘留所看望他。这使他备感温暖。因此,他更坚定了自己诗歌创作的信念,一如既往地在这流放的艰苦环境中伴着如豆的灯光笔耕着。同时,他也对英美诗歌进行了深入的钻研,并试译了邓恩等人的一些诗。

布罗茨基虽有诗歌为伴,但有时在夜深人静、独处陋室时,仍不免想起他美丽的恋人巴斯玛诺娃,尽管两人的爱情似乎已出现危机。终于,在布罗茨基流放11个月时,巴斯玛诺娃来到了诺连斯卡亚。在这滴水成冰的北疆,巴斯玛诺娃对他的拥抱和亲吻温暖了他冷寂的心。村民们不时看到远处有一黄一蓝的两个小点在移动,那是一对恋人在白茫茫的冰原上散步。为此,他为恋人写了一些离别诗和爱情诗。正当布罗茨基以为可以把两人的这次见面形成转机时,博贝舍夫也来了。看来,他来诺连斯卡亚起到了一箭双雕的作用:老朋友也看望了,女朋友也带走了。布罗茨基望着自己的恋人随着自己的老朋友一起离开的背影,一股感伤和醋意涌上心头,久久不能消失。

半年后,布罗茨基第三次获准回列宁格勒休假。当他得知巴斯玛诺娃正在莫斯科时,立即决定到莫斯科与她团聚。但这势必推迟返回流放地的时间,这一来将会受到严厉的处罚:再遭关押,延长刑期。而这时已有他5年刑期被缩短为一年半的传言。幸好,正在他身边的朋友、作家叶菲莫夫劝阻了他的莫斯科之行,这才使他免于一次新的灾祸。

刑期终结回到列宁格勒后,布罗茨基才重又见到巴斯玛诺娃。两人时而温存,时而淡漠,时而聚首,时而分离。在这不温不火的状态下,两人情爱的结晶——儿子安德烈——出生了。可是,儿子并未系住两人的爱情,儿子长到3个月,1968年新年的钟声敲响不久,两人还是结束了6年之久的爱情。

布罗茨基被判处流放和劳改后,民主和正义的力量并未停止对他的声援和营救。有意思的是,布罗茨基案件的直接责任人是两个可恶的女人——列宁格勒捷尔任斯基区委书记科萨列娃和该区法院的法官萨维莉耶娃;而声援和营救布罗茨基最积极和最得力的也是女性,不过是可敬的女性,而且人数多了一倍:记者维格多罗娃,作家楚科夫斯卡娅、格鲁吉尼娜和阿赫玛托娃。她们四处活动,游说可能影响布罗茨基案件的有关党政官员,向国内外投寄一份份为布罗茨基申辩的材料。1964年9月,苏联文艺界的大师——作曲家肖斯塔科维奇,作家阿赫玛托娃、马尔夏克、帕乌斯托夫斯基、特瓦尔多夫斯基、楚科夫斯基和盖尔曼等人——签署了一份声援布罗茨基的信件。次月,苏共中央主管公检法和克格勃的负责人米罗诺夫致信公检法和克格勃的负责人,要他们"对布罗茨基案件进行审查,并上报中央"。接着,总检察院、最高法院和克格勃总部分别抽出一名高级官员,组成了3人小组,前往列宁格勒,与当地党、政、公、检、法和克格勃协调处理"布罗茨基案件"。尽管列宁格勒当局认为他们处理"布罗茨基案件"是正确的,但在来自莫斯科的压力下,经过讨价还价,不得不作出一些让步。可是,列宁格勒法院对来自总检察院的抗诉书却搁置不理,企图拖延下去。

与此同时,苏联知识界特别是作家们加大了营救布罗茨基的力度。他们想到了被苏共中央视为左派和朋友的誉满全球的法国作家、哲学家萨特,请他就营救布罗茨基给苏共高层写信。于是,萨特在1965年8月写信给最高苏维埃主席团主席米高扬:

> 主席先生,我是伟大的苏联的朋友,所以我不揣冒昧写这封信。我多次造访贵国,结识了你们的不少作家。我觉得,被西方国家和平的敌人称为"布罗茨基案件"的事情,只能算作是你们工作中不好理解的令人遗憾的例外。但我还是要告诉您如下的信息:西方国家具有反苏倾向的一些媒体将利用"布罗茨基案件"挑起一场战争。贵国的这个案件被视为苏联司法制度的一个不好的典型,他们甚嚣尘上的宣传已导致西方民众开始起来指责贵国厌恶知识分子,具有一种反犹倾向。
>
> 我也获悉,你们对"布罗茨基案件"开始予以关注,据说也将重新审理。但是,已过去一段时间了,并没有看见案件的新的审理。可我在欧洲却几次被强烈要求表达对"布罗茨基案件"的看法,鉴于我与贵国的友好关系,我一直以沉默来拒绝。但是,总不能一直沉默下去啊。
>
> 我深知,案件的重新审理会有不少困难,但您具有深厚的人道主义精神,而且您对加强东西方文化特别是加强与西方左翼文化的关系,是很感兴趣的。因此,我以贵国忠诚的朋友的名义,向您发来这封私人信

件，请您保护你们的一位青年，他已经或正在成长为一位优秀的诗人。

苏共高层对国内的作家、记者，哪怕是对享誉世界的文艺大师，他们都可以傲慢无礼，但对来自西方萨特和萨特们的组织——欧洲作家联合会，他们则不能不有所考虑。特别是当他们获悉欧洲作家联合会10月在巴黎举行会议可能讨论“布罗茨基案件”时，就开始感觉不妙了。苏共中央国际局认为“布罗茨基案件”开始影响苏共与欧美部分“左”翼知识分子的关系，这个看法比起列宁格勒党的负责人的意见来，显然更重要。苏共高层绝不会因为一个在他们看来无足轻重的年轻人而干扰了他们对外政策。因此，在萨特致信米高扬半个月后，就作出了缩短布罗茨基刑期并立即释放的决定。但由于文件被错误地发往列宁格勒而不是阿尔汉格尔斯克，所以又拖延了19天，直至9月23日布罗茨基才正式获得释放。

布罗茨基回到列宁格勒，他一时成为列宁格勒以至苏联的名人，他的名声还远播西方知识界。有人绘声绘色地讲到布罗茨基的名声：

一天晚上，布罗茨基到一位诗人家里参加聚会。当他准备朗诵诗歌时，突然看见诗人的孩子病在床上。他悄无声息地离开了诗人的家。不一会儿，列宁格勒著名的儿科医生敲门进来，他说是受布罗茨基之请来给孩子看病的。原来，他接到布罗茨基的一个电话，布罗茨基请他来为孩子看病，尽管他不认识布罗茨基，但他是知道布罗茨基并尊敬布罗茨基的。

布罗茨基的美名虽然在民间流传，但他重又落入克格勃的监视之中。随着时间的推移，他更引起当局的厌恶，他成了“不受欢迎的人”。当局终于丧失了耐烦心，决定一劳永逸地把他驱逐出境。1972年6月，他被请进列宁格勒警察局，被要求迅速离开苏联。

布罗茨基飞离了与父母一起生活的列宁格勒，来到奥地利的首都维也纳。在维也纳，迎接他的是上一个月到苏联访问并结识的新朋友——美国密歇根大学教授普罗菲尔。两人迅速拜访了经常在维也纳居住的西方诗坛的领军人物奥登。布罗茨基是幸运的：他在艺术道路的起点处得到俄罗斯诗歌大师阿赫玛科娃的提携；他在通往西方社会和西方文坛的入口处又得到英美诗歌大师奥登的迎迓。两周后，他们随奥登一道飞往伦敦。数日后，在奥登的带领下，布罗茨基出席了在伊丽莎白女王大厅举办的国际诗歌节。就这样，布罗茨基在西方诗坛上完成了一个闪亮的登场。在普罗菲尔的建议和帮助下，布罗茨基担任了密歇根大学的教职，并成为该校驻校诗人。于是，布罗茨基开始了在美国多所大学的二十三年多的教学和诗歌创作生涯。

布罗茨基在适合他创作的气候和土壤下，登上了世界诗歌创作的高峰，他获得了一个作家可能获得的所有最高荣誉，而且他更获得了1987年的诺贝尔文学奖，是世界上获此殊荣最年轻的3个作家之一。

但是遗憾的是，布罗茨基邀请他的父母赴美探亲，他的父母也申请赴美探望他们的独子，前后12次，均被毫无人性的苏共当局拒绝。布罗茨基离开苏联后再也没有见到过自己的父母。不过，令人还感欣慰的是，布罗茨基1990年9月与一位高贵、美丽的具有一半俄罗斯血统的意大利姑娘玛丽娅结婚，两年多以后，他们的女儿诞生。

1996年1月27日夜至28日凌晨，布罗茨基在写作中突然心脏病发作，这是他1960年发现患有此病以来的第十余次发作，他倒在书房的地板上，再也没有起来，享年56岁。